解读德鲁克

读懂德鲁克

The Essentials
of the
Father of Modern
Management
Peter Drucker

in a Perspective
of Social Ecology

陈驯 ◎著

一代管理学大师的思想与实践

机械工业出版社
CHINA MACHINE PRESS

图书在版编目（CIP）数据

读懂德鲁克：一代管理学大师的思想与实践 / 陈驯著. -- 北京：机械工业出版社，2025.6（2025.9重印）. --（解读德鲁克）. -- ISBN 978-7-111-78510-1

Ⅰ. C93-097.12

中国国家版本馆 CIP 数据核字第 2025PK2578 号

机械工业出版社（北京市百万庄大街 22 号　邮政编码 100037）
策划编辑：许若茜　　　　　　　　　责任编辑：许若茜
责任校对：邓冰蓉　张慧敏　景　飞　责任印制：刘　媛
北京富资园科技发展有限公司印刷
2025 年 9 月第 1 版第 2 次印刷
170mm×230mm・23 印张・3 插页・303 千字
标准书号：ISBN 978-7-111-78510-1
定价：99.00 元

电话服务　　　　　　　　　网络服务
客服电话：010-88361066　　机 工 官 网：www.cmpbook.com
　　　　　010-88379833　　机 工 官 博：weibo.com/cmp1952
　　　　　010-68326294　　金 　书 　网：www.golden-book.com
封底无防伪标均为盗版　机工教育服务网：www.cmpedu.com

推荐序一

读德鲁克，浇胸中块垒

2016年，我第一次在陈驯老师的办公室见到了他。我曾在诺基亚上过几年班，去过芬兰几趟，了解到陈老师曾在赫尔辛基大学留学，倍感亲切。陈老师的办公室很朴素，堆满了各类艰深的专业书籍和材料。

陈老师身上有一种因确信而生的沉着和冷静，他那带着一点福建口音的文雅的普通话，更是加深了我对他的这种印象。我收到他撰写的专业著作，夜深人静时，展卷细读，自然就理解了他这份沉着和冷静的来源。

我们有一个奇妙的交集——德鲁克。我从美式学院派管理学术研究出发，兜兜转转，重新发现了德鲁克的深刻和伟大。陈老师直接在逻辑底层对接了德鲁克的思想。

在《工业人的未来》中，他（指德鲁克）为工业社会指明出路，即除非具有正当性，否则任何权力都不会持久存活；同样道理，如果企业不是遵循有效而公认的正当原则建立起来的，那么企业组织的权力终将被国家机器取而代之。除非企业能够建立一个正常运作的工业社会，否则这个社会将沦为无政府状态，或终将被专制机器所统治，而人们将眼巴巴地看着曾经拥有的自由消失殆尽。

从这个意义上讲，企业存在的最大理由不是创造产品和服务，而是为企业中的每个人提供一种体制，让他们能够在其中做出自己的选择并承担相应的责任，从而避免无政府状态或专制主义侵蚀他们的个体自由。这种体制存在和持续的前提是，确保企业中权力的合法性。这是每个管理者在使用自己手中的权力时必须诚惶诚恐地持续思考的一个问题。

这些年我们努力推广职业化管理，强调管理者在工作中要尊重科学、遵守契约，保障个体尊严。即使是市场化的、创造社会价值的企业，如果在内部管理上无法尊重个体的价值，也迟早会因为"德不配位"而在市场竞争中败下阵来。

创新和创业精神将会成为一种可以完整地维持组织、经济和社会的生命力的行动。管理学的核心内容之一便是人的态度、价值观和行为上的深刻变化，这种变化不亚于任何技术革新，因此，我们视管理学为一门新的学科，而不是特别的新的科学或新的发明。历史上，管理学引导美国进入一个"具有创业精神的经济时代"，进而引导美国成为一个"具有创业精神的社会"。这正是德鲁克赞许有加的：一个具有创业精神的经济时代是"美国现象"。

具有创业精神的经济时代是"美国现象"，其背后管理学的兴起很大程度上也是"美国现象"。作为 20 世纪由美国学者主导系统化、学科化的领域，管理学在美国兴起的背后有深厚的历史、文化背景。我常说，管理学是西学中的西学，为什么这种西学主要出现在美国？因为在某种意义上，美国传承了西方文化的"道统"，而正因为它是西方文化道统的传承者，才会同时肩负西方文化创新和变革的使命，才有管理学的产生。西方人说"ever old, ever new"，中国人说"周虽旧邦，其命维新"，本质上都是一个意思。

从经济学到管理学，这本身就是20世纪最伟大的创新之一！按照德鲁克自己的说法："管理学可能是本世纪最重要的创新。"经济学继续发展，但从20世纪后半叶开始，人类多了一门学科——管理学。经济学因人类贫困而诞生，因而被视为"沉闷科学"；而在德鲁克那里，现代管理学因社会生态混乱而产生，因而可被视为"活泼学科"。

这是我见过对经济学和管理学的关系最好的一个解释。经济学解决的是贫困的问题，管理学解决的是混乱的问题。如果说经济学是"钱学"，那么管理学本质上是"人学"。可惜，还有很多管理者和管理研究者，把管理学当作"钱学"在研究和实践。把管理学当作"人学"来实践的人，造就了人，也获得了钱；把管理学当作"钱学"来实践的人，往往既伤害了人，又丢掉了钱，最后落了个人钱两空。

陈驯老师走向管理学，应该就是因为管理学是"人学"吧。德鲁克的"人学"有三个层面：在管理层面，他注重人的自由和尊严；在社会层面，他关注由一个个被有效管理的组织构成的正常运转的社会；在信仰层面，他关注的是选择和责任赋予每个人的自由，赋予每个人的人生意义。陈老师是少数能够同时理解德鲁克这三个层面的人。

对繁忙的打工人而言，德鲁克是光，照亮他们风尘仆仆的脸庞；对管理者而言，德鲁克是桥，连接着商业与社会；对孜孜于求真理、追求心灵自由的读书人而言，德鲁克则是酒，有年份，味道醇，一杯一杯，正好浇其胸中块垒。

肖知兴
领教工坊学术委员会主席
致极学院创办人

推荐序二

读懂德鲁克实在不容易。

近年来,德鲁克的思想和贡献越来越被国内的企业家、管理者、学者和广大读者所重视。与其他欧美管理学者相比,德鲁克的名字这几年在各种场合被提及的次数非但没有减少,反而还有所增加。与此同时,也听到越来越多的朋友说"读懂德鲁克实在不容易",对此我深有体会。

和大多数读者一样,我也是从德鲁克的管理学著作开始接触他的思想和学说的,从《卓有成效的管理者》《管理的实践》到《创新与企业家精神》,再到《认识管理》《管理:使命、责任、实践》《21世纪的管理挑战》,等等。然而,正如陈驯老师在本书中提醒我们的那样,德鲁克先生的贡献不仅仅局限在管理学领域,他对政治学和社会生态学都有杰出的贡献,他还写过两本小说和一本关于日本绘画的艺术著作。当然,还有论文、演讲、访谈、随笔等,或结集成册,或散落于各类报刊中,可谓浩如烟海。因此,如我这般管中窥豹、一知半解者众,而有能力和意愿系统全面地阅读、研究、深入理解德鲁克者少。陈驯老师属于后者。

我曾经请教陈驯老师,如何才能读懂德鲁克?陈驯老师给出了三个耐人寻味的方向:管理实践型、思想探索型和历史启蒙型。我将这三个方向理解为三条路径。

第一条路径：管理实践。

这是大部分企业家和经营管理者自然而然选择的路径。如前文所述，我本人就是从这条路开始学习的。德鲁克对管理实践的真知灼见、娓娓道来的叙述方式、直击根本的灵魂拷问，令我们这些急于解决眼前问题的管理者受益匪浅。因此，不少德友感慨："学管理，就学德鲁克。"

第二条路径：思想探索。

常言道：知其然，而欲知其所以然。对德鲁克的政治学和社会生态学著作稍有涉猎的朋友，大多会惊叹于他对各类趋势和趋势变化的洞见。这些洞见涉及政治、经济、文化、教育、伦理等众多领域，更体现在对如苏联解体这类重大历史事件的预见性上。令人不禁感叹他真是"大师中的大师"。

第三条途径：历史启蒙。

德鲁克几乎完整地经历了20世纪，他以"旁观者"的视角，洞悉人性，思考人生，观察社会，启发后人。他曾在文章中引用歌德《浮士德》（1832）中的那句名言"Zum Sehen Geboren; Zum Schauen Bestellt"（天赋慧眼，求索不息），提醒我们每个人都承担着仔细观察与独立思考的责任。正如陈驯老师书中所言："在历史的变迁中品读德鲁克的一生，品味我们每个人的一生。"

这本书里的文章是陈驯老师在过往十多年间陆陆续续写就的。有的文章一气呵成，有的则数易其稿，每一篇都耐人寻味。在与陈驯老师一起工作的过程中，我有机会反复阅读其中的部分文章，每次阅读我都有新的发现和新的感悟。我一直将德鲁克的《旁观者》放在床头，因为其中的每篇文章都蕴藏着丰富的思想内涵，常读常新，余韵悠长。《读懂德鲁克》的出版，让我又多了一本"枕边书"。

我曾经问陈驯老师："您如何看待自己这本文集？希望这本文集为读者创造怎样的价值？"陈驯老师不假思索地回答："我希望我的这些文章如同

中药里的药引子，药引子不能取代药本身。阅读这本书之后，读者应该会更想阅读或者重读德鲁克的原著，更能领会德鲁克的思想，更容易将所感所悟付诸实践。"

感谢机械工业出版社岳占仁老师邀请我为本书撰写推荐序。很荣幸作为陈驯老师的同事、朋友和学生，向读者推荐此书，我相信本书将帮助您走"近"德鲁克。

王　欣

北京世纪鹏信管理咨询有限公司合伙人

香港大学中国商业学院客座副教授

PREFACE 自 序

　　德鲁克先生是 20 世纪人文精神夜空中一颗灿烂的明星。他的思想照亮了许多人的心灵。

　　德鲁克对世界格局的分析持严肃而坚定的立场，他具有敏锐细致的洞察力和超强的宏观叙事能力。他努力在动荡的社会中寻找平衡，在急剧变化的时代中寻求出路，他在不同时代中有的放矢地、勇敢地提出了自己的观点和看法。他的思想能鞭策人们深刻反省社会的本质、结构和秩序，理解组织的关系逻辑与多元化现实，明辨知识社会的现状与未来，以及认识企业作为社会组织机构的独特性、使命和贡献。他鼓励人们去认识在"病得不轻的世界"中如何让社会正常运作起来；他鼓励人们去理解和感悟生存的意义，并敦促人们反省自己的精神价值、道德、信念以及责任。从这个意义上讲，我认为德鲁克的思想不会过时。

　　社会生态学是德鲁克现代管理学的重要基础之一。他勇敢地面对现代社会的真实性并提出了自己对现代社会的认知与期望：一个不完美但可以忍受的社会，一个具有创业精神的社会，一个具备创新能力的社会，一个自由而正常运作的工业社会，一个能够让人活得有意义、工作有成就的社会。现在我们依然在使用这些关键观念并不断地从中获益。从管理实践的角度来看，中国企业家是要走向世界的，他们是经济发展过程中最前沿的群体。因此，我们的企业家们除了学习人生哲学和修身养性之外，还要学习与现代性相匹配的知识和智慧。这显然有利于企业家及其企业更长远地发展，所以现代管理学对企业家个人以及企业的整体发展至关重要。

如今，我们已经目睹了21世纪前20余年所发生的变化，诸如经济萧条、政治斗争、全球瘟疫、局部战争、不可知论复苏、狭隘的意识形态抬头以及民粹主义的喧嚣等。我们也领略了人工智能发展的日新月异、认知理论的更新迭代，以及人们对未知世界的好奇与探索，这些都赋予了我们新的动力和希望。如果在不远的未来，新的认知理论逐步形成，那么管理学的新热潮就会顺势而起，而管理学的首要任务可能是重新理解和定义组织及组织的关联性。到时候，企业家、社会学家甚至哲学家将会在平等的学科意识中理解管理学，管理学的综合学科意识、跨学科意义以及学术研究的方法论等将会被更加重视。因此，我们要以开放的心态面对世界，以自由的思想塑造自己。这样说来，管理学的意义重大，任重道远。

这是一本小书，旨在将德鲁克及其思想介绍给大家。本书所谈论的内容只是德鲁克思想的冰山一角，很多内容尚未涉及或根本来不及讨论，主要归咎于我个人能力、时间和精力有限。本书今天得以出版，确实要感谢许多友人相助。

首先，我要感谢机械工业出版社岳占仁先生为此书出版所做的努力和贡献。感谢机械工业出版社许若茜女士在策划和编辑本书的过程中所付出的辛劳。正是这两位老师的鼓励、帮助和支持，使拙作面世成为可能。

其次，我要特别感谢领教工坊学术委员会主席、致极学院创办人肖知兴博士和北京世纪鹏信管理咨询有限公司合伙人、香港大学中国商业学院客座副教授王欣先生。两位先生都是管理学界的重量级人物，为人谦和、学识渊博、经验丰富，多年来我们相互学习、共同成长，特别是我个人从他们身上学到了很多管理知识和有益的咨询经验。非常感谢他们拨冗为拙作写序，增添其光彩。

最后，我要感谢我的夫人肖宝荣女士，她是我所有著作和文章的第一读者，她也为这本书的原稿修正做了许多贡献。感谢她的支持和爱。

目录 CONTENTS

推荐序一
推荐序二
自　序

第一章　德鲁克与20世纪　/1

德鲁克小传　/2
20世纪是个什么样的世纪　/4
童年的记忆（1909～1919）　/10
"旁观者"的诞生（1920～1925）　/17
从奥地利到德国（1925～1929）　/20
从德国到英国（1929～1937）　/24
立足美国（1937～1939）　/30
喧嚣中的宁静（1939～1949）　/34
新变化与新思路（1950～1959）　/39
冷热交加的时代（1960～1969）　/45

思变时代（1970～1979）/53

巨变时代（1980～1989）/58

佳美人生：用生命照亮生命（1990～2005）/63

尾声：未来如何 /69

第二章 人文与社会 /75

一个具有创业精神和创新能力的社会 /76

一个自由而正常运作的工业社会 /83

工业社会之现代性 /96

人、社会与信仰 /100

人、文化、工作 /109

爱国精神与公民意识 /119

德鲁克与"未见之师"克尔凯郭尔 /122

教育是最重要的战略 /127

教育、教学、教师 /132

知识社会构想 /138

第三章 现代管理 /157

管窥管理的本质 /158

管理学是一门"人学" /164

谁是管理的实践者 /173

管理的简史与挑战 /179

专业、责任和任务 /183

"创造性的破坏"与"有系统的抛弃" /190

如何理解德鲁克的"博雅管理" /202

再谈"创业精神" /212

　　　　　　有效研究的十条规则　/216

　　　　　　从"企业致命的五宗罪"说起　/221

　　　　　　问对问题　/226

　　　　　　凯恩斯聪明　熊彼特智慧　德鲁克创新　/229

第四章　**领导力与责任伦理**　/243

　　　　　　让德鲁克感到后悔的两件事　/244

　　　　　　德鲁克的谦逊领导力　/259

　　　　　　管理就是领导力　/263

　　　　　　总统的六条规则　/274

　　　　　　现代管理学语境中的商业伦理——个人道德与责任伦理　/279

第五章　**思考与评议**　/307

　　　　　　非叙事的历史印象　/308

　　　　　　《工业人的未来》几个关键点思考　/312

　　　　　　"经济人"何以终结　/319

　　　　　　不一样的政治哲学　/322

　　　　　　理解"旁观者"　/329

第六章　**全球化及其未来**　/333

　　　　　　关于全球化的四句话　/334

　　　　　　经济之困：全球化还能继续吗　/338

　　　　　　文化之惑："全球本地化"可能吗　/343

　　　　　　相知与共鸣：德鲁克与当代中国创业家　/348

参考文献　/353

第一章 德鲁克与20世纪

德鲁克小传

彼得·德鲁克生长于一个文化环境优越的家庭，熏陶于犹太－基督教信仰传统。1937年德鲁克移居美国，2002年6月20日他荣获美国"总统自由勋章"。

德鲁克一生好学、敏思、至察、善析。曾经从事教育教学和咨询顾问工作，在本宁顿学院教授政治学、哲学和宗教学，在纽约大学商学院教授管理学长达20年，又在克莱蒙特研究生大学讲授管理学等学科。德鲁克一生笔耕不辍，1975～1995年任《华尔街日报》专栏作家，以近40部著作享誉世界㊀。他涉猎的学科广泛，治学精进，不拘于条条框框，触类旁通，不落窠臼。他早年学金融，1931年获法兰克福大学国际法博士学位。在经济学方面，他尊敬凯恩斯，但跟随熊彼特。在政治学方面，他主张多元化和去中心化，对极权主义持严肃的批判态度。他对存在主义哲学与生存神学，特别是克尔凯郭尔的思想研究，造诣颇深。

德鲁克自称为"旁观者"，始终持守清醒立场、冷静思维、独立人格、自由思想以及责任意识。作为"社会生态学家"，他具有明心慧眼，洞察

㊀ 德鲁克作品年表可参见德鲁克研究所官网提供的书单，见 https://drucker.institute/books-by-peter-drucker/。

力强，为组织与社会守望美德、正直与良知，勇于在批判中追求创新。他创立了"现代管理学"，主张管理的理论创新与实践探索，提倡走知行合一之路，因此被誉为"现代管理学之父"和"管理学大师中的大师"。

德鲁克活了近一个世纪。他经历过两次世界大战，见证了从科学技术变革到思想理念革新的过程，目睹了人类社会从工业时代进入智识时代、信息时代的变化，亲历了资本主义社会与后现代知识社会的发展变迁。对自身经历的所有变化以及 21 世纪的人类发展，他都提出自己的真知灼见。今天，我们能够深切感知到他的贡献不止于 20 世纪，对未来世界的发展与变化，德鲁克的思想必定会产生更加积极且深远的影响。

20世纪是个什么样的世纪

这是一个值得注目的世纪，以革命开始，却以交易收场！

或许它会被称为一个一无是处的世纪。㊀

如果说20世纪证明了什么，那就是政治的徒劳无功。㊁

20世纪最重要的事件是什么？㊂

从思想变化和智识更新的角度看人类思想进化历史，彼得·沃森提出：20世纪始于弗洛伊德，终于互联网。㊃但从科技变革和政治社会变迁的角度看，我认为20世纪始于革命，终于危机。以"革命"开始，主要指用暴力推翻资产阶级的思想；而"危机"则是指20世纪最后十年世界范围内

㊀ 罗杰·马丁·杜加尔语，转引自阿伦特. 极权主义的起源[M]. 林骧华，译. 北京：三联书店，2014.

㊁ 引自2001年出版的 The Essential Drucker（《德鲁克管理思想精要》）。本书所涉及的对德鲁克英文著作的引用内容皆出自作者本人的翻译。因德鲁克著作历经多家出版社的出版、重印和再版，在此类注释中提供的是著作首次出版的时间。

㊂ 引自2010年出版的 The Drucker Lectures: Essential Lessons on Management, Society, and Economy（《德鲁克演讲实录》）。

㊃ 彼得·沃森的《20世纪思想史》的副标题就直接使用"从弗洛伊德到互联网"，由此可见一斑。参见沃森. 20世纪思想史：从弗洛伊德到互联网[M]. 张凤，杨阳，译. 南京：译林出版社，2019.

发生的一系列金融危机：1994～1995年的墨西哥金融危机，1997～1998年的亚洲金融危机，1998年俄罗斯金融危机，1999年的巴西金融危机。

20世纪真的一无是处吗？我不是一个乐观主义者，但我也没有绝望到否认人类生存进程中的一切可能价值：20世纪的确是一个悲惨的世纪——杀戮、战争和疯狂的极权主义给人类带来了巨大的灾难；但20世纪在科学技术和自由市场经济方面取得了成就，这两者为21世纪的发展提供了必要的基础。如果还需要加点什么的话，或许与本文的主题有关，那就是现代管理学和社会生态学的出现，尽管目前还没有太多人重视其存在的价值和意义。

在欧洲历史上，17世纪发生了科学技术革命；18世纪发生了社会政治革命；开始于18世纪60年代的第一次工业革命，涌现了蒸汽机、合成染料等发明；所谓的"现代世界"诞生的标志时期是从1856年到1911年，其间，打字机、电话、电灯泡、有轨电车、人造纤维、合成药物、收音机和飞机等相继问世。在1860年和1914年之间，世界工业的地理版图快速扩大，美国和德国在1860年到1870年之间崛起为新兴工业强国，俄国和日本在19世纪90年代也取得了巨大的工业成就。

但是，在第一次世界大战到第二次世界大战之间，人类都在吃此前的工业老本，也没有出现新兴的主要工业区。直到第二次世界大战后发生了第三次工业革命，电子计算机、空间技术、信息技术和远程通信技术等出现并迅速发展。也就是说，从1914年到1945年间，工业化进程出现了断层。20世纪后期，信息技术引发了第四次工业革命。

1989年，德鲁克在克莱蒙特研究生院（现称为克莱蒙特研究生大学）知识系列讲座中发表演讲，他说，如果200年后人们回顾过去，问道："20世纪最重要的事件是什么？"

这个问题问得很有意思，也令人回味无穷。其中最令我琢磨不透的是：德鲁克为何说200年后回顾时再问这个问题？要么是他演讲时随意说的，要么是他刻意这么说的。我个人倾向于后者，按我的理解，就像今天我们回顾200多年前的工业革命时，可以总结出许多道理一样，200年后的人会自由地评论20世纪的战争、互联网与灾难，那时的他们想必也会更加深刻地加以反思的。

按照德鲁克的分析，差不多每隔四五十年都会出现短暂的"旺旺十年"或"繁荣十年"（go-go decade）㊀，他认为1919～1929年（第一次世界大战结束到经济大萧条爆发）以及1960～1970年就是这种go-go decade。他是对的，的确是这样，但经济发展周期并不都是一直延续的。换个角度，从世界和平发展的视野来看，我认为20世纪的前十年（1900～1910）属于和平中暗流涌动的时期，而最后十年（1990～2000）属于在相对宁静中危机四伏的时期，而中间的80年存在诸多不幸：两次世界大战、瘟疫、经济大萧条、局部战争、"冷战"与大国军备竞争，等等。

那么，德鲁克是如何回答"20世纪最重要的事件是什么"这个问题的呢？他说：

你可能会发现有些人指出，本世纪最重要的事件是……那些可怕的世界大战，这完全正确。很少有哪个世纪出现如此多的难民。有些人会指出20世纪最重要的事件是环境问题，但我认为200年后，大多数人的意见可能是：在那个世纪，人们的工作方式发生了前所未有、最意想不到的变化。㊁

德鲁克演讲的主旨是分析20世纪人口结构变化所导致的劳动力结构变化，这种变化包括从农耕作业的体力劳动转向商业活动的变化；家庭人口构成的变化；大学教育的普及促使知识经济、知识工作和知识工作者形成和发展的变化等。

㊀㊁ 引自2010年出版的 *The Drucker Lectures：Essential Lessons on Management, Society, and Economy*（《德鲁克演讲实录》）。

20世纪到底是什么样子，逝者不会回答，活着的人正在寻找答案。我们只能从历史事件中寻找真相（如果有的话），甄别历史事件的真伪，思索历史的记忆和教训。

其实，20世纪有个乐观的开始，因为人们对18～19世纪的现代世界有了深刻的理解。我们暂且忘记政治家的野心，先看看艺术家对20世纪的看法。百余年前，一些现代主义艺术家把20世纪的精神描述为"机器"。法国先锋派画家弗朗西斯·皮卡比亚（Francis Picabia）说"现代世界的精神特质是机器"。这与匈牙利画家拉兹洛·莫霍利-纳吉（László Moholy-Nagy）在《构成主义与无产阶级》中说的话相似：

我们这个世纪的现实便是技术：机器的发明、建造和维护。成为一个机器使用者便符合本世纪的精神。它取代了过往时代的超凡灵性。机器面前人人平等，我可以使用机器，你也可以。机器可以碾死我，同样的情况也会发生在你身上。技术没有传统，没有阶级意识。每个人都可以是机器的主人，也可以是它的奴隶。㊀

艺术家们的话大多是隐喻，也有些浪漫，他们把"机器"当作时代的"灵魂"，加以艺术化，留下了现代美学。然而，20世纪里少数的政治家成了庞大机器的主人，让大多数人沦为机器的奴隶，很多人被机器碾死了，却以为自己是这台机器的英雄螺丝钉。

战争机器的制造及其对生命的碾压带来了20世纪的仇恨和不幸，因此，血腥的历程成了20世纪现实主义批判的真实表达。

1994年，85岁的德鲁克应邀在哈佛大学肯尼迪政府学院演讲时宣称："20世纪是人类历史上最血腥的世纪之一……也是一个社会转型的世纪"；就人类的巨大变化与获得的成就而言，20世纪是一个"社会大变革的世

㊀ 转引自巴特勒. 现代主义[M]. 朱邦芊，译. 南京：译林出版社，2018.

纪……任何历史时期都不能与之相提并论"。德鲁克经历了 20 世纪的血腥恐怖，也看到了科技和社会变革的成就。两者都是现实。

如今，21 世纪已经过去四分之一了。如果按照发达国家的标准，人类已经步入后工业社会。后工业社会呈现出的主要特征是后现代性、知识与信息革命、人工智能、服务型经济（诸如运输、卫生、教育、学习、研究、管理、信息、旅游等）、新的智能型工业技术、生态科技、新的工业原材料的使用，以及社会结构的重大变革等。人类在曲折中发展。各种焦虑和威胁依然笼罩着人的心灵。21 世纪的人类并没有摆脱 20 世纪的阴影，也尚未离开 20 世纪的囚笼，甚至对一些人来说，他们还没有远离 20 世纪的逻辑。

历史是个厚道的老人，它只是真实地记载了人类的罪恶、不幸、痛苦和孤独，年复一年。历史也是活的，它正在与现代人、现代企业、现代企业家对话。虽然我们知道"历史和未来同样令人感到迷茫"[一]，但我们依然需要清醒的反思，因为"如果我们要知道我们正去往何处，那么我们就需要去追溯我们的轨迹，去看看我们来自何处"[二]。历史是人类的记忆，但人类的记忆非常有限；甚至我们对历史的无知不亚于对未来的无知，但重要的是，我们对待历史的态度就是我们对待未来的态度。日光之下无新事。100 年对人类而言是很有意思的周期，太爷爷的故事有可能在不同背景下重复发生在重孙子们身上，而且一点新意都没有。所以重温历史，是为了今天活着的人对镜、明理、修身、致远。

如今我们处于 21 世纪这个万事万物互联的时代，我们要问的问题是：从互联网出现至今，人类是否已经进入一个"新的无知时代"[三]？这不应该只是担忧，而是我们所面对的基本现实。反对未来意义不大，因为未来总要

[一] 米诺格. 政治的历史与边界［M］. 龚人，译. 南京：译林出版社，2013.
[二] 巴恩. 考古学的过去与未来［M］. 覃方明，译. 南京：译林出版社，2013.
[三] 沃森. 20 世纪思想史：从弗洛伊德到互联网［M］. 张凤，杨阳，译. 南京：译林出版社，2019.

来，与其用误打误撞的态度逃避未来，不如以自省和勇气面对历史和现在。

如何读懂德鲁克

企业的命运不仅与企业家个人紧密关联，也与时代和社会息息相关，企业家应该有历史的敏感性。对企业家来说，比较全面地了解德鲁克及其思想是必要的。按照我自己的研究习惯，我提供如下三个读懂德鲁克的方向。

一是"管理实践型"，即注重企业家的实践、绩效、价值。读者可以有针对性地查找相应的话题，对号入座，比如如何创业，如何创新，如何理解利润，时间管理、战略规划、组织行为学、非营利组织的管理、去中心化管理模式（分权、分股、建立团队、社区自治等）、绩效管理、知识工作者的管理、专业人才的培育、个人职业生涯的发展、跨国公司的管理、数据和数字化，甚至是阐述工作的道理，等等。

二是"思想探索型"，即孜孜不倦地认识和学习德鲁克的人文精神和博雅思想，知其然又要知其所以然。在求知欲和好奇心的驱使下，想了解德鲁克的思想世界，比如他如何看待世界经济的变化和现代管理学的源头，他对古典经济学和保守主义政治理论的态度，他对社会学和社会生态学理论的贡献，他在教育、道德、责任伦理和哲学等领域的基本观点，等等。

三是"历史启蒙型"，即了解在漫长的20世纪，德鲁克个人的成长历程、智慧、立场与变化。了解他为何自认为"旁观者"，自我定位为"社会生态学家"，以及了解他为何被美誉为"现代管理学之父"和"管理学大师中的大师"。还可以了解他对人性的洞见和对人生意义及生命价值的看法，以及他如何区分经济人、社会人、工业人、英雄人、精神人的概念。因此，有必要结合历史来读，这里的"历史"，既是他的个人发展史，又是20世纪与其个人相关联的历史。

了解"现代管理学"与现代性的真实意义，在历史的变迁中品读德鲁克的一生，品味我们每个人的一生。无论哪个伟人，他都必须存在于历史之中。

童年的记忆（1909～1919）

我不想打仗。[一]

现在我有机会成为一个体面的人，因为我正直面死神。[二]

1914 年 8 月，新兵们含着笑容向自己的母亲高声喊道：

"我们圣诞节就回来了。"[三]

在第一次世界大战的硝烟中，

每一个迈向死亡的生命都在热烈地生长。[四]

  从 1516 年托马斯·莫尔的《乌托邦》出版以来，人们便为梦想中的

[一] 第一次世界大战开始时奥匈帝国皇帝的自白，原文出自卡尔·克劳斯 1922 年发表的《人类最后的日子》。转引自沃森. 20 世纪思想史：从弗洛伊德到互联网 [M]. 张凤，杨阳，译. 南京：译林出版社，2019.

[二] 路德维希·维特根斯坦语，这句话是在奥匈帝国向俄国宣战的第二天，即 1914 年 8 月 7 日，他应征入伍时说的。转引自沃森. 20 世纪思想史：从弗洛伊德到互联网 [M]. 张凤，杨阳，译. 南京：译林出版社，2019.

[三] 第一次世界大战爆发时，欧洲已经经历了几乎半个世纪的和平，普通人无法想象战争的残酷，因此，1914 年人们甚至把战争描绘成"一次浪漫色彩的短途旅行，一场热烈的、豪迈的冒险。"参见茨威格. 昨日的世界：一个欧洲人的回忆 [M]. 舒昌善，译. 北京：三联书店，2010.

[四] 福莱特. 巨人的陨落 [M]. 于大卫，译. 南京：江苏凤凰文艺出版社，2016.

"好地方"奋斗不已；在1890年到1914年这20余年间，欧洲就有近200种与乌托邦主题相关的著作问世。这种执着既有追求理想的幸福，也备受命运的戏弄。20世纪就是在这样说不清的执念与背离中开启的。

20世纪前十年的世界比较太平，人类乘坐工业革命和文明进步的班车，走得轻盈，看起来成果不错。德鲁克宣称20世纪的前十年是"繁荣十年"，历史上每隔约半个世纪都会出现这样的十年，比如18世纪20年代、18世纪70年代、19世纪30年代和19世纪70年代。但1900～1910年的所谓的"繁荣十年"在欧洲并未延续下去，因第一次世界大战爆发而告终。○

1899年冬天，维也纳的弗洛伊德凭借《梦的解析》一书开创了精神分析学，历史思想家们把弗洛伊德及其新学说奉为20世纪思想的转折点，因为"它将完全颠覆人类对自身的认知方式"○。

当英国政府正因伦敦环境恶化而受困于道德责难时，1909年11月19日，我们故事的主人公彼得·德鲁克在维也纳一个当时被归类为"上层阶级"的家庭中出生了。在当时33座人口超过10万的德语国家城市中，维也纳可谓鹤立鸡群，它代表了20世纪初西欧思想水平的高地。○德鲁克出生时，能在维也纳都市生活和劳作的人口，不到当时维也纳总人口的5%，也就是说，广袤的农村大地依然是人们主要生存、生活、工作的地方。从世家传承而言，"drucker"是荷兰文，意思是"印刷商"，彼得·德鲁克的祖先是阿姆斯特丹的印刷商。

1910年6月17日，德鲁克接受德国一家基督新教的婴儿洗礼。

德鲁克成长在一个由专业人士、大学教授、艺术家和高级公务员组成

○ 参见2010年出版的 The Drucker Lectures: Essential Lessons on Management, Society, and Economy（《德鲁克演讲实录》）。

○○ 沃森. 20世纪思想史：从弗洛伊德到互联网［M］. 张凤，杨阳，译. 南京：译林出版社，2019.

的家庭。德鲁克的父亲是一个经济学家、律师，曾任奥地利一家大型银行的董事长，母亲卡罗琳学医，他们对哲学与数学怀有"浓厚的兴趣"，而且社交广泛，这在当时的奥地利社会中已经很了不起了——家中常有贵宾来访，家宴、聚会、音乐会以及文学、数学、医学的专题讨论会等时有发生。

良好且自由的家庭教育与学习氛围培育了德鲁克平和高雅的气质、好学上进的个性、广博的见识、深厚的人文精神。这就解释了为什么有人说德鲁克在童年就算没上过一天学，也可算"受过最良好的教育"。因为童年的他沉浸于智慧的殿堂，游弋于知识的海洋，在如此浓厚的文化氛围中接受熏陶。

1917年，德鲁克8岁，被父亲带去拜访一个"在欧洲比皇帝还要重要的人物——弗洛伊德"，因为自《梦的解析》出版以来，弗洛伊德俨然成为人人崇敬的大师。德鲁克明了关于弗洛伊德的三件事：一生贫困，纠结于因犹太人身份而未能获得大学教授职称，未能得到当时维也纳医学界的认可。1918年，德鲁克上小学四年级，有两位老师让他印象深刻，尤其是埃尔莎老师的教学方法让德鲁克终生难忘。这些事情在他的回忆录《旁观者》中有详细的叙述。

平静只是表面，明争暗斗才是人类历史的真实面目。20世纪的第二个十年，东西方一样的不平静，不同程度的悲惨。人们尚未从爱迪生发明有声电影和巴拿马运河开通的喜悦中恢复平静，也尚未从泰坦尼克号撞击冰山沉没的悲伤中走向愈合——人们不是对科技提出质疑，而是对过分地依赖技术提出质疑。此时，第一次世界大战爆发了，历史的固定时间为：1914年7月28日。在此一个月前，也就是1914年6月28日，巴尔干半岛的波斯尼亚发生了震惊世界的"萨拉热窝事件"。当日为塞尔维亚的国庆日，奥匈帝国皇储斐迪南大公夫妇被塞尔维亚青年普林西普刺杀。这次事件导致7月28日奥匈帝国向塞尔维亚宣战，第一次世界大战爆发。

一战之前，物质富裕和文化繁荣带给欧洲人乐观，工业革命的成就和科学技术的发展带给欧洲人志气和勇力，而理性主义则使他们自信满满。但是，"第一次世界大战的爆发让许多聪明人猝不及防"㊀，包括当时名震天下的作家、艺术家、哲学家、音乐家、科学家等。德鲁克一家也未能幸免。当时，年幼的德鲁克正随他的父母去亚德里亚海海滨度假，任职于奥匈帝国政府经济部的父亲阿道夫·德鲁克被紧急召回参与处理要务。德鲁克唯一的记忆便是"母亲穿着一件滑稽的浴袍"。战争爆发，度假尚未开始便结束了，一家人返回维也纳。

1914年8月，将近五岁的德鲁克在家中听到三位大人（父亲、身为法学学者的叔叔以及后来成为捷克总统的托马斯·马萨里克）的零星对话："这不仅仅是奥地利的终结，也是世界文明的终结！"这样的对话可以让所有人认识到盲从的群众酿成了激进和非理性的民族主义，从而形成战争与暴力，最终上演生灵涂炭的人类惨剧。美籍德裔犹太哲学家、德国法兰克福学派成员之一埃里希·弗洛姆在《健全的社会》一书中指出："19世纪，上帝死了，而20世纪，人也死了。"㊁

1917年11月7日，俄国十月革命爆发。1918年11月11日，德国宣告投降，第一次世界大战结束。一战历时四年多，六千万人参战，伤亡近三千万人。欧洲各国兵员严重不足，大战后期兵员年龄不断下调。以英国为例，其在战争后期被迫施行强制兵役，战争结束时半数士兵年龄在19岁以下。奥匈帝国瓦解，奥地利共和国废除了贵族头衔，奥地利人口减至七百万，首都维也纳辉煌不再，维也纳大学自战争爆发后因年久失修而关闭。

同一时期，我们还得提及1915～1923年的中国新文化运动。中国历

㊀ 沃森. 20世纪思想史：从弗洛伊德到互联网［M］. 张凤，杨阳，译. 南京：译林出版社，2019.

㊁ 转引自沃森. 20世纪思想史：从弗洛伊德到互联网［M］. 张凤，杨阳，译. 南京：译林出版社，2019.

史上，新文化运动被定位为一场中国人的思想解放运动，它提倡民主和科学，也就是德先生和赛先生。从思想史的角度理解，当时中国的精英人物陷入了思想的强烈矛盾之中。一方面，一战的确动摇了西方文明的某些权威，西方哲学家们开始怀疑西方的价值理念，甚至转向理解和学习东方智慧如何促使人类存活下去。另一方面，有些中国人则深陷于东西文化的争论泥潭之中，他们既希望中国能勇敢地摆脱封建主义和腐朽文化，用"世界眼光"大胆迎接现代化；同时他们又在顾忌和徘徊中想方设法地抵挡西方文化的冲击，他们在思想的自相矛盾中自我认识与自我定位。

当时，一些人认为第一次世界大战后西方文明没落了，而另一些更乐观的人则提出"20世纪是中国人的世纪"，中华文明可以拯救西方文明。历史事实证明，第一次世界大战后西方没有没落，东方也没有如期望的那样崛起，一战后，欧洲精英阶层出现了许多类似于危机哲学、辨证哲学的思潮；同样地，二战后，欧洲出现了大批的类似于生存哲学、希望哲学的思潮，如《希望的原理》的出版等。

如果非要说一战的破坏给人类带来的反思是什么，我觉得至少有两点，一是在思想界，欧洲人开始反省科学主义的盲目乐观和技治主义的自信，这种反思和批评甚至延续到第二次世界大战后；二是人类第一次有了建立全球组织（如国际联盟）来应对世界危机的想法，而这种想法直接推动了二战后国际组织（联合国和区域组织）的形成。

事实上，此时欧洲祸不单行，除了一战之外，从1918年春天到1919年夏天的一年半中，"西班牙大流感"在连续三次的传染潮中席卷全球，造成约一亿人死亡（这还不包括当时一些处于战乱中的国家的可能统计人数）。[一]

第一次世界大战造成的破坏巨大，但也直接促进了医学的发展，古

[一] 阿诺德. 1918年之疫：被流感改变的世界［M］. 田奥，译. 上海：上海教育出版社，2020.

希腊医师希波克拉底说得好："战争是外科医生最好的学校。"如果一定要说不幸的战争带给人类某些积极面的话，那只能说是医学、心理学和创伤文学的发展，这些都是人类自我医治创伤的过程。比如战后综合病症，以英国为例，针对104万名英军伤员的分析结果显示，战争神经症发病率为34%。在医学方面，人体外科整形手术、血型辨别、输血技术和血液生理学发展起来；在心理学方面，精神分析颇受欢迎，心理学临床应用兴起，智商测试技术在战后欧洲普及开来；在文学方面，伤痕诗歌和战后反思小说遍地开花。

德鲁克对第一次世界大战的印象非常深刻，这在他的回忆录中经常被提及，挑拣如下几点：

1）感知战争的死亡和恐惧：学会与同伴一起从报纸上的阵亡将士名单中寻找那些加粗黑条框的可敬可爱的亲人的名字。

2）理解世界的残酷现实：当时大人对小孩说"等你长大了"的真实意义是"等你到了可以被送到前线打仗的年纪"。

3）成败原因的讨论：德鲁克上高中后，师生们讨论奥匈帝国战败的原因，有人认为战败的原因是"军队的无能"，当时老师的回答是："因为阵亡的将领太少了，他们都躲在后面，而让其他人到前线作战送死。"这让德鲁克认识到他是多么幸运，因为他当时年幼而没被送到战场当炮灰。

4）在《已经发生的未来》中，德鲁克反思道："凡是未曾尝过我们那一代习以为常的恐惧生活、从未受到战火蹂躏、未曾吃过战俘营苦头或未曾生活在恐怖警察国家的人，不仅应该心存感激，更应该凡事怀着包容与怜悯。"

⊖ 转引自沃森. 20世纪思想史：从弗洛伊德到互联网[M]. 张凤，杨阳，译. 南京：译林出版社，2019.

⊖ 沃森. 20世纪思想史：从弗洛伊德到互联网[M]. 张凤，杨阳，译. 南京：译林出版社，2019.

5）在《旁观者》中，德鲁克说："我和其他维也纳的小孩一样，都是胡佛总统救活的。他推动成立的救济组织提供学校每天一顿午餐。"实际上，当时这个救济组织不只帮助了维也纳，更帮助了整个欧陆数百万儿童的性命。让德鲁克深感震惊的是，这个救济组织所拥有的功能与力量是如此强大。这或许可以帮助我们理解为何德鲁克对管理之重要性的认识如此敏锐，以及他对自由与运作良好的组织所产生的创造力和积极作用如此推崇。

"旁观者"的诞生（1920～1925）

19世纪是一个充满道德进步、物质进步和社会进步的纪元，
然而第一次世界大战一举颠覆了这一切。
也许第一次世界大战对思想领域造成的最大伤害在于，
它损害了进步的理念。[一]
《凡尔赛和约》并没有解决德国的问题。[二]

　　上文中我们讲到德鲁克的童年记忆以及后来的回忆，我们可以大致总结为：德鲁克出身名门，教育背景良好，却赶上了第一次世界大战。如果说维也纳和巴黎是20世纪头十年欧洲思想、文化和知识的中心的话，那么到了1925年，柏林已经取代巴黎和维也纳，成就了欧洲都市文化生活的"辉煌时代"。[三]

　　1919年，第一次世界大战已经结束，但《凡尔赛和约》所确定的战后欧洲秩序并没能解决欧洲诸国之间的根本矛盾，特别是没能解决德国

[一] 沃森. 20世纪思想史：从弗洛伊德到互联网［M］. 张凤，杨阳，译. 南京：译林出版社，2019.

[二] 夏伊勒. 世纪初生［M］. 汪小英，邱霜霜，译. 北京：中国青年出版社，2014.

[三] 同[一].

的扩张野心，从而为第二次世界大战爆发埋下祸根。有的历史学家甚至把一战与二战连在一起，把二战视为一战的延续，只不过中间处于休战阶段罢了。

1900年的劳工，没有退休金，没有假日，没有加班费，没有健康保险，没有失业津贴，也没有工作保障，1913年的劳工每年至少工作3000小时。到了1918年，人类历史上出现了新的工作制度——8小时工作制，从此人类文明史上出现了前所未有的"8小时之外"，即"有秩序地工作，合法化地休闲"，有尊严地享受8小时之外的生活。

很多人都听说过德鲁克把自己视为"旁观者"，1979年，古稀之年的他写自己的回忆录时，书名就叫"旁观者"。那么，到底何为德鲁克所说的"旁观者"呢？下面我们所要谈论的关于"旁观者"的两个故事，就发生在这不平凡的20世纪20年代初期。

德鲁克作为旁观者的第一个故事应该从1919年初说起，当时德鲁克10岁。由于家教良好，他从小熟悉亚特兰蒂斯的神话——柏拉图《对话录》中描写的故事。从前，有个城镇叫亚特兰蒂斯，城中的人因为骄傲、自大和贪婪，最终灭没于大西洋之中。神话的象征意义大于文本意义，人们大多将其理解为失落的古文明。有个水手误入海底的城中，发现其中有居民，每到星期天，钟声响起，居民就到豪华的教堂做礼拜，目的是获得其他六天的放纵。水手目睹了这一切，目瞪口呆，害怕自己不能再回到陆地。因此他诚惶诚恐，度日如年，生怕失去生命。10岁的德鲁克梦见自己就是那名水手。这只是个梦，但德鲁克在《旁观者》中提了不止两次。也许这暗示他发现自己像神话中的水手一样惊愕于世界，一种梦境中的"旁观者"——理智的好奇者和探索秘境者。

1922年，法西斯头目墨索里尼进军罗马。往后几年，欧洲的政治走向欧洲人难以想象也难以控制的未来。

而1922年，我们的主人公德鲁克才13岁，是个刚进入青春期的孩子，他正在经历一次人生哲学问题的重大考验。在学校里,"一位颇能启发学生的老师"提了一个让德鲁克终生难忘的问题:你希望将来过世后,最令后代怀念你的是什么?当时没人能够答出来,他们都太年轻了。老师笑着说:"我并没有期待你们能回答这个问题。但如果你们到了50岁时仍然没有答案,就表示你们白活了。"这是从哲学的视角对人生的拷问。从那时起,德鲁克经常思考人生存的意义,并促使自己不断追求和自我更新。这是旁观者的第二个故事。

现在,我们需要回答此前提出的问题,何为德鲁克所说的"旁观者"?

德鲁克作品中使用的"旁观者"一词即"a bystander",意为一个"身临其境地出席"却"不被卷入"或"不参与其中"的人。德鲁克所言的旁观者不是一个无知的"门外汉",不是一个"闲人看客",不是一个无聊好事的"凑热闹的人",而是一个专于事、善于思而敏于行的人,像一个专注于某种信念、锲而不舍的"守望者",又像一位环视世事、时常出席并总能发现奇观和特殊景象的"观察员"。同时旁观者必须善于分析、敏感于世事变迁并深入思考。作为"旁观者"的德鲁克,实际上是一个很熟悉西方政治规则、政治历史以及西方官僚制度的人。他是"资深的政策分析员""顾问""策略制定者",是个"思想者"而非"行动者"。

关于"旁观者",我提供几个想法。第一,"旁观者"是天生的,而不是后天造就的。第二,"旁观者"是没有个人历史的孤独者,身在舞台却没有参与演戏,甚至也不是观众,旁观者只能自己回应自己。旁观者犹如剧院中沉默的消防员,细心观察一切不被人关注的地方,从不同的角度审视一切。第三,旁观者看问题不是像镜子般平面反射,而是犹如三棱镜那样立体折射。德鲁克自己引用了《浮士德》中的一句话:天赐慧眼,求索不息(born to see,meant to look)。

从奥地利到德国（1925～1929）

我们曾经度过的地狱般的生活业已过去，还有什么可害怕的呢？
一个新的世界已经开始。正因为我们当时年轻，
所以我们心里想：这个新的世界将是我们的世界——
一个我们梦寐以求的、更美好和更富人性的世界。[一]
两次世界大战之间的时期是一个停滞期，在这个时期，
任何政府或经济体（美国除外）能够设想的最高目标就是恢复原状。
它迅速形成一个政治、社会和经济紧张局势不断升级的世界，
使人的意志和愿景深陷颓废。[二]

20世纪20年代中后期，欧洲人从一战的悲痛中逐渐复苏，老百姓的日常生活也慢慢恢复平静，经济趋于稳定，人们对政治暴力的疑虑慢慢减少。但是，国与国之间的政治关系修复依旧困难重重，局部区域经济发展也并不景气。但无论如何，该受教育的依然受教育，工作的人依然忙于工作，恋爱和结婚一如既往。

[一] 茨威格. 昨日的世界：一个欧洲人的回忆 [M]. 舒昌善，译. 北京：三联书店，2010.
[二] 引自1977年出版的 *An Introductory View of Management*（《认识管理》）。

1925年，16岁的德鲁克勇敢地尝试研究并计划写书解释刑罚的理论基础问题。虽然这个计划没能如愿以偿，但这个充满好奇的倔强少年在研究刑罚问题的过程中发现了一个人性论的秘密：犯罪是根植于社会中的，与资本主义或社会主义无关；因此，把消除犯罪的希望寄托于任何经济和政治结构是天真而幼稚的。这样的思路显然不像是一个16岁青春期的少年能拥有的。我们只能说，德鲁克的确具备某种特殊且敏感的知觉和非凡的观察力。正如他在《旁观者》中所描述的那样，后来在英国的弗里德伯格公司工作时，他感觉自己很像一个人类学家，正在观看"活着的先祖"。

1926年，德鲁克17岁，这位少年老成的年轻人做出了一个惊人的决定——他想离开维也纳，开始行万里路，终于在1927年初，他从奥地利迁往德国。对外面世界的探索是人认识世界和实现知识积累的必要路径。德鲁克的决定与大多数同龄人的冲动相似，只不过他比同龄人成熟多了。第一次世界大战前，维也纳是奥匈帝国的首都、政治经济文化的中心，曾经辉煌一时。一战结束后，奥匈帝国瓦解，战乱也使维也纳沦为一个小国首都，辉煌不再。值得庆幸的是，人们依旧留恋甚至尽力维持第一次世界大战前的"美好时光"，也就是1914年以前的生活。不过，德鲁克和弟弟未能如父亲所愿的那样开始正常的大学生活；相反，德鲁克"流浪"到汉堡，成了一名"实习生"。德鲁克自己后来回忆说，他当时觉得自己"待在学校的日子已经够长了，既然已经成年，就应该到成年人的世界去闯闯看，而且不爱与心理上一直停留在青少年时期的人为伍"㊀。

1927～1928年，德鲁克18～19岁，正是青春好年华。德鲁克在汉堡过着半工半读的"实习生"生活。他先是服务于一家德国出口印度的贸易公司，为了满足自己父亲的期望，他还是进了汉堡大学的法律系，做一名半工半读的"兼职"学生。实际上，德鲁克当时选择的是汉堡大学的

㊀ 毕提. 大师的轨迹：探索杜拉克的世界[M]. 李田树，译. 台北：天下远见出版有限公司，1998.

自由选修课程，他无须到课室，只要参加期末考试，成绩合格即可获得学分。换言之，德鲁克在汉堡攻读法律专业的整整一年半中，从未上过一堂课。但在此期间，德鲁克成为汉堡大学图书馆的常客，在那里他博览群书，并广泛涉猎不同语言。这为他日后的学术成就打下了基础。

还有一件趣事。据说，1927年，在参加"中部欧洲经济和社会周刊编辑会议"时，有人问德鲁克最害怕什么。德鲁克回答说："我害怕希特勒。"其他人都笑话他，因为希特勒刚刚遭受了一次重大失败。[一]

也正是在汉堡做实习生期间，德鲁克对"使命"有了新的认知。德鲁克每周都会去汉堡歌剧院听歌剧。意大利歌剧的代表作家朱塞佩·威尔第令德鲁克震撼不已，他感知到强烈的"威尔第精神"。有一次，德鲁克在汉堡歌剧院欣赏了威尔第的名篇《福斯塔夫》（Falstaff，莎士比亚笔下的喜剧人物）并得知这部歌剧是威尔第80岁时创作的，他激动不已。威尔第在接受采访时说："身为音乐家，一生都在追求完美。我一直无法逃避这个使命。"德鲁克对威尔第的这些话印象深刻。18岁的他深受这种"威尔第精神"的感召并坚定了自己的信念："如果能活到高龄，我一定不会放弃，一定会努力不懈。"于是，德鲁克在汉堡的一年半时间里，奋发图强，一边工作，一边求学。威尔第精神成为指引他的"北极星"，激励他持续不停地创作。德鲁克毕生出版的著作中，有三分之二是在他65岁以后完成的。[二]

1927～1928年，德鲁克发表了一篇经济学的学术论文，论及巴拿马运河在世界贸易体系中所扮演的角色。

20世纪20年代的最后两年，也就是1928～1929年，世界人民正在

[一] EDERSHEIM E H. The definitive Drucker: challenges for tomorrow's executives——final advice from the father of modern management [M]. New York: McGraw Hill, 2007.

[二] 参见2010年出版的 *The Drucker Lectures: Essential Lessons on Management, Society, and Economy*（《德鲁克演讲实录》）。

经历不同的苦乐。当时的苏联正在面临经济的停滞不前，1928年，苏联开始实施严格的计划经济体制，即苏联共产党和苏联政府为了摆脱贫困落后的农业国命运，制定了"第一个五年计划（1928～1932）"，实行全面的、大规模的、有计划的社会主义建设。1929年5月16日，由美国电影艺术与科学学院创立的"奥斯卡金像奖"在好莱坞举行了首次颁奖典礼；同年7月7日，从纽约到洛杉矶的东西海岸间的班机正式通航。这对美国人来说，真是好事连连，欢欣鼓舞。但是美国的经济也遇到大问题而且波及了整个世界，那就是"经济大萧条"。我们的主人公德鲁克是其最有力的见证人之一。

1929年，德鲁克完成了在法兰克福大学主修的法律课程和兼修的统计学课程。同年德鲁克出任了《曼彻斯特卫报》（*Manchester Guardian*）驻莫斯科特派记者，这份工作让德鲁克意识到他"不想成为一名左翼分子"。㊀

但更令人高兴的是，1929年，20岁的德鲁克非常幸运地应邀出任《法兰克福纪事报》的资深编辑，撰写金融评论专文。更加难能可贵的是，同年德鲁克获得了大学讲师职称，这意味着他在德国学术界迈出了关键一步，也促使他走上了学术研究和创作的生涯。1929年之后，德鲁克笔耕不辍，他自己曾经说："每当有人问我最满意自己写的哪一部书时，我总是会笑着回答道——我的下一部书。"

㊀ 参见2010年出版的 *The Drucker Lectures：Essential Lessons on Management, Society, and Economy*（《德鲁克演讲实录》）。

从德国到英国（1929～1937）

20 世纪 30 年代本质上是一段灰暗而险恶的年代。[一]
这始终是不可抗拒的历史法则：
在决定时代命运的那些巨大运动开始之初，
历史往往让同时代的人无法认识清楚那些运动。[二]

20 世纪 30 年代世界各方势力暗流涌动，一战似乎没有真正结束，伤痛尚未完全抚平，而新的战争的阴云逐渐笼罩了天空。20 世纪 30 年代早期的经济大萧条和极权主义形成就是战争阴霾的前奏，大有"山雨欲来风满楼"的架势。总的来说，20 世纪 30 年代是灰暗险恶的年代。

1929 年 10 月 29 日是美国证券史上最黑暗的一天，当时纽约证券交易所里所有人都深陷抛售股票的泥潭，他们一生的积蓄在这里瞬间烟消云散。从 10 月 29 日开始的半个月内，约 300 亿美元的财富消失。20 世纪 30 年代，美国至少有 9000 家银行倒闭，失业人数高达 1320 万人，美国的失业率上升到近 25%，而经济学家和政治家一样束手无策，大家都认为正

[一] 沃森. 20 世纪思想史：从弗洛伊德到互联网 [M]. 张凤，杨阳，译. 南京：译林出版社，2019.
[二] 茨威格. 昨日的世界：一个欧洲人的回忆 [M]. 舒昌善，译. 北京：三联书店，2010.

确的做法是"无为而治"○。这是美国历史上破坏力最大、危害最深的经济危机，经济大萧条持续了约四年并殃及西方国家乃至整个世界。但是，经济大萧条时期出现了一些值得品味的社会现象。比如说，许多人回归学校和图书馆读书学习（尤其是大学公共图书资源开放后）；这一现象不可小觑，人才发展与基础知识的储备有密切关系，这为大萧条过后的经济复苏培养了必要的知识基础、成熟心智和有用人才，可谓"不幸中的万幸"。

德鲁克曾讲过一个故事：在经济大萧条时期，德国工程师尼古拉斯·德雷斯塔特（Nicholas Dreystadt）接手了即将破产的凯迪拉克。他认真思考"凯迪拉克的事业是什么？"，希望找到事业发展的定位，最后他得到的答案是：凯迪拉克的竞争者是钻石和貂皮大衣，因此凯迪拉克的顾客买的不是交通工具，而是身份地位。这个答案使凯迪拉克走向创新，华丽变身，逆势成长。○

与经济大萧条的性质和破坏力相比，极权主义可谓有过之而无不及。在此暂不追究极权主义的历史和根源，我们就说在20世纪30年代早期的欧洲，极权主义形成的重要标志是1933年1月30日德国总统兴登堡任命希特勒为总理，自此法西斯主义开始笼罩德国；1934年希特勒举行大阅兵，梦想创造强大的军事奇迹，纳粹主义的嚣张开始危及整个欧洲乃至全世界。在经济方面，纳粹德国成了凯恩斯经济政策最有力的实践者，因为从1933年起，"几乎像是一个完美的凯恩斯主义者"○的希特勒开始大规模应用凯恩斯经济学——兴修铁路公路、开通运河、严管外汇、扩大内需、大力促进国内消费等。

同一时期，科学依然在发展。许多的新思想和新艺术作品也在不可抑

○ 沃森. 20世纪思想史：从弗洛伊德到互联网[M]. 张凤，杨阳，译. 南京：译林出版社，2019.

○ 参见2001年出版的 *The Essential Drucker*（《德鲁克管理思想精要》）。

○ 同○.

制地蓬勃生长，难怪有人说："在某些方面，20世纪30年代是出人意料的多产年代。"㊀

而我们的主人公德鲁克也收获颇丰：1929年，德鲁克开始撰写毕业论文，主题是从国际法观点探讨"准政府"的地位；1931年，22岁的德鲁克获得国际法博士学位。在求学期间，他还幸运地认识了一位名叫多丽丝的女孩，她后来成为他的终身伴侣。㊁

1933年1月30日，希特勒成为德国总理，并很快组建了国民启蒙与宣传部，由戈培尔出任部长并建立"艺术与文化协会"，全面掌控文化知识界。到1936年5月，所有帝国文化协会登记在册的艺术家都必须证明自己的雅利安血统；同年11月，戈培尔取缔了一切"非官方艺术评论"，从那以后，合法的只剩下对艺术活动的报道了。㊂

正是从1933年希特勒在德国掌权时起，24岁的德鲁克立定心志开始探索政治与社会整合的问题。德鲁克感到整个社会生态系统严重受挫、运作不正常，因为"围绕在我四周的社会结构、经济体系、政府组织乃至人类文明，无不受到战祸的影响而快速瓦解"㊃。他着手研究三位致力于在动乱年代建立新秩序的德国思想家，分别是：柏林洪堡大学的创立者威廉·冯·洪堡、欧洲天主教党的一位神父约瑟夫·冯·拉多维茨，以及一位犹太学者、法学家和国会议员，名叫弗里德里希·尤里乌斯·施塔尔。1933年4月，德鲁克在图宾根出版了仅有32页的小册子，算是他的处女作，是对19世纪普鲁士保守主义的奠基人和实证主义宪法学代表

㊀ 沃森. 20世纪思想史：从弗洛伊德到互联网[M]. 张凤, 杨阳, 译. 南京：译林出版社, 2019.

㊁ 关于多丽丝以及她和德鲁克的爱情故事可参见德鲁克. 德鲁克夫人回忆录[M]. 汪小雯, 张坤, 译. 北京：机械工业出版社, 2017.

㊂ 同㊀.

㊃ 毕提. 大师的轨迹：探索杜拉克的世界[M]. 李田树, 译. 台北：天下远见出版有限公司, 1998.

人物施塔尔的研究专著——《弗里德里希·尤利乌斯·施塔尔：保守主义政治学与历史发展》(*Friedrich Julius Stahl：Koncervative Staatslehre und geschichtliche Entwicklung*)。这本书出版后，一石激起千层浪，许多读者把施塔尔视为摆脱动乱的导师和明灯，两个月后，这本小书就被纳粹政权缴禁，并被公开焚毁。德鲁克意识到自己可能会被放逐或囚禁，因此决定离开德国。

德鲁克显然不是唯一意识到要离开德国的人，同样的命运也降临到当时非常杰出的科学家身上：1933年1月，物理学家爱因斯坦离开柏林前往美国，而他当时被列为纳粹政权公布的"国家公敌"之首。在1933年1月至1941年12月之间，有104 098位德国和奥地利难民移民美国，其中包括7622位学者、113位资深生物学家、107位世界级物理学家和1500位艺术家，以及其他各类社会精英。[一]而正是逃难到美国的物理学家，为二战的胜利起到了决定性的作用。

与其说这是一场移民，不如说是一场"胜利大逃亡"。而对美国来说，这些知识分子逃到美国避难，可以算是希特勒送给美国的"大礼物"，为二战后美国的科技、政治、经济、教育、文化和社会进步起到了积极的推动作用。"这场知识分子的移民导致20世纪思想领域的景象发生了剧变，这可能是同类型移民中最为宏大的一次。"[二]这场知识分子大移民，直接造就了美国在20世纪后半叶的繁荣和辉煌，使其不仅在政治上成为世界大国，同时在个人精神上体现出多元主义。

令人唏嘘的是，那些没有逃离或不想逃离德国的知识分子，要么成了纳粹的帮凶，要么成了纳粹的牺牲品。而希特勒对犹太人的种族灭绝政策和对宗教的迫害更是到了疯狂的地步。

[一][二] 沃森. 20世纪思想史：从弗洛伊德到互联网[M]. 张凤，杨阳，译. 南京：译林出版社，2019.

在这期间，德鲁克曾经描写过他亲眼看见的几次恶劣"闹剧"。

一次，一名纳粹分子声嘶力竭地煽动民众说："我们不要便宜的面包，不要昂贵的面包，也不要价格一成不变的面包。我们只要纳粹拟定价格的面包。"紧接着的是民众疯狂的呼叫声。

还有一次，他看到纳粹德国宣传部部长戈培尔在如痴如狂地演说他那"经过精心挑选的谎言"之后，还补上一句"你们当然了解，这一切不过是宣传罢了"。而台下立刻爆发出雷鸣般的欢呼声。

真正促使德鲁克决绝地离开德国的是，他目睹一位新上任的纳粹代表主持一所大学的校务会议，德鲁克也参加了这次会议，因为他相信这所大学的学术自由与知识自由。结果会上那位纳粹代表宣布校方将解聘犹太裔教授，而且他谎话连篇、粗话连连，德鲁克甚至强烈地预感到未来纳粹分子将会对犹太人进行迫害和杀戮。此次会议结束后，德鲁克觉得自己"难过得快要死去"。随即，他决定必须在"四十八小时内离开德国"。

1933年夏，德鲁克到达伦敦，在一家小商业银行任职，从事金融证券分析工作。德鲁克在英国度过了四年时间，那段日子并不容易。在20世纪90年代的一篇题为《瞬息万变的世界经济》的文章中，德鲁克回忆起在伦敦工作时一位聪明的老板对他说过的话："德鲁克先生，永远不要忘记，世界上最富裕的国家中，每20个家庭中只有一家的存款会超过替一家之主办后事所需的丧葬费。"㊀

在英国的几年，他经常去剑桥大学参加经济学家凯恩斯主持的经济学研讨会。他对凯恩斯的经济学理论颇为赞赏，只是他强烈地意识到当时满屋子听讲座的这些经济学才子们只对商品的行为感兴趣，而他自己对此不屑一顾，因为他更加关心人及其行为。在此期间德鲁克突然明白一个道理，他说："我恍然大悟，凯恩斯和课堂上所有杰出的经济学学生都对商品

㊀ 引自1992年出版的 *Managing for the Future: The 1990s and Beyond*（《管理未来》）。

的行为感兴趣,独独我对人的行为感兴趣。"[一]这或许促使德鲁克转向思考"管理学",尤其是"作为一门博雅之学的管理学"。他认为"人"才是真正的管理学的全部内容,因为他深信管理是以人为主的事业,企业家或其他经营管理者不是贩卖商品的零售商人。他常说:"我与经济学家之间只有一点共识,那就是我不是经济学家。"[二]换句话说,在德鲁克眼里,管理学与经济学只有一个共识:管理学不是经济学。

值得注意的是,正是在从德国到英国的这几年岁月中,德鲁克对极权主义异常敏感而且心知肚明,他从自己亲眼所见和亲身经历的现实中理解欧洲政治局势的巨大恶变,这促使德鲁克开始撰写《经济人的末日:极权主义的起源》。

在这几年中,世界依旧运转。《凡尔赛和约》签订后建立的国际组织——国际联盟在1934~1935年间发展到了高峰,拥有58个成员国。1936年7月,佛朗哥发动反对人民阵线政府的军事政变,导致西班牙内战爆发。同年,英国广播公司首次开办电视广播;查理·卓别林执导的影片《摩登时代》上映。1936年,柏林举办奥运会,纳粹分子认为这是向全世界展示第三帝国强大力量的绝好时机。

1937年,苏联飞行员瓦列里·契卡洛夫和米哈伊尔·格罗莫夫分别率领机组完成了从莫斯科经北极到美国的飞行;而在东方,日本全面侵华战争爆发。第二次世界大战一触即发。在《旁观者》中,德鲁克对这段历史有过精辟的评断:"在《凡尔赛和约》和第二次世界大战爆发的二十年间,欧洲政治就是一场可笑的闹剧。"

[一] 引自2010年出版的 *The Drucker Lectures: Essential Lessons on Management, Society, and Economy*(《德鲁克演讲实录》)。

[二] 毕提. 大师的轨迹:探索杜拉克的世界[M]. 李田树,译. 台北:天下远见出版有限公司,1998.

立足美国（1937～1939）

无论20世纪30年代发生了什么，它们都只是无用的慰藉。[一]
柏林的街道风平浪静，但人们的脸上写满了"惊讶与忧愁"。[二]

  1933年，美国总统富兰克林·罗斯福就任后实行一系列经济政策，突出三个核心理念——救济（relief）、恢复元气（recovery）和改革（reform），史称"罗斯福新政"，直到1941年结束。这是美国的关键七年。德鲁克对罗斯福新政赞誉有加，因为罗斯福新政不仅为美国黑人解放运动奠定了基础，而且也为美国南方农业发展起到了推动作用，尽管他对罗斯福总统的管理风格不以为然。

  就在罗斯福新政期间，德鲁克的命运和职业生涯出现了新的转机。

  德鲁克与多丽丝相恋四年后，1937年1月，他们在伦敦结婚，不久后，这对新婚夫妇离开伦敦，前往美国。按照德鲁克自己的话说，他是"以作家的身份来美国的"，也有说是"以五家英国报纸的特派身份第一

[一] 沃森. 20世纪思想史：从弗洛伊德到互联网［M］. 张凤，杨阳，译. 南京：译林出版社，2019.

[二] 夏伊勒. 第三帝国的兴亡：纳粹德国史［M］. 董乐山，等译. 南京：译林出版社，2020.

次到美国，而那时美国才刚形成一个全国市场"㊀。到美国后，德鲁克先以驻美记者的身份任职于英格兰和苏格兰的几家报社，同时兼职为一些在美国的英国金融机构提供财经分析和咨询服务。1939年，德鲁克在美国找到了第一份正式工作——纽约州的莎拉·劳伦斯学院聘请他任经济学兼职讲师。

此时的美国还算太平，但刚刚被德鲁克甩在身后的欧洲却截然不同。1938年3月，希特勒宣布奥地利成为第三帝国的一部分。同年9月，英、法、德、意四国政府首脑张伯伦、爱德华·达拉第、希特勒、贝尼托·墨索里尼在慕尼黑举行会议，在没有捷克斯洛伐克代表参加的情况下，签订了把捷克斯洛伐克的苏台德区割让给德国的《慕尼黑协定》（全称《关于捷克斯洛伐克割让苏台德领土给德国的协定》），以此作为德国向苏联进攻的条件，这实质上是自私的绥靖政策。

1939年9月1日，德国对波兰不宣而战，9月3日，英、法对德宣战，第二次世界大战爆发。二战爆发后三周，即1939年9月23日，开启20世纪思想史的先驱、精神分析学派的创始人弗洛伊德逝世。

无论世界如何风云变幻，就德鲁克个人而言，毫无疑问，1939年是他到美国后的"大丰收年"——不仅安了家，而且找到了工作，在心灵上也有了安全感和归属感，结束了不稳定的"逃难之旅"；更重要的是，时值而立之年的德鲁克出版了他的惊世之作——《经济人的末日：极权主义的起源》，即上文中我们提及德鲁克在英国生活的这几年间酝酿并着手撰写的佳作，这本书也成为德鲁克人生转折点的标志性著作。从此以后，德鲁克一发不可收拾，佳作频出。不仅出版书籍，还数十年如一日地为一些杂志写专论文章，成为名副其实的自由作家，这种独特的身份也符合他自己甘为"旁观者"的宏大心愿。

按照年份，我们可以说《经济人的末日》构思于欧洲，成书于美国，

㊀ 引自1992年出版的 *Managing for the Future: The 1990s and Beyond*（《管理未来》）。

立足点是存在主义哲学，主要讨论了法西斯主义及其社会根源。德鲁克自认为该书是一部"政治论述"，旨在强化人们维护自由的意志并以此与逼迫人们向极权主义投降的威胁抗衡。20世纪二三十年代，大多数西方人仍然接受"经济人"的价值标准，即"在资本主义社会中，以财富来评定价值，因此生活成了比赛，争夺的内容不是理解或美德，而是财富"。[一] 德鲁克指出，"经济人"是以市场为主的重商主义社会下忙于生计的人的特征，是"19世纪主要的社会制度"，如今它已经摇摇欲坠。经济人想要通过经济发展来实现自由与公平，但结果正好相反，经济发展带来了社会不公，使得人们不再相信资本主义具备这样的能力。"经济自由程度愈高，不公平现象愈普遍，社会承诺与社会现实之间的差异，终究造成了旧秩序的危机。"上文提到过，1914年，德鲁克在家中听到父亲、身为法学学者的叔叔以及后来成为捷克总统的马萨里克的零星对话："这不仅仅是奥地利的终结，也是世界文明的终结！"自此，这话在德鲁克的心中生根发芽。法西斯主义乘着一战人心混乱的危机，乘虚而入，以谎言代替了真理，以虚幻的口号捕获了人们对"自由与和平的非经济社会"的向往和信任，骗取了20世纪人民的善良。

因此，德鲁克在《经济人的末日》中指出："法西斯主义是欧洲精神与社会秩序瓦解的后果"，"社会大众对所处环境产生彻底的绝望，才是法西斯主义兴起的真正缘由"，而"法西斯主义之所以兴起，纯粹是在旧秩序迅速瓦解，新秩序尚未出现的过渡时期，人民对社会彻底绝望而产生的结果"。"极权主义反自由思想，也反保守思想；反宗教人士，也反无神论者；反资本主义者，也反社会主义者；反战争，也反和平；反大企业，也反靠手艺维持生计的人及商店老板……"

在《经济人的末日》中，德鲁克还做过一些世界政治趋势的预测，比

[一] 沃森. 20世纪思想史：从弗洛伊德到互联网［M］. 张凤，杨阳，译. 南京：译林出版社，2019.

如他预测"纳粹最后的'解决之道'是计划屠杀欧洲所有犹太人",这事的确在二战中残酷地发生了。

1939年该书出版后举世哗然,丘吉尔非常看重这本书,并亲自撰写书评,对其褒扬有加。次年,该书被列为英国预备军官学校应届毕业生的课外读物书单。

这部里程碑式的佳作比汉娜·阿伦特三部经典作品㊀中的第一部——《极权主义的起源》早问世12年。如果从作品的构思时间算起,德鲁克《经济人的末日》的构思始于20世纪30年代中期,而阿伦特的《极权主义的起源》始于1945年。

《经济人的末日》出版后不久,德鲁克也收到了名噪一时的出版界大亨亨利·卢斯(《时代》《生活》和《财富》杂志的出版商)的亲笔信。当时卢斯已经招募了很多才华超众的人为他工作,他当然希望把德鲁克也纳入麾下,但德鲁克不以为意。他认为这些英才一旦加入卢斯的队伍,一生便无佳作问世。德鲁克甚至毫不客气地说:"卢斯的善意,他给的高薪和溺爱,简直是对才智的谋杀。若是为卢斯工作,我怀疑自己是否有能耐成熟到抗拒那些诱惑?……卢斯见我居然有排拒之意,干脆给我一份高薪的闲差,就当作他的幕僚。我已学乖了,于是谢绝了他。"㊁

从卢斯热衷于制造党派斗争、在高位权重的人士间挑拨离间的管理风格来看,其实我们也可以想想:你想成为让员工害怕的领导吗?你想成为让儿女敬而远之的父母吗?你想变成让学生胆战心惊的老师吗?你到底想成为谁?你想受人尊敬爱戴还是想让人在恐惧中产生仇恨?

㊀ 阿伦特是海德格尔的学生,20世纪杰出的哲学家之一。《极权主义的起源》出版于1951年,另两部佳作为1958年出版的《人的境况》和1963年出版的《艾希曼在耶路撒冷》。她对现代政治和社会的看法非常犀利,她的许多观点对20世纪后期影响极大,如政治人格化等。

㊁ 德鲁克. 旁观者:管理大师德鲁克回忆录[M]. 廖月娟,译. 北京:机械工业出版社,2019.

喧嚣中的宁静（1939～1949）

军国主义是一盏熄灭的灯。
第二次世界大战结束了，全世界为此感到轻松，
然而结束战争的手段令人感到恐惧……在物理学领域，
第一颗原子弹的爆炸使传统意义上的"美丽科学"
在知识层面上所做的冒险达到了可怕的巅峰。
但是，这种巅峰只是表明：
物理学将很难重振雄风，不过它也并未完结。[一]

1939 年至 1945 年是 20 世纪最悲惨的时期，第二次世界大战无情地摧毁了世界，生灵涂炭。这一时期几乎所有的大事都与战争有关，历史因为战争而窒息。正邪的较量发生在战场上，也发生在各国首脑的政治博弈中。如果说战争是世界政治与国际外交失败的延续，那么人类最终只能以战争的正义来终止邪恶，并换来渴望已久的和平生活。

第二次世界大战期间，那些战前从奥地利逃难到美国的"流亡学者"

[一] 沃森. 20 世纪思想史：从弗洛伊德到互联网［M］. 张凤，杨阳，译. 南京：译林出版社，2019.

都在思考和展望战争结束后人类社会的构建和方向问题，著书立作显然是最有意义的办法之一。例如，哈佛大学"风度翩翩的校园名人"——经济学家和西方精英民主理论的主要提出者约瑟夫·熊彼特，他于1942年出版了《资本主义、社会主义与民主》；社会学家卡尔·曼海姆于1943年出版了《时代的诊断》；弗里德里希·冯·哈耶克于1944年出版了他那部享誉世界的《通往奴役之路》，批评凯恩斯的计划经济和曼海姆的社会重建理论；二战临近结束时，卡尔·波普尔出版了《开放社会及其敌人》一书，其内容在理论上与哈耶克相似，主张"政权最小化"和反乌托邦。这四位杰出学者在同一历史时段相继推出这举世瞩目的四部佳作，不一定是巧合。他们真的具备"为思想和理想而战"的坚强意志和卓越精神。

二战后思想界除了对战后世界格局以及各国的经济、政治和社会进行重建之外，对人性的反省也增加了，出现了存在主义哲学、希望哲学、政治批判等。同时，科学技术被政治野心家用于毁灭人类自己所造成的历史悲剧，引发了人们对科学技术道义上的质疑。二战说明了人类所有狂妄的必然结局都是灾难，人类从未走出巴别塔的悲剧。

在这样炮火纷飞、极其残酷的战争年代以及战后经济重建和世界格局重组的重要时期，同样逃离了纳粹魔爪的德鲁克做了什么？接下来我们谈谈发生在德鲁克身上的几件大事。

第一件大事是德鲁克"下岗"。上文说到1939年德鲁克在美国找到了第一份工作——莎拉·劳伦斯学院聘请他为经济学兼职讲师。可是好景不长，1941年春天，德鲁克发现该校教职员工中有许多人用卑鄙的手段发起签名活动，目的在于排挤反对希特勒的布鲁克林大学自由派校长哈里·基甸斯（Harry Gideonse）。出于良知，德鲁克没有签名。此次事件导致德鲁克被校方解雇，这让他再次强烈地感受到独裁者是不能容忍人民有独立思想的。

第二件大事发生于1942年夏天，德鲁克在本宁顿学院找到教职工作，主要讲授政治理论、美国历史、经济史、哲学等。德鲁克在那里开设课程，留下许多名篇，诸如《人何以可能生存》（1943年）和《国家的神话》（1947年）等。后来德鲁克自认为本宁顿学院对他来说是全世界最有"家的味道"的地方。其间，德鲁克虽然不是基督教神职人员，但也抽空为市区一家教堂讲经。德鲁克有能力从事许多跨学科的研究和思考，同时掌握一定的规律，持守相应的原则。他具有"像蚱蜢一样的跳跃式思维"，又能从特定而具体的事物发展变化中找到相应准则，同时他还能在敏锐的感觉中去洞察和判断复杂的概念。这些也是他"旁观者"的特质。

第三件大事是1943年1月德鲁克进入通用汽车公司，共为其服务18个月。当时，他决定进入一家大型企业内部去研究经营规则与运作机制。1942年圣诞节，他接到通用汽车公司公关部门副总裁保罗·加勒特的电话，后者邀请他到通用公司做"政策与组织结构"的专题研究。德鲁克不假思索地答应了。他自己后来描述说："我是不小心溜进或是栽进管理咨询领域的。"实际上，这意味着德鲁克需要在人生重要关头做出关键的选择。当时，凭借《经济人的末日》和《工业人的未来》的出版，德鲁克在政治理论上的成就已经被公众认可，可谓前途无量，而选择进通用公司则意味着他的学术研究方向转向了管理学。

1944年，德鲁克以海事法为蓝本开始讲授管理学。海事法是德鲁克在法兰克福求学期间选修的一门课，他认为这门课是他"所受过的通才教育"的成功典范。他努力把貌似狭窄的管理学学科发扬成"整合人类价值与行为，整合社会秩序与求取知识的一门学科"以及"以经济学、心理学、数学、政治理论、历史、哲学为主要内容而建构成的一门综合学问"。简言之，管理学就是大学的 liberal art。

第四件大事是《公司的概念》出版。从1943年1月起，德鲁克在通用汽车公司进行了长达18个月的调研，在调研过程中，他积累了很多关于企业经营管理的经验和案例。1945年秋，二战结束后不久，德鲁克完成了他的第一本"管理学专著"《公司的概念》，1946年该书正式出版。《公司的概念》当年成为畅销书，质疑与赞赏皆有，影响力巨大。德鲁克希望借此建立一门"管理学科"，更为重要的是，该书被誉为掀起全世界企业组织机构"分权化"（decentralization）热潮的著作。受德鲁克管理思想的影响，通用汽车公司中对《公司的概念》深有领悟的查尔斯·威尔逊，开始推行公司应该对员工友善的管理理念。

德鲁克所讲的decentralization来自一个政治哲学概念——"去中心化"——其本质是现代性。他认为"中心化"是组织的常规或传统做法，是前现代的产物。现代社会中的组织要从"中心化"逐步走向"去中心化"，尤其是在管理学范畴。但从企业管理学的角度来说，"中心化"管理模式并非一无是处，它适合小型企业与创业初期的管理。但总体而言，"去中心化"管理模式是一切组织生存、结构变化与健康发展的必然结果，它有益于中型规模以上的企业组织，尤其适合大型企业和集团企业的健康发展。"去中心化"管理模式有如下益处：大目标一致、价值观相似、总部决策与分公司分权自治不冲突、股权分享、授权清晰、效能显著、人际关系平等，既有业务独立性，又有事业关联性等。

1947年，德鲁克与威尔逊提出改革方案，要求在"分权化"的基础上建立"能够自我管理的工厂社区"和培养"愿意负责任的员工"，建立"品质管理小组"，以求提升"工作生活品质"。为此，威尔逊筹备了一场题为"我的工作及我为什么喜欢它？"的征文比赛，结果收到了30万篇文章。他果然从中发现了不少人才和上好的建议，但因当时通用汽车公司规模过于庞大而难以推动，改革暂时搁浅。直到20世纪80年代中期，通用深陷市场困境，恐吓与激励的管理方式，也就是通常人们所说的"胡萝卜加大棒"的管理方式，对年轻员工和知识工作者来说根本不奏效。到1992年，通用亏损了3亿6500万美元，这时，通用高管才重新采纳德鲁克1947年的改革方案。德鲁克曾说："现在谈改革方案能否奏效还言之过早，但我相信，我们一定会看到一个非常不一样的通用汽车公司。"㊀事实证明，到 20 世纪 80 年代，德鲁克的"分权化"理念推动了大多数世界 500 强企业进行机构重组。

《公司的概念》的出版使得德鲁克的名字成为名牌——企业、政府机构、大学纷纷邀请他做管理顾问、咨询师或教师，这也把德鲁克推向了新的职业生涯——咨询顾问的道路。1945 年，德鲁克还预测美国在未来的数十年间（20 世纪 60～70 年代）会不断地涨工资，导致物价持续上涨，这样会造成恶性循环，继而导致通货膨胀；为了抑制通货膨胀，政府采取"反向操作原理"，结果会导致 1981～1982 年经济萧条。这都成了事实。

1949 年，我们故事的主人公德鲁克阔别了他任教 7 年之久的本宁顿学院，前往纽约，任职于纽约大学商学院，后兼任通用电气公司的管理顾问。

新的故事又要开始了。

㊀ 毕提. 大师的轨迹：探索杜拉克的世界［M］. 李田树，译. 台北：天下远见出版有限公司，1998.

新变化与新思路（1950～1959）

20世纪上半叶最伟大的知识成就是原子弹的设想和制造，那么20世纪下半叶的成就则更为多元化，包括DNA和计算机的研究。[一]

文学界将20世纪50年代描写为"组织人"的时代，而企业界将其视为"资本主义的黄金时代"。无论如何，20世纪50年代的世界不太平。一些强国在争取世界领导权，一些国家战后百废待兴，忙于经济重建，一些国家正忙于民族独立的斗争，还有一些国家卷入了世界大战后的区域战争。

尽管从理论上讲，人总是离不开历史、时代以及生存处境，但我只能说：德鲁克是个特立独行的人，他好像没有那么依赖或迷恋处境，他依然以旁观者的视角冷静而理性地观察忙碌的世界，世界运转的逻辑与他个人成长以及获得成就的逻辑似乎并不是同一个逻辑。

前文提及，德鲁克到达美国后相继出版了三部重要著作：《经济人的末日》《工业人的未来》《公司的概念》，这些作品成为德鲁克自己的事业名

[一] 沃森. 20世纪思想史：从弗洛伊德到互联网[M]. 张凤，杨阳，译. 南京：译林出版社，2019.

牌，助其走上了咨询顾问的道路。1950年，德鲁克出任通用电气公司的管理顾问后，竭力推行分权制度，这是继1946年福特汽车公司师法德鲁克的"分权化"管理思想后，又一家大型企业采纳德鲁克"分权化"的管理思想。

20世纪50年代，德鲁克在纽约大学商学院任管理学教授，教书育人，一直到1971年。正是在这段时期，德鲁克将IBM作为典型案例，深入剖析其管理结构和独特性，突出创新和管理的重要性。也正是从1950年起，一直到20世纪80年代，美国进行了教育改革，大学扩招。

在20世纪50年代，德鲁克发表了许多文章，最为突出的贡献是出版了四部著作，分别为《新社会》《管理的实践》《美国未来的二十年》以及《已经发生的未来》。这些作品的见解都很独到，且展现出对未来的信心，其内容涉及工厂自动化、宗教、社会、人口统计学、哲学思想等。德鲁克还宣称自己是50年代初期预测计算机将会给人类带来冲击的人之一。

1950年出版的《新社会》，还有个副书名："工业秩序剖析"（the anatomy of industrial order），这是该书重要而关键的信息，容易被人忽略。该书讲的就是新社会的典型机构——工业企业的管理问题以及工业秩序原则。书中，德鲁克指出未来的企业组织最需要的三种人才是创业者、创新者、愿意承担风险者。这种理念非常超前，前瞻性很强。德鲁克强调员工需要以管理者的态度去工作，他说："我们最好能让工人站在管理者的角度去看待他们的工厂。唯有如此，他们才能看到自己的那一部分，并从自己的那一部分看到全部。仅提供信息资料、开设培训课程、安排参观工厂，或提供其他类似的工具，是不能让工人具备这样的'眼光'的。我们必须让工人亲身去体验工厂运作的全套流程，并帮助他们从个人的工作去了解自己与整个工作成果的关系。"在我理解，这就是德鲁克一直主张的"工业社会"理念，实际上他讲的是"工业人或工业群体的生存与工作逻辑"，核心内容是"工业社会秩序"——流程、专业、整体性。而他后来论及的知识社会与知识工作者的生存和知识工作的逻辑有关，底层密码是"知识社会的秩序"——自觉、价值观、意义、成就感。

1950年还发生了一件据说改变了德鲁克价值观的重大事件——是年元旦，德鲁克陪父亲阿道夫·德鲁克去拜访熊彼特，此次拜访后一周，熊彼特去世。德鲁克后来回忆说，父亲与熊彼特的对话成了他一生的转折点。熊彼特说："你知道吗？阿道夫，在我现在这个年龄来看，人们若只晓得我写了几部书以及提出了一些理论，我认为是不够的。如果没能改变人们的生活，你就不能说你已改变了世界。"㊀ 德鲁克从未忘记这句话，而且这句话的确成了他一生追求的目标。事实证明，德鲁克的确成就了许多人的梦想，改变了许多企业和组织机构的命运。

19世纪90年代，美国的铁路公司成为美国最大的社会实体。1891年，宾夕法尼亚州铁路公司有十几万名员工，而当时美国陆军才有不到5万人，因此德鲁克认为"美国式管理"是从铁路公司发起的，后者具有复杂的管理层级和组织结构。20世纪40年代初期，美国的图书馆中管理类图书屈指可数；在50年代中后期，美国有3000多家公司设立了自己的管理培训中心，而此时专业管理书籍仍寥寥无几。但是，这并不意味着人类没有管理智慧与管理实践，任何文明体系都有管理。德鲁克所描述的现实是，大多数经理人、监工和督导员一直在做管理的工作，只是他们从不知道自己在做什么和该做什么。当时没人把管理视为"一门学问"。

德鲁克发现了这个秘密，他立志要让管理成为一门学问，他致力于把工作、功能、结构、挑战、运营、事业等诸多领域综合成一门系统的学问。终于，1954年，德鲁克梦想成真，他"发明"了"管理学"——把管理视为一门专业学科，主要以1954年出版的《管理的实践》为标志。该书修订后被编入德鲁克的名著《管理：使命、责任、实践》中篇。在该

㊀ 毕提. 大师的轨迹：探索杜拉克的世界[M]. 李田树，译. 台北：天下远见出版有限公司，1998.

书中，德鲁克提出了关于"事业理论"非常著名的三个重要问题：1）我们的事业是什么？（What is our business?）；2）我们的事业应该是什么？（What should our business be?）；3）我们的事业将来应该是什么样的？（What should our business for future be?）也有人把这三个问题视为"企业战略三问"。

该书还深入讨论了管理的工作、职业、技巧和组织结构等诸多话题。德鲁克提出了管理者需要做的五大工作：第一，设立目标以求平衡"原则"与"效果"、"即时需求"与"将来需求"、"既得成果"与"可预测成果"，这要求管理者具备分析和综合能力；第二，进行组织安排，即管理者要合理使用稀缺资源，包括人力资源；第三，具备激励与沟通的技能；第四，具备自律与自控能力，不能谴责和控制他人；第五，发展包括自己在内的人才，因为人是企业与组织里最具独特品质的资源。这些观念在20世纪50年代都是全新的，具有很强的冲击力。从1954年的《管理的实践》起，德鲁克坚持认为未来的企业将会越来越重视组织的使命、目标和战略，越来越受到内部和外在环境的制约，因此他更加强调企业作为组织的"有机性""去中心化"以及"多元化"。

三年后，1957年，《美国未来的二十年》出版。德鲁克在书中指出"决定未来命运的重大事件已经发生"。他曾经预测，美国人口的素质与数量的变化会决定这个国家的命运和前途。1944年，美国政府颁布《退伍军人权利法案》，大批二战退伍军人可以接受高等教育。德鲁克便预测美国大学将在20世纪60年代大规模扩招，而且美国会兴起办大学的热潮，从而最终导致严重的通货膨胀。如何能把《退伍军人权利法案》的颁布和未来的通货膨胀联系到一起呢？德鲁克分析认为，该法案实施后，不仅会促使许多退伍军人进入大学学习，而且会改变美国人接受教育的"习惯"——接受教育变得普遍，民众整体素质提高，更多技能走向职业化；这样必然导致劳工短缺，适龄劳工会成为企业和组织竞相招募的对象，因而在 15～20 年内，政府遇到的问题将不会是大规模失业，而是通货膨胀。事实证明，德鲁克的预测是正确的。20 世纪 70 年代，美国发生了严重的通货膨胀，美国第 38 任总统杰拉尔德·福特还不得不为此制作印有"WIN"（whip inflation now）字样的徽章，以鼓舞民众"击败通货膨胀"。如果说失业是社会的毒素，那么严重的通货膨胀就是社会的恶性肿瘤。

德鲁克在《美国未来的二十年》中还指出，自动化是 20 世纪下半叶的科技革命，因此管理者有必要"人性化地用人"，必须承担责任，在工作转变为自动化的过程中，应系统地安排员工接受再教育和转岗。从自动化时代到信息时代，从数字时代到当下的人工智能时代，人类正在经历前所未有的巨变，其复杂程度和发展速度远超出了人们的想象，但德鲁克的说法——"人性化地用人"依然是有益的提醒。

1957 年，《已经发生的未来》（*Landmarks of Tomorrow*，英文版书名直译为"明日的地标"）出版。在书中，德鲁克对"冷战"思维和军事科技的竞争性发展表达了深刻的厌恶。如果军事科技落入疯狂的独裁者手中，人类就会陷入致命的"黑雨"噩梦㊀，因为军事科技具有摧毁人类道德的潜在可能性。书中，德鲁克从社会生态学的角度对世界发展做了深刻的分析。该书指出如下五个地标。

第一个地标——转型：从 17 世纪以机械论为核心的世界观到 20 世纪以生物学为核心的世界观，即从因果关系转向形态构造观念，认为整体不等于部分之和。在新的世界观中，管理学可以被视为人生存的中枢器官。

第二个地标——对秩序的新认知：不是渐进式的，而是混合快进式的创新，因此当代人不能在认知上落后——"历史骑在马上，人类依然用脚走路"（或者按照时髦的说法，"人坐在飞机和高铁上，脑子却用脚走路"）。

㊀ "黑雨"噩梦通常指二战末期广岛和长崎原子弹爆炸后出现的放射性降雨现象，及其带来的长期影响。——编辑注

第三个地标——大型组织：未来的组织将把原本属于个人的事情，很快转变成群体的工作。这并非意味着组织将取代个人，而是指个人在团队里，工作会更具成效。

第四个地标——教育：1959年的美国正处于教育大发展的时期，因此要推动受过教育的人发挥生产力。后来在1993年出版的《知识社会》中，德鲁克再次强调了这一观点——企业组织有责任让受过教育的人发挥生产力。

第五个地标——人类回归信仰：人类必须重新回到灵魂深处，去寻找生存的价值。德鲁克宣称自己是个"克尔凯郭尔主义者"，强调生死的连续性及其相依关系，主张"在一个还能忍受的社会中"，人可以有信仰、有尊严地活着。

我个人以为，如果按照中国的人生哲学去认识德鲁克的人生轨迹，从1950年到1959年，这十年是德鲁克从"不惑"到"知天命"的十年。德鲁克的思想更加成熟了。对他来说，所有"没有把手的杯子"（指那些"不需要的"）和"没有杯子的把手"（指"不能用的"）都没有存在的价值，都可以抛弃了。他擅长且有能力分析货币政策、通货膨胀、政治体制、官僚系统、市场供需甚至是金融变局，对于相关知识，他可以信手拈来，为真正意义上的企业管理提供服务。商业和企业的存在不是为了权力管控，也不是为了钱权交易，相较于追求权力和想要操控他人的欲望，"赚钱带来的伤害最小"㊀。这就是商业和企业存在的必要性和合理性。

㊀ 德鲁克. 旁观者：管理大师德鲁克回忆录［M］. 廖月娟，译. 北京：机械工业出版社，2019.

冷热交加的时代（1960～1969）

这十年常常被描述成"轻佻的十年"，充斥着时尚艳俗、
"令人神迷"的音乐、性放纵、毒品所引起的虚无主义，
实际上在这十年里，除了战争以外，
西方前所未有地面对着关乎人类生存最基本的困境：自由、正义和平等。[一]
如果让我书写最近这些年的通史，
我会把60年代那一章称作"垃圾岁月"。[二]

20世纪60年代，世界的情形变得复杂多了，一个更加撕裂的世界不断暴露出来，整个世界深陷冰火两重天，用冷热交加、经济低迷、政治混乱、军事斗争、人性扭曲等词来形容60年代应该不为过。如果读者愿意，可以使用霍夫斯塔特的话，就叫它"垃圾岁月"吧！

20世纪50年代是二战后全球经济复苏和增长的时期，战争时期的科研成果被有效地延续下来，用以和平发展和社会重建。随着战后经济复

[一] 沃森. 20世纪思想史：从弗洛伊德到互联网[M]. 张凤，杨阳，译. 南京：译林出版社，2019.

[二] 历史学家理查德·霍夫斯塔特的话，转引自夏伊勒. 旅人迟归[M]. 卢欣渝，译. 北京：中国青年出版社，2014.

苏，到了60年代，现代工业社会的特征逐步显现出来，大型企业变得更加成熟，实际上可以说是"大型企业的性质发生了根本变化"㊀，主要表现在如下两个方面：一是企业不再由股东经营，而是交由专业"管理者"经营，股东只是在名义上掌管企业；二是大规模生产昂贵而复杂的产品的成熟企业对冒险和竞争不感兴趣，它们更希望政治和经济维持稳定，以便规划企业的发展方向。

1960年，哈耶克出版了《自由宪章》，提出自由先于福利，是自由创造了正义和福利。20世纪60年代，人类对生态环境深度关切，生态环境保护运动声势浩大，这主要是因为二战后十余年来，全球人口爆炸式增长，达到30亿。以中国为例，1963年，中国出生人口为2934万，被喻为"63婴儿潮"。同时，全球发达地区的城市化进程加速，而大国在太空的科技博弈让许多人清醒地意识到地球的资源有限，土壤因为大面积使用农药而被破坏，人们的生态危机感增强。1968年，约30位学者在罗马召开会议，成立罗马俱乐部，讨论人类困境的问题，1972年提交的报告《增长的极限》指出："下个世纪的某个阶段，整个世界将达到增长极限，地球有限的资源将被消耗殆尽，人口和工业生产能力将面临'灾难性'的衰退。"

实际上，20世纪60年代也是全球现代化进程的发展时期，发达国家与发展中国家在现代化程度上差异太大，有些国家已经发展得很好，有些国家正在发展，有些国家在解决人民的温饱问题，有些国家还在实现民族独立以及决定国家发展方向的关键变化时期。西方国家虽然经历了非凡的经济发展和社会繁荣，但也出现了严重的政治动荡和社会不稳定现象。而第三世界国家迅速崛起，反帝国主义、反殖民主义以及民族解放运动如火如荼，愈演愈烈。

1947年正式开始的"冷战"也是"战"，虽然没有大面积的战争，

㊀ 沃森. 20世纪思想史：从弗洛伊德到互联网[M]. 张凤, 杨阳, 译. 南京：译林出版社，2019.

但局部战争不断，因此"冷战"时期的人们并没有感觉世界多么太平和安全。

客观地说，"冷战"的实质是现代化之争，"冷战"在一定程度上推动了世界各国军事科技的发展。对于"冷战"，德鲁克的态度明确。在《已经发生的未来》中，德鲁克对"冷战"思维和军事科技发展表示厌恶；对"冷战"所带来的仇恨与邪恶深恶痛绝；对军事科技落入疯狂独裁者手中深表担忧；对人类可能深陷核武器所导致的致命噩梦提出道德质疑，他认为这些"冷战"罪恶会"让人变成残暴的野兽"。

20世纪60年代，德鲁克在管理学方面的贡献是持续的。德鲁克指出，二战期间美国制造工厂的杰出表现促使人们开始关注管理的重要性，从而兴起了管理学的热潮——从漠视管理、认识管理走向重视管理。早在40年代中期，当他对管理学产生兴趣时，只有两家公司愿意培养管理人才，它们分别是施乐和玛莎百货；只有三所大学有培养管理人才的企业管理机构：纽约大学的企业管理研究所、麻省理工学院的斯隆管理学院和哈佛商学院的高级管理培训班。到了50年代中期，有三千多家公司设立了管理培训中心。到60年代末，数百所大学的商学院可以授予MBA学位。与此同时，许多巨型企业普遍意识到企业正在远离二战时期的管理理论，它们急切需要新的管理知识、新的管理方法和新的管理实践。20世纪70年代初期，管理学热潮消退，因为人们对管理已经习以为常了。

1961年，德鲁克观察到日本经济活动会给世界带来新的挑战，大胆提出了日本企业的管理模式。德鲁克可谓"日本通"。这里笔者根据他许多作品中提及的内容，将其对"日本式管理"的研究总结为如下几点。

1）日本企业家创造能力很强，善于"创造性的模仿"，这也会促进他们的创新能力，尤其是在高精尖产业上。

2）关于终身雇佣制度的利弊。"利"在于企业员工的团结和彼此了解，容易促成员工们同甘共苦；实行师徒制或导师制，也强化了员工间的利益相关性。"弊"体现在对年轻人的晋升不友好，45岁是个职业转折点，年轻人晋升困难；不利于人口流动（比如城市化进程）；不利于专业人士特别是知识分子和大学教授的职业生涯规划与选择。终身雇佣制度在知识社会的冲击下会产生动摇。

3）日本是全球人口老龄化最为突出的国家，科技创新和社会创新是日本式管理最重要的因素，公民的自律精神与自我管理同等重要。

4）日本企业家很会运用东亚文化的特点，德鲁克指出："日本经济成功与印度相对落后之间的区别，究其原因就是日本的管理者有能力将外来的管理理念深植在自身的文化土壤中，使其茁壮成长。"⊖ 在细节方面，这表现为与西方企业家谈判和合作中的耐力；对问题的细节认真细致地研究，不轻易做决策；一轮又一轮貌似不重要的人员参与谈判，以便多方求证之后做出决定；一旦抉择，一定会在最后的关键时刻才告知对方，有可能在机场或告别宴会上等。

5）日本企业因资源稀缺而依赖外国资源，它们善于发现自己的弱点，甚至牺牲短期利益和在价格竞争上示弱，但它们对市场需求敏感，善于做长期规划。

6）德鲁克还说过，日本的经济奇迹和成功是社会创新的成功，走的不是完全西化的路径，而是融入了儒家思想的传统与智慧。众所周知，日本政府在第二次世界大战后，特别是1950年后开始实施有系统地重建日本经济的计划，管理顺势成为日本经济界的核心力量和关键因素。按照德鲁克的想法，日本社会看起来已经是西化的，但只能说日本社会西化仅仅是表面现象，因为实际上日本的管理并没有完全西化，而只是部分地接受了西方管理概念并掌握了其工具和技术。⊜ 日本人到底是如何使用儒家

⊖ 引自2001年出版的 *The Essential Drucker*（《德鲁克管理思想精要》）。

⊜ 参见1973年出版的 *Management: Tasks, Responsibilities, Practices*（《管理：使命、责任、实践》）。

思想作为管理哲学的基础,从而推动日本的有效管理的理想成为现实的呢?有如下几点可能值得关注与思考:首先是日本的确继承了儒家的社会伦理,特别是唐宋盛风;其次是儒家思想中提倡善于学习、活学活用以及举一反三的观念对日本企业影响颇深;最后是德鲁克经常强调的观点——管理的目的既不是追求财富,也不是追求社会等级,而是分享并承担责任——在这一点上日本企业确实有其优秀的一面。日本企业的成功是结合了中国儒学思想和大量吸收并模仿西方技术的结果,可谓东亚文化与西方技术的多元融合成果。

7)在1971年春发表于《哈佛商业评论》的一篇题为《我们能从日本式管理中学到什么》的文章㊀中,德鲁克总结了三点:第一点是日本人善做有效决策;第二点是善于协调就业保障与劳动力成本、生产力以及接受变化;第三点是善于管理和培养年轻的、专业的管理人才。

8)1994年11月10日,德鲁克说道:"……我预测差不多在未来十年内,我们就会在欧美看到'中式管理秘籍',就像过去十年我们已经看见'日式管理秘籍'一样……我经常说,日式管理在于日本具备从现代企业中组建家族的能力,而中式管理具备将家族转变成为现代企业的能力。"

20世纪60年代,德鲁克出版了三部重要著作。

1964年《为成果而管理》出版,原稿名为"企业战略",实际上这是一本关于企业的"战略之书"。关于企业战略的讨论可以追溯到20世纪50年代。1954年,当有人认为"战略"是战争术语,而非商业名词时,德鲁克说"管理需要战略",在随后的20年间,战略成了管理学研究的热点话题。㊁

德鲁克在《为成果而管理》中试图确立企业战略的基本理论与原则,

㊀ 参见1971年出版的 *Men, Ideas and Politics*(《人与商业》)。

㊁ EDERSHEIM E H.The definitive Drucker challenges for tomorrow's executives—— final advice from the father of modern management [M]. New York:McGraw Hill, 2007.

为管理者提供指导，设定企业的目标，以成果和绩效作为考核企业成就的办法。他提出用"绩效指标"来考核组织权力的正当性和企业管理的有效性，因为企业存在的目的是要在社会和经济体系中产生成效。在德鲁克提出的企业需要面对的八个现实问题中，每个问题都与绩效紧密相关。在该书中，德鲁克还在继承了1954年《管理的实践》一书中关于"事业理论"三大问题的基础上，提出了他的企业经营的四个问题：①谁是我们的顾客？②顾客所关注的价值是什么？③我们如何从所经营的业务中获得利益？④我们用合适的成本向顾客提供价值，其所需的内在经济逻辑是什么？

1966年，《卓有成效的管理者》出版。该书算是德鲁克管理学的应用手册，具有很强的管理实践指导作用，深得企业家的喜爱和推崇。读起来让人心情愉悦，且心服口服。书中有许多脍炙人口的管理学经典名言，比如："缺乏经济诱因足以打击知识工作者的工作热忱；但光靠经济诱因是不够的，知识工作者需要机会、成就感、满足感、价值、职业生涯"；"一个人要么开会，要么做事，他不可能既在开会，又在做事"；"要有不同意见，才做决策"。在我个人看来，该书最大的亮点之一是把"效率"（efficiency）和"有效"（effectiveness）解释得简洁到位，效率就是"把事做对"，有效就是"做对的事"，有效的管理者就是"把对的事做好"。

1968年，《不连续的时代》出版。在该书中，德鲁克不谈当时发生的种族运动、学生示威、民权运动和越南战争，因为他相信"真理隐藏在表面之下"。他指出"不连续性"是"社会和文化现实造成的重大变革"，涉及科技、经济、政府和知识等诸多领域不连续发展的现实，以及不同时期的人对现实所做的不同回应。他指出，第一个不连续性是科技创新：20世纪人类生活中大部分的科技成果都是从1884～1914年的科技创新衍生出来的，这种对19世纪所遗留的成就的依赖一直延续到20世纪60年代。第二个不连续性是世界经贸：无论是对称贸易（比如贸易顺差、逆差）还是互补贸易（比如产品、服务、产业的优势互补），国际经济贸易的原则都可以遵循比较利益原则；但新的世界经济是建立在直接竞争的基础上，因此德鲁克指出，国与国之间的经济结构、科技和生产成本越相似，两国之间的贸易机会就越大，贸易次数就会越频繁。第三个不连续性是"政府魅力的幻灭"："政府不是解决问题的方案，政府本身就是一个问题"，"政府已经身患重病"，但"民众依然期待政府创造奇迹。民众的这种心情是导致他们幻想灭没的根源"。第四个不连续性是知识：德鲁克认定20世纪60年代后必定会出现四个新兴产业：信息业、海洋业、材料业、特大都市。与这四个新兴产业相关的是知识，他坚信"知识是新兴产业的推动力"。知识水平相当的地区，对称贸易会相对容易一些；知识水平相距太远，互补贸易的优点就会突出。

顺便提一下，除了管理学之外，20世纪60年代，德鲁克关注最多的问题是美国的文化变迁与教育问题。尽管德鲁克是个很尊重传统的人，但他并不好古薄今。当60年代美国青年在文化思想领域对传统价值观公开反叛和发起挑战时，尤其是在"嬉皮士"运动兴起，吸毒、摇滚乐和性解放等生活方式流行时，德鲁克表达了对这种文化发展趋势和教育结果的担心。有人兴致勃勃地渲染60年代是美国学术界的"黄金时代"，德鲁克在《旁观者》中指出：60年代充其量是"一个财富、数字、补助金和自大傲慢的时代"，而大萧条时期才是美国高等教育的伟大时代，那时教育与文化成为人们最有兴趣讨论的主题；"30年代那几年可谓思考、冒险、令人兴奋和创新的时代"[一]。

第二次世界大战后的数十年间，美国建立了许多庞大无比的大学，美国大学不断扩招，学院大、学科杂、学生多，出现了很多无特色的综合型大学。德鲁克在《旁观者》中一针见血地指出："这就是今天教育沉疴的祸

[一] 德鲁克. 旁观者：管理大师德鲁克回忆录[M]. 廖月娟，译. 北京：机械工业出版社，2019.

首。"、德鲁克自己对教育的认识是很深刻的，骨子里他更加欣赏中小型学院的教育模式：学科独立有个性，教授专业水平高，学生数量适中、易于管理，方便博雅教育体系的建立。德鲁克曾经回忆说，在 20 世纪 40 年代美国加入第二次世界大战时，他一年可以做五六十场演讲，其中至少有一半的演讲是在小型学院举办的；那时，美国这些小型学院只有 150～700 个学生，而这些学院和综合型大学一样"有着无与伦比的特质和价值"。在文化教育方面，为了消除种族主义的隔阂，促进不同种族间的融合，自 1965 年之后，美国建立了一些公立学校，用特别的课程设计与教学方法来吸引不同文化和种族背景的学生，德鲁克称之为"磁铁学校"。

思变时代（1970～1979）

中国的国内阵痛不会长久持续下去……

中国人富有创造力，成就卓著，是世界上最能干的民族之一。

8亿中国人民必定会成为巨大的经济力量。

这就意味着，凭着这些特质，如果朝着这个方向前进，

他们也能够在其他领域大显身手。[一]

20世纪70年代并不好概括，难以一言蔽之，但其特点是变化与彷徨，这意味着70年代是20世纪巨变的开端。

先说一下经济上的事情。为了有效促进二战后西方国家的经济复苏和发展，1944年7月，44个国家通过会议谈判确立了"布雷顿森林体系"，简单来说，该体系就是战后以美元为中心的国际货币体系。到了20世纪六七十年代，美元危机与美国经济危机多次爆发，而且该体系本身的内在矛盾凸显，尼克松政府于1971年宣告该体系结束。

20世纪70年代，OPEC石油危机、浮动汇率制度、技术进步与贸易

[一] 这是1971年7月美国总统尼克松在堪萨斯城的讲话中发表的对中国的看法，见于基辛格. 世界秩序［M］. 胡利平，林华，曹爱菊，译. 北京：中信出版集团，2015.

自由化共同推动世界经济从国际型向跨国型转型。在此背景下，针对此事件，德鲁克提出为了确保跨国企业的竞争优势，管理已经成为企业生产力的决定性因素。管理目标是市场占有率的最大化，并且要优化企业创造财富的能力，而不是追求企业短期利润的最大化。

20世纪70年代，全球经济出现滞胀现象——通货膨胀加上经济萧条。主要原因是全球石油危机爆发，油价暴涨；而为了对抗经济衰退的颓势，银行采用过度刺激的货币政策，结果导致物价与薪资的螺旋上升，造成恶性循环。实际上，从20世纪60年代末开始，西方国家尤其是英美等国都处于"停滞型通货膨胀"的艰难时期。德鲁克认为，在这种艰难时期，企业的管理至关重要，而且有可能获得出其不意的生存与发展机遇。德鲁克在《管理：使命、责任、实践》中列举的玛莎百货的故事就很经典。这段时期刚好是玛莎百货进行有效管理的关键时期，玛莎百货不仅没有亏本，反而实现了销售额增长——从1.84亿英镑增长到4.63亿英镑。德鲁克把玛莎的成就归功于"管理型经济绩效"。他相信，越是在整体经济出现"零增长"的严重停滞时期，企业管理层越需要把握并管理好企业的成长，不能因为经济的"零增长"而使企业更加动荡。

在科技上，我们也说几件大事。计算机自发明以来，全球计算机需求量大幅增长，据德鲁克自己说，到1970年，全球至少已经安装了15万台计算机，包括德鲁克在内的许多人都预测计算机将会带来新的就业革命，企业和组织中的中层管理者将要被计算机取而代之。但在20世纪70年代末的后现代思潮语境中，人们对科学及其方法提出许多质疑，对作为知识体系的科学也提出了更高的要求，其中就包括关于宇宙认识论、道德伦理以及科学发展方向和前途的思考。

德鲁克认为，就像20世纪70年代的世界经济和政治格局都已经呈现"多中心化"趋势一样，管理也日趋"多中心化"，美国人、欧洲人、日本人以及世界其他各国人民都必须相互学习管理。从70年代初开始，美国的管理学热潮开始消退，因为人们对管理不再感到神秘。高级管理课程、高级管理研讨会、专业管理学院、专业管理机构、员工学院以及关注专业教育和针对管理者的高级培训在20世纪70年代遍及全球，不计其数。同期，西方国家尤其是美国，年轻而受过高等教育的家庭成为美国市场的主导力量，它们都由以知识谋求生计的知识工作者组成。德鲁克称之为"知识工作者的崛起"。全球企业和组织对管理学的需求也正在增加，发展中国家尤为突出，当时拉丁美洲广为流行的一句口号是：发展中国家不是"不发展"，而是"没有管理"。

德鲁克1971年离开纽约大学，出任加利福尼亚州克莱蒙特研究生院讲座教授，主讲管理学。

德鲁克于20世纪70年代佳作频出，有些是新的创作，有些是修订出版的文集，在此列出：《人与商业》《管理：使命、责任、实践》《养老金革命》《人与绩效》《认识管理》《毛笔之歌：日本绘画艺术》《旁观者》。

此外，从1975年到20世纪90年代中期，德鲁克还在《华尔街日报》《哈佛商业评论》《公共利益》《大西洋月刊》《外交事务》《经济学人》《新展望》(New Perspectives)、《公司》(Inc.)、《福布斯》和《风尚》等各大杂志上发表了不同风格的文章。

如果要做出选择性的介绍，我愿意推荐《管理：使命、责任、实践》和《旁观者》，这两部著作实际上都是文集。

1973年，石油危机爆发，工业化国家承受不住能源价格飞涨，纷纷采取货币政策和财政政策来应对危机。这种局面一直延续到20世纪70年代后期，福特总统被迫为此制作徽章以号召民众团结起来"赶快驱逐通货膨胀"。德鲁克结合自己做咨询顾问的实践经验和在20世纪五六十年代积累的管理智慧，出版了《管理：使命、责任、实践》，这在当时实属重磅大作。在书中，德鲁克提出了许多新的管理思想，让当时企业和组织的管理者们醍醐灌顶。比如德鲁克指出了企业管理对社会的巨大贡献，企业创造的经济价值让更多的人能够承受得起高等教育，从而推动社会上知识工作的发展。再比如他提出：利润的基本事实是"根本没有利润这回事""只有成本……做生意的成本与继续做生意的成本，人工成本与原料成本以及资本成本，现在要支付的薪资成本与将来要支付的退休金成本"。他还指出，比利润问题更加糟糕的是企业员工对高管薪酬高得离谱所产生的痛恨、蔑视和愤怒，以及因此引发的社会不稳定和不公正。在书中，德鲁克还指出道德原则是"管理正当性"的前提，企业组织可以"以一己之力谋大众福祉"，以及"努力把个人私欲转变成为社会美德"。有了这个道德原则做基础，管理的正当性、权威及其影响力就会得到恰如其分的发挥。从管理学的角度来说，德鲁克总是试图希望并要求人们思考如何把真正该做的事情实实在在地做好。

1979年出版的《旁观者》以20世纪两次世界大战间的欧洲、罗斯福新政时期以及第二次世界大战刚结束时的美国为背景，旨在刻画一些"特别的人"及其"特立独行"的事件，可以说是"一本有关'人'的书"。从体裁说，《旁观者》是一本短篇故事集，每一章皆可独立。德鲁克希望借此书来呈现社会图景，捕捉并传达20世纪不同人物的精髓、韵味与感觉。德鲁克坦言，《旁观者》"极具主观色彩"。在我看来，《旁观者》能够有效地体现出近现代西方知识分子的人文精神和价值关怀，知识分子是具有时代性的，但他们身上体现的优秀的文化精神永不过时。《旁观者》还是一部涉猎范围很广的"随笔"集，评论、比喻、时事、历史、经济、政治、人物等无不随手拈来，语言风格独特，德鲁克对不同时期的政治事件的反应、分析和判断也很独特。这些内容读者只能自己品读。

我们这里所要说的是，《旁观者》也可以被视为博雅管理的知识启蒙读本。书中专门有一章讨论了阿尔弗雷德·斯隆的管理实例，题曰"斯隆的专业风采"。我们来举几个例子。

管理者必须重视言传身教和道德修养，"知错及时改"就是其中一例。

在《旁观者》中，德鲁克表达出对通用汽车公司的唐纳森·布朗和阿尔弗雷德·斯隆两位老总的推崇，称此二君都很"正直"，也指出正直并不意味着他们不会犯错误，但知错能改，善莫大焉。德鲁克这样描述斯隆作为道德榜样所起到的管理作用："如果斯隆发现有证据证明自己是错误的，他会立刻推翻自己先前的结论，并对其他人说，'这就是我用来做决策的依据，我错了'。"

"对事不对人"对管理者以及管理实践都非常重要。在《旁观者》中，德鲁克有一段描写斯隆的话，很值得品味："斯隆说，'有些人喜欢单独一个人，但我不喜欢这样。我一向喜欢与好朋友做伴。然而在工作场合，我却不能有任何朋友，这是我的职责。我必须公正不阿，决不能让人觉得我对某些人特别好。我的职责是评估员工的工作表现。至于称许他们本人或做事的方法，就不是我的职责了'。他一向对事不对人。"

人事决策应该以人为本，要努力把对的人放在对的位置上。斯隆说："如果我们未事先花四个小时制定职位说明书，没把对的人放在对的位置上，我们就必须花四百个小时去清理善后，以弥补我们所犯的错误。"人的决策是管理者做出的各种决策中最重要的决策。

巨变时代（1980～1989）

互联网的确是一种新的沟通方式，人们同时相信，
一种新的心理学即将因为"网络空间"的虚拟人际关系而诞生。㊀

20世纪80年代是巨变的时代。互联网就是巨变的产物，也是巨变的推动力。

互联网何时诞生有许多争论，有人认为应该从二战后计算机诞生算起。1969年美国国防部高级研究计划署（APRA）建立阿帕网，标志着计算机网络的诞生。1990年是互联网发展史上的转折点，当年欧洲粒子物理实验室的研究人员创立了万维网，随后几年间，互联网在商业领域得到普及应用。㊁

20世纪80年代，全球地区冲突与局部战争依然不停发生。一件大事是，1987年7月11日是世界50亿人口日。联合国确定当天在前南斯拉夫萨格勒布出生的婴儿马特伊·加斯帕为第50亿个出生的人。科学界开始关注全球人口的持续增长及其可能导致的问题。

㊀㊁ 沃森. 20世纪思想史：从弗洛伊德到互联网［M］. 张凤，杨阳，译. 南京：译林出版社，2019.

20世纪80年代末的"东欧剧变"，指东欧各个社会主义国家的政治经济制度发生根本性的改变。这一事件最先在波兰人民共和国出现，后来扩展到德意志民主共和国、捷克斯洛伐克[一]、匈牙利人民共和国、保加利亚人民共和国、罗马尼亚社会主义共和国等华沙条约组织国家。1989年11月9日，柏林墙倒塌，1990年10月3日，民主德国和联邦德国合并，德国结束分裂。1991年，苏联解体，标志着20世纪"冷战"的结束。

柏林墙倒塌与东欧剧变这两件大事，德鲁克都曾做过预测[二]，而且皆已成事实。1985年，德鲁克曾告诉花旗集团董事长沃尔特·瑞斯顿："柏林墙要倒了。"当1989年11月9日柏林墙倒塌时，德鲁克微笑着说："我不知道它会倒得这么快。"1986年，在德鲁克与基辛格的一次对话中，德鲁克说："苏联要解体了。"基辛格说："你错了。"当1991年戈尔巴乔夫宣布苏联解体时，德鲁克提出他先前的警告："现在我们必须关注它们的资源和经济。"这两次预测意义重大，但德鲁克自己一再声明这"其实不是预测，只是注意到"或"只是观察到"将要发生的事情而已，主要原因是1929年那次对股市的预测失败后，他不再做任何预测。

1987年，克莱蒙特研究生院成立了德鲁克研究生管理中心，德鲁克本人依然继续他的教学、研究和顾问工作。

到20世纪80年代，德鲁克的管理思想硕果累累。1976年出版的《养老金革命》一书对美国政府完善社会保障制度的建设产生了影响，并在80年代中期成效显著。最典型的是他提出的"分权化"理念有了深远的影响，据说到了80年代中期，大多数世界500强企业都参考德鲁克的分权理念进行了机构重组。早在《公司的概念》中，德鲁克就详细讨论了分权制度。他指出"企业组织是人的努力"，允许年轻人在磨炼过程中犯错，

[一] 捷克斯洛伐克已经于1993年1月1日起成为捷克和斯洛伐克两个独立国家。

[二] 参见 EDERSHEIM E H.The definitive Drucker challenges for tomorrow's executives——final advice from the father of modern management［M］. New York：McGraw Hill，2007.

并把所犯错误限制在可容许的范围内（不可对公司的整个经营造成致命威胁），目的是通过分权制度培养领导人才。

20世纪80年代，德鲁克笔耕不辍，佳作频出，诸如《动荡时代的管理》《迈向经济新纪元》《时代变局中的管理者》《最后的完美世界》《行善的诱惑》《创新与企业家精神》《管理前沿》，以及《管理新现实》等。

除了这些著作之外，我愿意提及德鲁克为《管理：使命、责任、实践》1985年再版时写的一篇序言，题为《管理：专业意识与敬业精神》。文章不长，但其中的信息非常关键。在这序言中，德鲁克提出管理学是一门多维度的学科，也是一门专业学科。现代组织体系的形成与发展不过百余年，管理学的出现与现代组织形影相随，因此管理学可谓"新兴学科"。尽管人们依旧有许多未知之事，但时至今日，人们深知管理学不仅仅是常识，也不仅仅是经验的归纳总结，至少从其内在潜能来看，管理学是一套条理化的"认知体系"。

以上罗列的著作所讨论的问题比较复杂，便不在这里一一论述。如果让我挑选20世纪80年代德鲁克著作的最高建树，我认为非1985年的《创新与企业家精神》莫属，它与创业家与创新家的基础理论有关。下面我们就聊聊这本书。

在《创新与企业家精神》中，德鲁克对新风险行业的分析非常到位，而且能够为其提供合适的指导。德鲁克指出，在1680～1980年的三百年中，人类科技的进步意味着一个机械化的进程——更快的速度、更高的温度和更大的压力。一战后的大企业关注科技与创业，基本没有创新；二战后，大企业在管理理念上有所创新；20世纪七八十年代，创业与创新同时被新兴企业关注。80年代以前，大多数新的生物高科技公司仍然是"发明者"而不是"创新者"，是"投机商"而不是"企业家"。主要原因在于，德鲁克坚信高科技是"认知理性"的产物。到了20世纪80年代，世界上仅有四分之一的世界百强企业是高科技的。高科技是前沿刀刃，但是没有刀，哪来的刀刃？就好比高科技是"山顶"，必须先有"山"一样。此话异常深刻，值得反思。

从管理的角度来说，德鲁克认为，成功的创业家必须在管理上下功夫，而且要懂得管理。德鲁克重新回归他的两位老师：一是奥地利人熊彼特，20世纪"创新经济学理论"的创始人；二是凯恩斯，英国剑桥经济学家。德鲁克很敬重这两位大师，他在年轻求学时听过凯恩斯的课程，但觉得凯恩斯的经济理论过于看重"经济"，不谈管理和组织以及经济以外的其他因素，比如人的因素。德鲁克认为，熊彼特的创新思想对20世纪的经济理论和经济政策贡献巨大，特别是熊彼特提倡的"创造性破坏""管理型经济""创业型经济"等观念令人耳目一新。创业家的贡献在于推动整个国家乃至地区和世界摆脱经济长期停滞不前的困境。德鲁克在日本经济发展和美国经济发展中找到了验证康德拉季耶夫周期理论㊀的规律，并指出"不创新的风险远大于创新的风险"——"不创新，则死"。但是，相比于科技创新，德鲁克更加注重社会和管理思想的创新。

《创新与企业家精神》的基本定位是"实践"与"原则"。德鲁克指出了创业者必备的实践和训练，讨论了企业的习惯与行动，指出了企业的实践点与基本规则。德鲁克认为，企业是有目的的任务和有组织的工作，企业就是系统的管理工作。德鲁克并不宣扬企业的成功故事，而是讲究企业家实践的价值取向和方法培养，比如创新实践、创业实践与企业策略应用等。因此该书是一部企业家或成为企业家者必读的"育种书"。"创业精神"是企业的"开刃"（to edge）和"育种"（seminality）。

管理的实践看起来没有特别让德鲁克的善意满足，在咨询的过程中，德鲁克对企业界的态度有所转变。就20世纪80年代而言，德鲁克认为80

㊀ 此理论由苏联经济学家康德拉季耶夫提出，指每隔50～60年，工业国家一定会经历一个长期经济景气波动之循环——创造经济景气最基本的力量是在经济停滞阶段之后的50年内所产生的科技创新循环。

年代最不幸的标志是"不断升级的企业贪婪"。他批判 CEO 们所领取的天价薪酬，痛斥恶意收购行为。的确，现实中企业家的短视和心态与德鲁克的管理思想背道而驰，他甚至称他们为"在食槽里狼吞虎咽的猪"。

在 1989 年的一场讲座中，德鲁克提出：如果 200 年后你回顾过去，问道："本世纪（20 世纪）最重要的事件是什么？"有些人可能会指出，是那些可怕的世界大战，这完全正确。很少有哪个世纪出现如此多的难民。有些人会指出本世纪最重要的事件是环境问题，但我认为 200 年后，大多数人的意见可能是："在这个世纪，人们的工作方式发生了前所未有、最意想不到的变化。"

佳美人生：用生命照亮生命（1990～2005）

20世纪是实证的时代，它的荣光，无论多么耀眼，却仍旧摇曳。㊀
科学、自由市场经济和大众媒体源于相同的推动力，
这种推动力主宰了已然过去的20世纪。㊁
我们必须学习的是服务机构的绩效管理，
这很可能是20世纪最重要的管理任务。㊂

互联网的成就是20世纪献给21世纪的伟大礼物。

20世纪写满人类的诸多无可奈何。1933年希特勒上台前的德国在思想领域上世界领先；但1933年之后，纳粹对思想领域的践踏和探索精神被破坏所造成的后果，一个世纪也难以修复。

20世纪的最后10年，世界依旧不好不坏地运转着，似乎符合它自己的轨道。

㊀ 这是T.S.艾略特写于1930年的《圣灰星期三》中的话，原文为"我不希望再重新感受/实证时代那摇曳的光芒"。
㊁ 沃森. 20世纪思想史：从弗洛伊德到互联网［M］. 张凤，杨阳，译. 南京：译林出版社，2019.
㊂ 引自1977年出版的 *An Introductory View of Management*（《认识管理》）。

20世纪过去了，21世纪来临，人们期待着新千年的和平与安宁。但是，新的邪恶与战争打破了人类和平的梦想。2001年9月11日，美国纽约世界贸易中心、五角大楼等地接连遭到恐怖袭击；同年10月7日，美国总统乔治·W.布什宣布对阿富汗发动军事进攻。新的战争模式开始了。2003年3月20日，美国以伊拉克藏有大规模杀伤性武器并暗中支持恐怖分子为由发动军事打击，史称"第二次海湾战争"，该战争直到2010年8月美国战斗部队撤出伊拉克才停止。

从1990年起到2005年，德鲁克陆续出版了许多著作，可分为以下两类。第一类是管理学书籍，比如《非营利组织的管理》《管理未来》《巨变时代的管理》《德鲁克看中国与日本：德鲁克对话"日本商业圣手"中内功》《德鲁克论管理》《21世纪的管理挑战》《德鲁克管理思想精要》《下一个社会的管理》《德鲁克日志》(*The Daily Drucker:366Days of Insight and Motivation for Getting the Right Things Done*)，以及《卓有成效管理者的实践》等。这些作品的内容与以前出版的管理理论相似，修订后的文集为多。

第二类是德鲁克的社会思想理论，尤其是他的"社会生态学"——以美国社会的发展变化为基础，探讨反思西方文化、社会、政治、经济、金融等全方位的生态。主要代表作有1993年出版的两部著作：《生态愿景》和《知识社会》，还有2002年出版的《功能社会》。

1990年，德鲁克说"Innovation matter"[⊖]，因为我们的社会已经是知识社会，从现在开始，知识是关键，世界不再是劳动力密集，不再是原材料密集，不再是能源密集，而是知识密集。1990年，"彼得·德鲁克非营利管理基金会"成立，这成为一个可以举办活动、出版书籍以及传播管理学的平台。

⊖ 引自1992年出版的 *Managing for the Future：The 1990s and Beyond*（《管理未来》）。

在 1994 年的演讲中，德鲁克宣称自己是个"局外人"，甘愿"处江湖之远"。他说："曾经有一段时间，我与联邦政府互动频繁，也为他们提供服务。事实上，杜鲁门先生和艾森豪威尔先生都希望我加入他们的政府团队，担任副职内阁成员。我不得不说'不'，因为我早就知道自己在大型组织中无法发挥作用，只会造成损害。"㊀这与他刚到美国时拒绝卢斯的态度一样，体现了他作为旁观者的自我定位和一以贯之的人生哲学。

1997 年，克莱蒙特研究生院将德鲁克研究生管理中心更名为"德鲁克管理学院"。2001 年，国际性慈善组织救世军为德鲁克颁发了救世军最高荣誉"卜婉懿奖"（Evangeline Booth Award）。

2002 年 6 月 20 日，由于德鲁克对美国社会的杰出贡献，美国总统乔治·W. 布什为德鲁克颁发"总统自由勋章"，这是美国公民所能获得的最高荣誉。在白宫颁奖典礼上，他被誉为"世界上最重要的管理理论先驱"。

2005 年 11 月 11 日，德鲁克在美国加州克莱蒙特的家中逝世，享年 96 岁。

如何理解德鲁克的一生？我的答案是"佳美人生——用生命照亮生命"。除了美国总统自由勋章之外，他的一生获得了三个美誉，一是"旁观者"，二是"管理学大师中的大师"，三是"社会生态学家"。前两个我们在前文中都已经解释过了，这里我们要看他的第三个定位——社会生态学家。

德鲁克在 1993 年的《生态愿景》中说："我不是经济学家，也不是社会学家，我是一位社会生态学家，我关注人类自己自然创造的社会环境，犹如自然生态学家研究生态环境一样。"在《知识社会》中，他再次强调知识社会和知识工作者的生存形态及意义。德鲁克相信自由市场制度，但他对资本主义市场制度保留质疑和批评态度，书中他指出："如果说，中古

㊀ 引自 2010 年出版的 *The Drucker Lectures: Essential Lessons on Management, Society, and Economy*（《德鲁克演讲实录》）。

时代初期,封建制度下的骑士是那个社会的化身,资产阶级是资本主义社会的化身,那么受过教育的人将是知识社会的代表人物,因为在那样的社会里,知识将变成首要资源。"他相信在人类的未来,资本主义将不复存在,知识有可能取代资本成为经济体系的中心。知识包括"所是"(being)与"所为"(doing),前者讲人,后者讲与人相关的一切事物——知识变成了"资源"与"效用"。工业革命时期,知识指"工具";在泰勒的科学生产力革命中,知识就是"工作";20世纪中叶管理革命时期,知识等同于"绩效";对教育者和受教育者来说,知识就是"力量";对受到奴役的人来说,知识就是"思想的自由"。德鲁克甚至认为,到21世纪20年代(也就是我们今天所处的时代),知识社会才可能转型成功。但是,我们目前尚未明确知识社会这个概念与其形成之间存在多少差距,就我个人理解,这种概念化的发展趋势存在于理论上是可能的,主要取决于多少人意识到知识所具有的生产力正实实在在地影响并改变社会。

1994年,德鲁克应邀在哈佛大学肯尼迪政府学院发表演讲,在这次不长的演讲中,他表达了自己对20世纪的独特看法。他宣称"20世纪是人类历史上最血腥的世纪之一",但20世纪也"是一个社会转型的世纪"。他还曾在其他作品中说过:经历过20世纪两次世界大战的人不可能是乐观主义者。从社会层面来看,"任何历史时期都不能与20世纪相提并论",他指的是20世纪人类的巨大变化与获得的成就,他称20世纪是一个"社会大变革的世纪"。其中最大的变革是知识社会的形成,因为"知识工作正在彻底改变社会和社区",并会形成"竞争最激烈的社会"。20世纪80年代末90年代初,德鲁克曾来中国,他认为"中国将不会成为一个真正的竞争对手,因为中国缺少工科学生",他善意地提醒当时的中国领导人应该关注大学教育。实际上,当时的中国领导人已经意识到了这个问题,因为他回答德鲁克说:"我们的学生数量相当于美国1926年时的大学生数量。"

熟悉德鲁克思想的人都知道，作为"社会生态学家"，德鲁克一生立志通过合适的管理来促进社会的正常运作。在2002年的《功能社会》中，他明言自己对管理的兴趣始于个人对社会与社区的研究。他具有古典欧洲学者的质朴风范，在纷繁复杂的现代社会中研究、探索并实践管理，被誉为"现代管理学之父"。如果我们可以接受管理学作为一门"综合学科"这一共识，那么，德鲁克的管理学对现实社会的批判是很"哲学的"，有时甚至走向存在主义的路径，尤其是当他宣称自己是个"克尔凯郭尔主义者"的时候。在当代社会语境中，哲学与神学的某种"叹息"，的确可以让现代人心灵的"伤痕"显现出来；毫无疑问，知觉稍微敏感一点的人，都会知道哲学对现代人的生存意识的重大意义，以及对社会学与管理学所能起到的积极作用。

在德鲁克去世前大约六个月，他严肃地评估自己的遗产。他告诉一位记者："我想说的是，我帮助过一些好人有效地做正确的事情。"然后他又补充说："我是极为无趣的人。我是个作家，作家不会过有趣的生活。"㊀

这就是我眼中的德鲁克，一位谦卑的智者。

何以智者？

用木心先生的话——"看清世界的荒谬，是一个智者的基本水准"来说，德鲁克的确是智者。他能够认清许多极其荒唐、不合情理、违背常识的事情；他能够看清许多错误至极到无法解释的地步的事情，比如盲从谎言与明知故犯，好人受苦坏人通达，一方面假装强调勤劳致富，另一方面堂而皇之地不劳而获，热热闹闹却毫无意义地活着，匆匆忙忙却毫无成就的辛劳等。

古语说："知人者智，自知者明"，这也是智者的标准之一。这要求管理者有智慧，能懂"人性"，包括自己与他人，包括识人与用人。能懂人

㊀ 引自2010年出版的 *The Drucker Lectures: Essential Lessons on Management, Society, and Economy*（《德鲁克演讲实录》）。

性就是一种智慧力。智者喜好"明辨",旨在弄清真相、客观评估以断定是非曲直。观察入微是"明辨",知道真假是"明辨",分清善恶是"明辨",审视美丑是"明辨",分析对错是"明辨"。德鲁克洞察人性,他的管理学就是一门精致的"人学"。

"智者"是尊称,人不能自称或自诩为智者。2004 年 12 月 8 日,已是 95 岁高龄的德鲁克接受美国著名电台主持人汤姆·阿什布鲁克(Tom Ashbrook)的"On Point"("一语中的")节目采访。访谈中,记者提出许多问题,德鲁克才思敏捷,非常有智慧地一一回答。记者很感动地说,您是位智者。可是德鲁克非常幽默地回答:"不,我不是智者,一个老翁而已。"

德鲁克深谙政治而远离政治游戏,深谙金融经济而不做亿万富翁。在历史上,伟人与智者皆可名留青史,但在伟大与智慧之间,德鲁克选择智慧——他谦卑地帮助许多平凡人成就伟大的事业,他改变了许多人,影响了许多人,用生命照亮了许多生命。他也因此伟大。

尾声：未来如何

我们正接近实证时代的终结，等待我们的将是"后科学时代"。[一]
我们太容易忘记历史，忘记美好易逝，忘记世事无常和人类的愚蠢了！[二]
未来将不会有"贫穷"的国家，只会有愚昧的国家。[三]

德鲁克一生曾经预测过一些将要发生的重大历史事件，比如希特勒对犹太人的屠杀、苏德关系变化、柏林墙倒塌和苏联解体等。因此，有些人认为德鲁克是个"未来主义者"，但他自己理智地拒绝了这种说法。21世纪，发达地区进入了后工业社会、后现代社会及知识社会，其表征是信息革命、人工智能、服务经济、新的智能型工业技术、生态科技和新的工业原材料，以及社会结构的变革。2005年德鲁克去世后，人们自然会想，德鲁克是否对21世纪的人类预测过什么？在德鲁克留下的著作中，能够看到他的一些零星想法，分享如下。这不是为了说明他能预测未来或这些预测正确与否，而是为了理解德鲁克的睿智、洞察力和独特性。

[一] 沃森. 20世纪思想史：从弗洛伊德到互联网［M］. 张凤，杨阳，译. 南京：译林出版社，2019.
[二] 夏伊勒. 世纪初生［M］. 汪小英，邱霜霜，译. 北京：中国青年出版社，2014.
[三] 引自2001年出版的 The Essential Drucker（《德鲁克管理思想精要》）。

1）1992年，德鲁克对未来世界的发展表示："不再有一个'西方'历史或一个'西方'文明。只有世界历史和世界文明。"㊀这句话较难解释，不明其意，或许是在讲述21世纪不再由西方主导而是走向更加融合的世界。但这话与他在2003年演讲中说的话相似，他说："我们正处于从'西方主导的国际经济'转向'多中心的世界经济'的开端，也许已经进行了三分之一。美国目前在经济上的主导地位是一种暂时现象，而且很快就要过去。"㊁

2）德鲁克在《下一个社会的管理》中表明，21世纪的头20年左右，发达国家将率先实现"知识社会"。他认为自20世纪60年代起到20世纪末，知识产业、知识工作、知识工作者等名词已经出现了40余年。他指出："在美国和其他发达国家，劳动力中唯一快速成长的群体是'知识工作者'，他们所做的工作，需要受过正规和高等的学校教育。他们现在占美国劳动力总数整整三分之一，是工厂劳工数量的两倍，再过大约20年，他们很可能占所有富裕国家劳动力总数的近五分之二。"㊂这是理由之一，换言之，如果21世纪20年代"知识工作者"的数量超过劳动力总数的五分之二时，知识社会在象征意义上已经实现。

更加重要的是，当知识成为社会的主要资源、关键资源甚至是唯一重要资源时，知识社会就会形成，那时社会结构势必由知识的专业化主导。当知识无国界、知识高度专业化，知识生产力高于其他生产力，知识工作者成为主要工作力量，知识本身的结构发生变化，由单一知识向多种、多元、多样且高度专业化转型时，知识就有足够的力量创建一个新社会，即知识社会。德鲁克说："未来将不会有贫穷的国家，只会有愚昧的国

㊀ EDERSHEIM E H.The definitive Drucker challenges for tomorrow's executives——final advice from the father of modern management［M］. New York：McGraw Hill，2007.

㊁ 引自2010年出版的 *The Drucker Lectures: Essential Lessons on Management, Society, and Economy*（《德鲁克演讲实录》）。

㊂ 引自2002年出版的 *Managing in the Next Society*（《下一个社会的管理》）。

家"；而且"知识工作者不会成为社会的统治阶层，但他们一定会成为领导阶层"。㈠

3）关于制造业，德鲁克说："一项相当可信的预测指出，2020年时，发达国家的制造业产出至少会倍增，而制造业的就业人数将缩减到总劳动力的10%到12%。"㈡

4）关于企业战略的重要性：到2025年，跨国公司可能会根据战略而结合。㈢

5）关于人口变化导致社会结构的变化。到2030年，德国65岁以上的老年人口，将占其成年人口的一半左右。除非这个国家的出生率从每名妇女生1.3个小孩的低点回升，否则同期未满35岁的人口，其规模缩小的速度约为老年人口规模扩大速度的两倍。最后的结果，将是德国8200万人减少到7000万～7300万人；劳动年龄人口将减少整整四分之一，从4000万人减为3000万人。德国的人口结构绝非与众不同。以与德国出生率相同的日本为例，德鲁克指出，其2005年的人口将在达到约1.25亿后止升回跌。根据比较悲观的政府预测数字，到了2050年，日本人口将缩减到9500万左右。早在这之前，大约2030年，日本65岁以上的人口，就会增加到成年人口的一半左右。㈣

6）关于未来社会。"2030年的社会将和今天的社会大不相同……2030年的社会，不会被信息科技支配，甚至不会被它形塑。信息科技当然仍很重要，但只会是几项重要的新技术之一。下一个社会将会产生新的机构、新的理论、新的意识形态以及新的问题。"德鲁克的这段话可能会

㈠ 引自2001年出版的 *The Essential Drucker*（《德鲁克管理思想精要》）。

㈡ 引自2002年出版的 *Managing in the Next Society*（《下一个社会的管理》）。据国家发改委产业司原司长年勇在"2020中国互联网制造峰会"上的讲话，2019年美国服务业占美国经济总量的81%，但其中60%以上都是为制造业服务的，美国非但没有放弃制造业，而且依然是制造业大国。

㈢㈣ 参见2002年出版的 *Managing in the Next Society*（《下一个社会的管理》）。

帮助我们理解从"实证的 20 世纪"进入对具有"更深意义的 21 世纪"的探索，引导人们对现代主义和后现代主义进行反思，然后进入"后'后现代'时代"——一个未知的世界，一个混杂的文化环境，一个不断涌现新知识的世界。

7）关于经济理论的变化。德鲁克在 1996 年的一篇专访（见《下一个社会的管理》第 7 章）中说道："现在该是改变思维的时候了。主导过去约 60 年的经济理论，也应该改弦易辙。未来 25 年里，最重要的创业和创新领域既不是企业，也不是非营利组织，而是政府。"

8）在 1998 年的一篇论及"亚洲的危机"的文章（收录于《下一个社会的管理》）中，德鲁克讲了中日韩三国各自发展变化的问题。其中他谈论了两个非常有意思的问题，一是亚洲的危机会是什么样的危机？德鲁克答："亚洲的危机不是经济危机，而是社会危机。"二是 21 世纪世界"基本的动荡不安"会是什么？德鲁克答：会是人口结构方面的挑战。所有发达国家面临的问题，不是每个人都在谈的人口老龄化问题，而是年轻人口萎缩的问题。目前全球人口的变化，的确证明了德鲁克的先见。

9）关于数据化和数字化的问题。德鲁克在《管理未来》中曾指出：企业要致力于把"创业与创新系统化"，计算机产生数据，而数据不是信息，信息是具有相关性和目的性的数据。企业必须决定自己业务所需的信息，否则它将淹没于数据中。

最后一点，20 世纪过去了，21 世纪前 20 年一晃也过去了。20 世纪"人命薄如纸，这是历史上最血腥的时代……因此，人们自然想要在理论上质问其意义"[一]。

本文开始时，我们问"20 世纪是个什么样的世纪"，估计答案若隐若现，或许可有可无。可是，现在我们该问自己：21 世纪将会如何？21 世

[一] 伊格尔顿. 人生的意义 [M]. 朱新伟，译. 南京：译林出版社，2012.

纪会好吗？德鲁克如是说：

21世纪必然将是一个社会、经济与政治持续动荡与充满挑战的世纪，至少是在其开始的几十年内。社会转型仍然方兴未艾。前方浮现出的各种挑战，比起已经发生的社会转型，也就是20世纪的社会转型，可能会更加重大而艰巨。然而我们可能连解决明天这些新浮现的问题的机会都没有，除非我们首先设法因应这些已是既成事实的发展所带来的挑战。如果20世纪是社会转型的世纪，那么21世纪就必须是一个社会及政治创新的世纪。[一]

人们总是在"无意义"中不断追求"意义"，因为他们总想侥幸地在死人中寻找出活人来。理智地说，21世纪人类的健康发展和社会的正常运作有赖于人们能否认真反省过去的历史教训，尤其是20世纪的历史教训，免得重蹈覆辙。但是悲观一点说：不要总是觉得未来比现在好，因为我们对现在的世界和自己尚且一筹莫展、无可奈何，何况对不可知的未来呢？还好，企业家们有智者德鲁克，我们聆听他智慧的话，不会错，因为**"聪明赢得一时，智慧恒常持久"**[二]。

[一] 引自2001年出版的 *The Essential Drucker* (《德鲁克管理思想精要》)。

[二] 引自1993年出版的 *The Ecological Vision: Reflections on the American Condition* (《生态愿景》)。

第二章 人文与社会

一个具有创业精神和创新能力的社会

《创新与企业家精神》是德鲁克的名著之一。该书主要论述了优秀企业家必备的"创新与创业精神",但它显然不是实用操作手册,也不只针对企业和非营利组织,而是为所有组织中的管理者写的。该书讨论了组织的习惯与行动,指出了包括企业在内的组织的一些实践点和基本规则。它强调企业是有目的的任务和有组织的工作,因而企业就是系统地组织管理的工作。该书的基本定位是实践与原则:不是把创业理解为一门科学或一门艺术,也不是宣扬某些企业的成功故事,而是讲究企业实践的价值取向和方法培养,诸如创新实践、创业实践与企业策略应用。我理解此书为创业家们必读的"育种书",创业精神既是企业的"开刃",也是"育种";更进一步说,德鲁克鼓励每个企业家和管理者都具备创业精神和创新意识,更重要的是要创建一个具有创业精神和创新意识的社会。

一、何为创新

技术创新是人类重要且最容易感知的进步。在 1680 ~ 1980 的三百年间,人类技术创新意味着一个机械化的进程——更快的速度、更高的温度和更大的压力。技术创新是"认知理性"的成果。到 20 世纪 80 年代,世界上仅有四分之一的世界百强企业是高科技企业，其他四分之三都是科技含量较低的企业。显然，从20世纪80年代至今，技术创新最为活跃，也越来越重要。

但是，德鲁克所讲的创新是否仅仅指技术创新？

当然不是。对德鲁克而言，创新是有目的、有取向以及可控制的。创新不是革命，革命是不可预测、难以定向、难以控制的，而创新是系统的组织技能。只要创新的阻力和困难依然存在，创新的机会就无所不在，新问题能够产生或制造出新机会。创新意味着必须挖掘并把握住创新的机会。德鲁克提出了今天许多人熟知的创新的七个机会源，即预料之外的事件、不协调的情况、流程中的需求、产业与市场的结构、人口统计结果、认知改变的敏感性以及新知识，德鲁克还为此提供了很多案例和各类企业的创新实例。

失败是创新机会和变化出现的征兆，甚至竞争对手的失败也给了我们创新的机会，也就是说，"机会是创新之源，必要性是发明之母"。人口统计结果提供了人口的结构、基数、变化样例、劳动力关系、教育状态、收入状态等信息，这些信息中蕴含着创新的机会。以知识为基础的创新是创业精神的"超级明星"，因为知识决定机会，知识能对创新行为产生巨大的影响力。根据德鲁克的观察，20世纪80年代以前，大多数新兴生物高科技公司仍然是发明者，而不是创新者，是投机商而不是企业家。

创新是有组织的、系统的、理性的工作，也是一种概念性和分析性的工作。"我所感觉的""我希望它成为什么样"以及"我所意识到的真实性"之间存在差异，这就意味着创新需要分析和理性，要像研究哲学一样做社会分析、市场调查、供需观察，关注国家政策、全球经济走向，研究人口变化，对真实世界和虚幻世界的变化、比较分析学的应用、金融业动态、文化结构和人群组织、政治事件等感知敏锐。在此基础上，德鲁克提出创新的八大原则：五个"必做"和三个"必不做"。五个"必做"是：

分析机会，多观察、多问、多听，简洁而聚焦，小而精而不是大而空，提升领导力。三个"必不做"是：不要小聪明与眼高手低，不一次做太多事情，不为未来的需要而创新，而是为当前的需求而创新。

创新是工作，是人的工作。必要的政策、有益的实践和有效的评估会促使创新成为可能，至少可以扫除或减少创新中可能遭遇的障碍。尽管如托马斯·杰斐逊所说，"每个时代都需要新的变革"，但不变的是，成功的创新依然必须"基于经济、社会与人变化的结果"。创新也需要对资源有深度了解和把握，创新是创业精神的独特工具；创新能够创造资源，除了人们发现某物并应用它使其成为创造价值的工具之外，没有所谓现成的资源，比如盘尼西林（即青霉素）和集装箱运输就是发现、发明并开发成功的典型例子。

经济理论的变化和世界经济发展是相辅相成的，经济理论需要创新，实际上也在不断的创新之中。比如，熊彼特于1911年出版《经济发展理论》，宣告他与传统的经济学理论分道扬镳，指出"动态失衡"才是健康经济的标准以及经济理论和经济实践的核心现实。这对企业认知理论和经济思维逻辑的创新意义重大。再比如，大家都熟悉的，被国际经济学界称为长波理论创建者的苏联经济学家康德拉季耶夫提出著名的"康德拉季耶夫周期理论"，该理论认为资本主义经济发展存在着上升和下降两种趋势相互交替的规律，50～60年为一个大周期。当然，该理论可以用来解释特定的高科技工业，尤其是当时苏联的经济处境以及欧洲局部的处境，但未必能反映美国和日本的经济运作。因此在美国，康德拉季耶夫周期理论被视为"缺少论证且不足以为信"的过时理论；实际上，美国和日本都曾经历过"非典型的康德拉季耶夫周期"。熊彼特在1939年出版的《经济周期》（*Business Cycles*）中首次指出：1873年到第一次世界大战间的德国和美国都不符合康德拉季耶夫的理论。由此可见，时代不同、处境不同，经济理论和企业思路也需要不断地创新。

无论是理论上，还是实践上，所有企业、组织和非营利机构都需要创新，甚至教会、医院和大学也需要不断创新。德鲁克强调，对大型企业来说，具备创业精神和社会责任尤其重要，否则大型企业就不能持续发展。很多人以为大型企业不善于创新，但德鲁克认为这是"误解"或者"只对了一半"，"大"根本不是企业拥有创业精神和创新意识的障碍；因为许多大型企业既是创新者，又具有创业精神，如美国的强生公司、3M 公司、花旗银行，德国大型化工企业赫斯特，等等。

二、创业精神的实质

我们先说说"什么不是"创业精神。首先，"不是"每个新兴的小生意实体都可以叫作"创业"，或具有"创业精神"。其次，创业精神不是人格特质，而是行为，创业精神不是基于直觉，而是基于概念和理论。再者，创业精神并不局限在经济机构或经济领域，也不限于经商人员或非经商人员、政府机构或非政府机构。最后，创业精神不是指丝毫不讲方法的缺乏目标的冒险。一些人把创业精神理解为巨大的冒险行动或赌博行为，这是危险的，因为他们不知道自己正在做什么，也不知道自己该做什么和不该做什么，更糟糕的是，他们缺少基本的辨析能力，以及必要且有效的方法。

与以上"不是"相反，创业精神有如下意思。首先，对经济学家来说，创业精神是一个"形而上的经济事件"。其次，创业精神包括了人的所有活动，它是真实存在的。再者，创业精神无论对个体还是对组织来说，它都具有自己独特的个性。具有创业精神意味着能够创造出新的价值和不同的价值，具有自己的个性，具有不断改变和更新的价值观。创业者应该考虑把"变化"理解为企业的标准和健康成长的标尺。最后，创业精神不是自然成型的，也不是突然创造出来的，而是从工作中磨砺出来的。

具有创业精神的管理者通常会"对新鲜事物充满好奇甚至到饥渴的地

步"，这里指的是具有创业精神的人所具备的那种独特性，比如创新对其有很强的吸引力，勇敢面对现实，对变化敏感，以及懂得有系统的抛弃等。当新的创新企业发展和成长时，原有的关系和角色必须坚决改变。如果企业的创建者无视这个道理，那么他们就有可能阻碍新兴企业的成长，甚至会毁掉它。为了避免这样的不良结局，企业创建者必须学会改变并且不断地问自己问题。提出正确的问题是管理者保持清醒的最有效办法，比如问：适合我的位置在哪里？我能贡献什么？我最擅长的工作是什么？什么是我应该做的、主要的、实质性的、不可或缺的贡献？我属于哪里？……

公共服务机构（诸如政府、工会、教会、学校、医院、社区、慈善组织、专业协会和贸易协会等）也需要创业精神和创新意识。公共服务机构存在的最重要理由是它们愿意并热衷于"行善"。行善意味着这些机构的使命不是基于经济需求和追求利润，而是基于"道德的绝对性"。一个正在"行善"的人，其善行没有高低之分。因此，为了履行使命，公共服务机构至少应该不断调整组织目标。公共服务机构不仅需要一个清晰的使命定位，而且需要一个实际的目标阐述；公共服务机构必须秉持创业精神，去学习成为有效的创新者，比如深入了解社会、技术、经济和人口等诸多方面的变化，以获得创新机会，否则公共服务机构也会举步维艰。

"慎重"是成功的创新者和具有创业精神的人的必备态度，他们不是一心只想冒险，而是全神贯注于机遇。德鲁克多次提到的一个例子就是麦当劳，他认为麦当劳可以算是一个具有创业精神的企业，它的成功在于创新意识和创业精神的结合，体现在其进步的价值观、对消费者的关注、产品的可预测性和标准化、公共服务和快速服务、清洁干净、氛围友好等方面。

三、一个具有创业精神的社会

德鲁克认为，人们需要建立的是"一个具有创业精神的社会"。在这个社会中，创新和创业是常态的、持续的、不间断的；创新不是一次性连根拔起的，而是循序渐进的；重要且宝贵的不仅是技术创新，更是社会创新、管理创新和理念创新。创新和创业精神将会成为一种可以完整地维持组织、经济和社会的生命力的行动。管理学的核心内容之一便是人的态度、价值观和行为上的深刻变化，这种变化不亚于任何技术革新，因此，我们视管理学为一门新的学科，而不是特别的新的科学或新的发明。历史上，管理学引导美国进入一个"具有创业精神的经济时代"，进而引导美国成为一个"具有创业精神的社会"。这正是德鲁克赞许有加的：一个具有创业精神的经济时代是"美国现象"。

对德鲁克而言，"一个具有创业精神的社会"需要进行两个"实质性的社会创新"。第一个是需要合适的政策去关心多余的劳动者或失业的劳动力，他们没有接受教育，没有技术，没有社交能力，没有自信，因此容易成为"消极的力量"。第二个社会创新比较激进且比较困难，甚至是前所未有的，即勇于面对并且有系统地抛弃陈腐的社会政策和过时的公共服务机构；取而代之的是有目的的创新、先进的管理意识、优秀的创业策略，这三者缺一不可，它们一起构成了"创新与创业精神"。

在一个具有创业精神的社会中，每一个人都会面对巨大的挑战，因此每个个体都需要有机会"持续地学习和再学习"，以寻求个体的自我发展。学习和再学习是个人的"发射台"，而不是"奠基石和休息室"。在一个变化无常、不确定且竞争激烈的经济社会中，创业家和管理者不仅要持守终身教育理念，还要付诸持续学习的行动——毫无疑问，这是重中之重。

在一个具有创业精神的社会中，不是所有人都经营企业，不是每个人都做老板，不是每个人都开工厂，也不是每个人都经商，而是每个人都应该具有创业精神和创新意识。科学家需要有创业精神才能在科学领域有所突破；技术人员只有具备创业精神才能在技术上有所创新；教授有了创业精神才会在教育领域获得成果……以此类推，如果各行各业人士都具有创业精神，各行各业就会兴旺，就会获得成就。

在一个具有创业精神的社会中，每个人都有选择，都有机会，最关键的是每个人都有自主权。这种具有创业精神的自主权是指一个人能够自主选择，而不是被迫屈从于他人的高压和意志。在一个具有创业精神的社会中，人们进行的是自觉的、自主的、有自我意识的、经过深思熟虑的、量力而行的创业行动，而不是运动式的、口号式的、攀比式的、争强好斗式的、赌徒心理式的、你追我赶式的蛮干。很多人宁愿自己创业，也不愿意被人呼来唤去，而是愿意加入具有创业精神和创新意识的组织，遵从某些自己认可且可持续实践的严格规则与契约精神。创业精神和自主权归根到底是人性对自由和尊严的渴望，因为人类天生就不喜欢受制于人或任人摆布。

一个具有创业精神与创新意识的社会，才是一个真正欣欣向荣、充满活力的社会。

一个自由而正常运作的工业社会

在《经济人的末日》出版后不久,或者说从 1939 年 9 月第二次世界大战爆发开始,德鲁克便着手撰写新书《工业人的未来》,直到 1941 年 12 月 7 日日本偷袭珍珠港事件发生前夕,《工业人的未来》终于完稿,并于 1942 年夏付梓。

在《经济人的末日》中,德鲁克宣告"经济人已死",而在《工业人的未来》中,德鲁克指出"工业人正在费尽心思地想要诞生"。在《工业人的未来》中,他为工业社会指明出路,即除非具有正当性,否则任何权力都不会持久存活;同样道理,如果企业不是遵循有效而公认的正当原则建立起来的,那么企业组织的权力终将被国家机器取而代之。除非企业能够建立一个正常运作的工业社会,否则这个社会将沦为无政府状态,或终将被专制机器所统治,而人们将眼巴巴地看着曾经拥有的自由消失殆尽。

显然,德鲁克已经转向讨论工业社会共同面临的问题与希望,一则因为法西斯主义思想对美国的侵蚀,法西斯主义的"经济人"想要在人间实现自由平等的价值观在美国依然有影响力;二则因为当时美国已经有许多人对工业社会的组织结构产生了疑问甚至恐惧感,这些人对工业社会的原则、目的和制度产生了抗拒心理。德鲁克希望自由的、非革命的、非极权的工业社会所传达的新观念、新秩序、新理想、新逻辑能够成就新的西方文明。

《工业人的未来》的成功之处在于德鲁克前瞻性地讨论了第二次世界大战后的世界课题，诸如后工业社会的组织状况、运作机制、公民的权利与义务，以及组织管理的问题等，这在当时是很超前的。德鲁克认为《工业人的未来》是他的得意之作，因为它不仅奠定了德鲁克关于机构有效管理和运作的理论基础，而且大胆指出"企业会成为工业社会的主体"。由此，工业秩序和管理原则对社会与政治结构的影响就会更加值得关注。德鲁克深知，第二次世界大战是人类生命和文明史上的又一次残酷劫难，它已经暴露出社会和现行制度上的缺陷，以及个人在社会中的地位与职能等方面存在的诸多问题。他坚信战争总会停止，第二次世界大战亦可成为人类在政治领域采取建设性行动的历史性机会——人类可以共同建立一个"工业人"的新社会，这个崭新的工业社会应赋予工作者应有的社会地位、社会职能，最重要的是让每个工作者认可自己雇主所行使的权力正当性。

"工业社会"是指继传统的农业社会之后的社会发展阶段，即以工业生产为经济主导成分的社会。人们通常把以工业化为主导的社会形态称为"现代社会"。工业社会的广泛历史区间约为从第一次工业革命到20世纪70~80年代电子信息技术得到广泛应用之间的200年。工业社会的发展过程一般历经三个阶段：一是前工业社会，即以农业、渔业、采矿业等消耗天然资源的经济行为为主，在此阶段中，生产力水平和机械化程度相对低下；二是工业社会，即以大型机器工业取代传统的农耕生产与手工业生产，是以制造业为主导的经济社会发展阶段，生产力水平大大提高；三是所谓的后工业社会，其关键基础是信息和知识，是以加工业和服务业为主导的经济社会发展阶段。

德鲁克认为，第一次世界大战以前的欧洲社会基本上处于"前工业社会"这一阶段。无论是从源头和目标上判断，还是在信仰和体制上分析，

19世纪的欧洲社会即使不能说是"反工业社会",至少也可以说是"前工业社会"。1918年以前的150年间,欧洲大陆的社会秩序和政治组织不仅是"前工业的",甚至是"反工业的"。这里有如下两点需要说明。

其一,德鲁克所说的"从源头和目标上判断",主要指18~19世纪欧洲社会的主体虽然是重商社会,但在形式上依然保持着农业社会的特色。第一次世界大战前的欧洲,虽然重商社会的代表群体是中间阶层的专业人士,如大学教师、社会服务业人士、商人、银行家,但政治权力依然被掌握在反重商主义的贵族地主手中,而这些贵族地主正是农村中上阶层。

其二,德鲁克所言的"在信仰和体制上分析",是指他在写《工业人的未来》时所遭遇的政治社会现实性。在19世纪的欧洲,人的本质被视为"经济人",人们想通过经济发展来建立一个自由和正义的社会,而且总是在争取经济上的成功。以前人们拥有财富所有权是因为他们拥有社会地位,财富只是社会地位和社会正常运作的"附属品"而已;而重商社会赋予了财富完全崭新的意义,即重商社会把财富看成社会地位的"因"。如此一来,显而易见的是,经济报酬便被奉为社会价值报酬,经济成就便被奉为社会权威,经济行动也就自然而然地成为社会动力的主要代表,经济发展不得不屈就于市场,每样事情都不得不为取得财富成就提供服务。因此,在社会价值观和意识形态上,第一次世界大战前的欧洲社会正缺少一个正常运作的工业社会,无论在政治上还是在社会上,彼时的欧洲不仅尚未形成工业文明,而且缺少工业化的社区生活,更缺失工业化的组织和秩序。

对德鲁克而言,第一次世界大战的实质是一场"工业战争",所有国家都是为了抢夺物资而战斗,只是战后的欧洲未能够如期收获"工业和平"。与第一次世界大战不同的是,第二次世界大战是为了争夺工业社会的基本原则、目的和机构。但是,德鲁克断言第二次世界大战后的和平必定会是"工业和平",工业不是和平时代社会组织发展的外围力量,而是促进和平时代社会组织发展的核心力量。战时社会与和平社会必须属于一个整体，第二次世界大战时的"工业战争的社会"必然会形成第二次世界大战后"工业和平的社会"；因而，他主张应该把"战后问题"和"战时问题"结合起来讨论。他进一步指出，欧洲在第二次世界大战期间（特别是 1940 年）表现出来的时代危机是：西方人已经成为工业人，但是整个西方社会依然沉浸在前工业时代的社会信仰、价值观、社会结构以及经济工具之中。

20 世纪的前 40 年是德鲁克思想成型的关键时期，但也是 20 世纪人类历史上最残酷的岁月。从德鲁克的著作中，我们不能确认他是不是一个和平主义者，但我们可以看出他对战争的反感厌恶和无可奈何。正如德鲁克在《经济人的末日》中所阐述的反纳粹主义思想一样，在《工业人的未来》中，他指出扩张主义才是导致战争的真正罪魁祸首，纳粹主义就是最为残酷的扩张主义之一。纳粹极权主义、日本军国主义和意大利法西斯主义都强调各自出类拔萃的"民族性"，而这"民族性"实际上只是发动战争的遮羞布。纳粹所强调的"优越民族性的必然性与不变性的定理"与"永久的、不变的种族性定理"毫无差别。纳粹主义的实质是种族主义傲慢加上政治极权主义，但这与正常人所说的"优秀的民族气质"相去甚远。因而，纳粹主义的形成不能被解释为是德国民族性、德国历史或德国制度和地理条件造成的，纳粹主义所强调的"民族性"及其貌似合理的解释根本就站不住脚。

无论是第一次世界大战还是第二次世界大战，战争本身与讨论参与战争是善是恶的问题无关，不要期待战争会产生积极的意义，会创造出好的东西，会解决问题。战争本身是无意义的，创造不了什么，也解决不了问题。德鲁克认为，战争只是一个事实，一个存在的现实而已。因而，以发动战争的方法去解决战争问题是备受质疑的。欧洲人试图通过"人生而平等"的理念，去克制种族优越性观念所导致的种族歧视和种族屠杀——人的本性和人格是独立的，先有人的自由意志选择，而后才是受外界支配的条件。但这个理念不是政治原则,而是伦理原则和客观现实。这暗示着虽然使用宗教道德和伦理原则也有解决政治冲突和社会矛盾的可能性,但这个可能性在极权主义面前显得苍白无力。

德鲁克并没有把克服纳粹主义思想的方法仅仅交托给伦理原则,他深刻意识到,除非人们意识到纳粹主义的本质是试图解决西方文明的全球问题,也就是工业社会的问题,否则人们就不知道为何而战、为何不战。因而,人们必须清醒地意识到,必须反对发展一个以奴役、战争与四处征服为基础的正常运作的工业社会。只有认识到这个道理,人们才会清醒地知道他们需要的不仅是一个"正常运作的社会"而且必须是一个"自由的、和平的、正常运作的工业社会"。换言之,要想战胜纳粹极权主义,欧洲人必须重造一个自由的、和平的、能够正常运作的工业社会。这才是整个西方社会和政治的文明基础。

在现实生活中,每个人都需要一个正常运作的社会,正如人需要自由呼吸空气一样。但事实上,人们并不一定能够拥有一个正常运作的社会。那么,怎样的社会才算得上是一个"正常运作的社会"呢?

虽然给"社会"下定义与给"生活"下定义一样困难,但给社会下定义的困难并不会阻碍人们理解和感受一个社会是否在正常运作。成功的社会生活是建立在崇高的价值观、明确的社会概念、个人信仰以及合法的政治权力的基础之上的。在德鲁克看来,社会并不指一群人,也不是有一群人就是一个社会。只有当一群人拥有价值观、原则、正当权力和有效组织时,这一群人才是一个社会。

只有自己没有他人的政治算不上是政治;同样道理,无根的个人或流浪者也不能说他们拥有一个社会。德鲁克认为"民众"是个复杂的概念,通常所说的"民众"只是社会解体的产物;"民众"没有社会地位和职能,对他们而言,社会只能是一个狂暴的、非理性的、令人费解的威胁。如果一个社会不能阻止"民众"的泛滥,那么这个社会注定失败。在这里,德鲁克对"民众"的理解指向毫无组织的乌合之众，他们像暂时聚合的一群乌鸦，是临时杂凑的一群人。这样的乌合之众不是也不可能成为一个真正的社会。

　　有了社会，就有社会生活，社会生活不能缺少社会职能。除非这个社会给予每一个体合适的社会地位与职能，除非这个社会的决定权力是合法权力，否则没有一个社会能够正常而有效地运作。前者建立社会生活的基本框架，诸如社会目的及其意义；后者在这框架中成形，诸如社会实体和社会机构。如果个人没有社会地位与职能，就谈不上有社会，人们就仅仅是毫无目的地组合起来的乌合之众。除非权力是合法的，否则就没有社会建构。群体与个人之间的关系是平等的，这意味着个人与群体的整合，既能从社会群体的角度去理解个人目的，也能从个人意义的角度去理解社会目的。只有当社会的目的、目标、理念、理想对个人的目的、目标、理念和理想有意义时，社会才成为个人认同的真正意义上的社会。只有当个人的目的、目标、行动与动机和社会的目的、目标、行动与动机相融合时，社会才能理解或容纳个人。

　　一个自由平等而正常运作的社会，除了个人与社会在职能上相融合之外，还需要这个社会的制度结构具有合法性和正当性。极权主义和绝对主义都经常走联合主义路线，以为如此便可促成其权力的正当和合法，但事与愿违，联合主义不能成为正常运作的社会的基础，而且它也不能成为有力的政治运动的基础。本质上，工会联盟仅仅是企业管理的影子，它既不能让管理者成功，也不能制约管理者。在这个意义上，德鲁克的判断是有一定道理的：第一次世界大战到第二次世界大战之间，处于极权主义和绝对主义控制下的欧洲社会已经被证明是一个难以正常运作的社会。因为，当时的社会并不能有效地为个人提供社会地位、身份与职能，而且当时社会上的许多权力并不具有正当性。在这样一个难以正常运作的社会中，个人自由、社会平等、公平正义、个人权利、进步、和平以及其他社会生活价值与个人价值的融合都不可能真实地体现出来。

一个有效而正常运作的社会最有可能成为一个自由社会，换言之，也只有一个正常运作的社会才有可能是一个自由社会。德鲁克认为，18世纪前期的欧洲曾经是一个正常运作的社会，社会成员有着共同的社会目的，社会权力也具有正当性。因此，那时的欧洲社会不仅是一个正常运作的社会，也是自由社会。但他明确指出，20世纪40年代前的欧洲社会面临的真正危险在于：欧洲人几乎已经忘记了真正的自由建立在信仰与社会制度上，而不是建立在法律上。因此，如果欧洲人想要拥有一个自由社会，他们必须重新认识到立法机构的正式行为不会创造或决定制度结构、社会信仰和人的本性，真正能造就一个自由社会的有效元素是回归人性的合适理解。

何为真正的自由？德鲁克的回答有几个突出的特点。

首先，德鲁克认为："除非有决策与责任，否则就没有自由"；自由的本质是"负责任的选择"。自由是社会抉择的伦理原则，真正的自由不是由某事某物给予的一种特许的自由。没有自由意志就没有选择，没有选择就没有自由，自由是一种伦理价值。在善恶冲突的时候，人们必须在"更大的善"和"更小的恶"之间做出抉择。自由意志赋予人以选择的自由，自由选择必定对选择和决策负有责任。自由是去选择"做"或"不做"，是去"采纳"或"放弃"，是去"持守"或"反对"；自由从来不是"释放"，相反，自由总是"责任"。因此，德鲁克声称"自由不好玩"；自由不但不好玩，而且是人肩上最沉重的担子；自由是决定个人自己的行为以及决定社会行为，并且为个人行为和社会行为负责任。自由不仅与个人幸福不相同，也与安全、和平和进步不相同，自由的情形也不是艺术和科学所描绘出来的那种繁荣景象。

如果一个人不为自己对善恶的选择与其他抉择负责任，那么他便没有真正的自由；没有责任便只能导致无政府主义的混乱和战争。有人说"宁愿做一个快乐的奴隶，也不愿做一个负责任的自由人"，德鲁克对此提出严厉的批评，他认为这种说法是对自由的误读与侮辱。自由是负责任的选择，也是指个人对整个社会负有责任。在这个意义上，德鲁克认为"自由不是一个社会制度或政治机构，但自由是社会生活的组织原则"。自由是纯粹正式的原则，因而自由可以作为任何社会的组织原则。自由要求社会成员能够真实并具体地感知到个人的言语行为与整个社会的自由间存在的适度张力，"自由人"的概念与"经济人"的概念之间不存在必然的冲突。在一个自由的社会中，个人不但对自己负有责任，而且对他人负有责任。一个自由的社会依然需要体现公共关系、公共道德以及公共秩序的正常化，这便更加体现了"自由的本质是负责任的选择"的深刻内涵。

在处理自由与责任的关系上，德鲁克反对自由与社会领域毫不相干，以及个人决定和个人责任之外的事物无关紧要的说法。他认为，如果自由仅仅被确定为"内在的自由"，责任被限制在个人的私生活范围内，自由就会被毁坏。个人对自由的需要要求实现一个自由的社会，没有一个自由的社会是反对个人自由的，反对个人自由的社会一定不是自由的社会。"不自由"有两种状态：一种是"个人决策不足"，另一种是"个人责任不足"，此二者都是自由的威胁。当"个人决策"与"个人责任"都缺失时，自由也就被终结了。

其次，德鲁克指出：自由不是"人类存在的原始状态"，而是"人类存在的自然状态"。原始社会尽力通过严格的习俗和禁忌建立传统，并通过不可思议的礼仪来消除人的选择和责任，因此，自由不是人类存在的原始状态。相反，自由是自然的、必要的而且是不可回避的形而上。自由不仅是可能的，也不可避免地建在每一个人对善恶选择的基础上，这正是人的基本信念；没有个人和群体能够逃避这样的选择，因为不论是个人还是群体都不可能拥有绝对的知识、绝对的确定性、绝对的真理和绝对的权力。德鲁克的这种解释把自由的理念奠基在了人性论的一些概念上，比如人的不完美、软弱、罪恶倾向；同时，人必须为自己的选择和行为负责任。自由既然是"人类存在的自然状态",那么自由必定建立在自然形成的伦理的基础上,人的权力仅仅是一个工具,权力本身在伦理意义上是中立的,权力本身既不是社会目的,也不是伦理原则。个人权力可以成就个人的野心,但在社会层面,个人拥有权力意味着愿意成为仆人,服务人们。

再者,德鲁克认为人之所以是"自由的",是因为人本身是"不完美"和"非永久"的,因而自由在哲学意义上就是"自然的"和"必要的"。在哲学上,宣称人的"完美"就等于否认人的"自由",也就等于放弃"伦理责任"。自视拥有权力与自我完美的人都错误地认为自己拥有绝对真理,但如果绝对真理是已知或可知的,便没有怀疑或选择的理由了。

对德鲁克而言,人的不完美性、暂时性、有限性既是人性的弱点,也是人性之最真实面。因此,他理解自由是从固有的人性弱点中引发而成的力量,如果一个人是完全的善,他便没有自由,因为他将成为绝对规则;如果一个人是完全的恶,他便不可避免地拥有绝对统治;因此,如果所有人都是完全的善或完全的恶,那么所有人都无需自由,也不知何为自由,因为他们都丧失了质疑的意愿和能力。因为没有人能够达到完美,所以没有人能够接受绝对的统治。没有绝对自由的社会,没有绝对自由的组织和政府。人的不完美性、暂时性和有限性注定了任何政治体制都不可能是完美的,但是不同制度可以在不同时代的特定处境中表现出些微的差异性来,孰好孰坏,应当各有各论,比如君主制、寡头政治、民主政治、富豪政治、贵族政治、精英政治、官僚政治以及君主集权制,等等。

在德鲁克看来,只有当人的本性被定位为不完美、暂时和有限的时候,一个自由的社会才是必要的、重要的而且可成为人类努力的方向。自由是个人的自由,但所有人不仅对自己也应该对整个社会负有责任;真正的自由反对任何人造的绝对性,任何人造的绝对性都是背离自由的,因为它否认了"人的选择",消除了"人的责任";自由不是最高目标,甚至不能把自由视为目标，自由是一种组织原则；自由不是先天的，选择权与责任才真正具有先天性；自由不是具体的制度形式，自由是一种信念，是"人之所以为人者"的信念；同时，自由也是一件"既骄傲又可怜的事情"。

以上概括的几点是德鲁克对自由的一些理解，也是他所阐明的对自由社会建设性的洞见。公元前的许多贤人智者已经深知人生来就是不完美的、暂时的等道理，但自由的历史并不始于柏拉图或亚里士多德，自由的历史也不始于雅典的极权自由主义者，那些诡辩家们否认了绝对存在的可能性，因而他们连个人的责任也否认得一干二净。

在讨论德鲁克关于"权力的正当性"的见解之前，先说说"权力的非正当性"的概念。

德鲁克认为，当权力不是源自它对社会基本信仰的要求时，这个权力就是不正当的。不正当的权力本质上是不可控的，因为它没有责任的标准，所以它不具备责任感；因为它的正当性不够，所以它不被社会广泛接受为最终的权威；没有正当性，就不会有责任感。一个不正当的统治者不可能成为一个好的或智慧的统治者。不仅如此，不正当的权力必定会导致腐败，因为它只强调"力量"，却从未注重"威望"；只强调"权势"，而从来没有"权威"。在一个正常运作的社会中，权力是对"权威"的实行，而"权威"正是克制"权力"的正确规则。总的来说，不正当的权力主宰的社会不可能是一个有效的正常运作的社会，它只会导致暴政、奴役，甚至导致内乱与内战频发，因为不正当的权力只能依赖并诉诸武力，历史上无数的事实已经证明——"即便是最好的暴君，也依然只是暴君而已"。

从20世纪40年代前的欧洲政治时局来看，纳粹政府就不具有正当性的权力。德鲁克指出，在纳粹主义的信条中，只有政党组织和军队才是真正的、有意义的机构，"它们就是社会本身"。在纳粹主义的信条中，人性概念的基础是"英雄人"，但这并不意味着只有英雄人才能成为纳粹社会的基础。纳粹分子的社会目的是通过战争和征服来实现自己的满足。战争是纳粹社会的主要目的，人之本性的真正满足和社会秩序以及政治组织的基本原则都被迫屈从于这样蛮不讲理的信条。纳粹主义的失败在于，它想利用英雄人和战争以及征服的手段去发展出一个符合纳粹主义意识形态的工业社会。在当时的欧洲，并不是每一个人都愿意把战争和征服奉为个人生命的基本目的，也不是每一个人都愿意把战争和征服奉为整个社会的基本目标。但是，当时欧洲许多人天真地认为，用和平和安全就能击败并取代希特勒的极权主义。毫无疑问，当时的欧洲落入了一个只期盼和平和安全的美梦之中，而纳粹极权主义也口口声声应许给予人民和平与安全。因此，德鲁克明智地指出，欧洲人真正需要的是对权力正当性的重建，否则便会陷入极权主义的恶性循环。

德鲁克认为，权力的正当性是个纯粹的职能概念，实际上，人的权力都没有绝对的正当性。权力的正当性是与基本社会价值信仰相关联的，只有当权力已经被社会接受并被认可为一个伦理原则或形而上的原则时，这个权力才是正当的。只有这样的正当权力，才能对建构一个正常运作且自由的工业社会产生积极意义。正如前文所提及的那样，一个自由的、平等的而且能够正常运作的社会，首要的要求便是其权力具有合法性和正当性。

在工业社会时代，德鲁克指出："就其最纯粹的形式而言，企业就是契约社会。"㊀企业管理权已经成为决定性和代表性的权力。企业既不是经济机构，也不是创造特权和专利权的"阴谋集团"。旧企业的权威基于政治组织委托给它们的权力，而工业社会体制下的现代新企业的权威基于每个

㊀ 虽然德鲁克对卢梭的思想有许多不以为然的地方，但他对契约社会的观念还是支持的。契约社会的观念出自法国思想家卢梭出版于1762年的《社会契约论》，强调"主权在民"，以及一个理想的社会应该基于人与人之间而非人与政府之间的契约关系。卢梭主张，一个完美的社会是为人民的"公共意志"所控制的；国家应保持较小的规模，把更多的权利留给人民，让政府更有效率；人民应该在政府中承担活跃的角色，根据个人意志投票产生公共意志；如果主权者走向公共意志的反面，那么社会契约就会遭到破坏；人民有权决定和变更政府形式及执政者的权力，包括用起义的手段推翻违反契约的统治者。

公民的个人委托产权；个人有权被赋予社会地位和职能，从而推动合法权力的形成；因此，现代企业也可成为一个政治机构，其目的是在工业领域创造合法权力。简而言之，企业的政治目的是在股东个人产权的原始权力基础上创造一个合法的社会政府。

针对20世纪前40年的欧洲社会，德鲁克认为企业的组织管理之所以具有合法权力，是因为企业的管理权力来自个人产权，只要是基于个人产权，管理权力即可保持其合法性。但是，德鲁克严肃地指出，当管理权力不是基于社会广泛接受的基本原则时，也就是缺少权力的正当性基础时，这种管理权力就是非法的权力；而且这种权力不受基本原则的控制和制约，也不为任何人负有责任。在工业社会中，只有当管理权合法时，工业社会才能拥有真正意义上的合法权力；只有权力是合法的，社会才能容忍与接受；只有社会权力与社会成员相互融合，社会才能运作正常。西方社会仍然有意接受个人产权作为合法权力的有效所有权，只是今天管理权是独立于股东、不受股东控制的，也无须为股东负责。

除了对政治与经济管理的分析，德鲁克在《工业人的未来》中还花了很多的篇幅来谈论欧洲自18世纪启蒙运动到20世纪前40年的政治意识形态和社会思潮的变化。其主旨是自启蒙运动和法国大革命开始，西方便深陷一个意识形态纷繁复杂而导致权力非正当的极权主义造孽的悲剧之中。

德鲁克认为启蒙运动和法国大革命的确对19世纪的自由观念有所贡献，但这种贡献是"完全消极的"；它如同炸药，只是炸毁了残破的旧结构，但没能对建立自由的、崭新的社会秩序有所补益。启蒙运动所产生的绝对理性主义也无法为欧洲民众提供有效的政治行动，它只是提出反对，但无法从"消极的批判"走向"建设性的方针"；它只摧毁，却不能重建。启蒙运动和法国大革命及其后续者如理性主义的自由主义，都是不可调和地反对自由，理性主义的自由主义就是极权主义，它们都只是极权主义专制政治播撒的种子而已。

启蒙运动的最大发现是"人类理性是绝对的",启蒙运动者相信"理性是女神",整个理性主义哲学包括启蒙运动者和百科全书派都在鼓吹"绝对理性的完美"理念,并竭力主张极权绝对主义思想。理性主义的自由派以反对同时代的"不正义"、迷信和偏见为己任,但它对包括正义和自由在内的所有社会现象都持敌对态度。比如,启蒙运动者把他们认为不利于"自由"的贵族特权、农奴制和宗教不宽容一扫而空;他们摧毁各级行政自主权和地方自治权;他们毫不留情地攻击神职人员的特权和压迫;他们甚至反对独立法庭和普通法。面对这些,德鲁克一针见血地指出:如此的"绝对理性"根本"不理性",甚至是"反理性"的,绝对理性也是极权主义的关键元素。

德鲁克主张,并不是每一件被冠以自由主义之名的事情都有必要成为绝对信条;欧洲每次自由运动都包含极权主义哲学的种子,正如每次保守主义运动都包含形成反动主义的趋势一样。德鲁克深信第一次世界大战后的欧洲现状已经证明了一个基本事实,那就是"自由主义已经沦为绝对主义"。

德鲁克也指出,1940 年前的西方世界,除了英国和美国有一些分散的自由精神,犹如星星之火闪耀之外,人们见不到"真正自由的自由主义"。因为纳粹主义和极权主义泛滥的缘故,欧洲人能见到的"自由主义"就只有"绝对的理性主义"了;而绝对的理性主义不仅成为极权主义的基础,而且不具有建设性,因此它只能落败;它的落败不仅威胁到了真正的自由,而且为极权主义提供了良机。正因为如此,德鲁克呼吁,今天(1940年)的欧洲人只有一个选择:要么去建立一个可以正常运作的工业社会,要么目睹真正的自由在无政府主义与专制独裁中消失殆尽。当然,这种呼吁的勇气与精神来自德鲁克本人对自由的深信不疑、深刻理解、深刻剖析以及深度责任。

工业社会之现代性

德鲁克关于工业社会理论的阐述主要见于如下三部佳作：1942年的《工业人的未来》、1946年的《公司的概念》以及首版于1950年的《新社会》，它们堪称德鲁克的工业社会理论"三部曲"，各部精彩。

《工业人的未来》的成功之处是德鲁克前瞻性地讨论了第二次世界大战后可能出现的工业社会组织状况、职能、公民的权利与义务以及组织管理的问题等；他相信"企业会成为工业社会的主体"，一个自由而正常运作的工业社会的新观念、新理想、新逻辑能够成就新的西方文明，工业秩序和管理原则会深刻影响社会政治结构。

《公司的概念》是德鲁克的第一部"管理学专著"，提出企业应该在"分权化"基础上建立"能够自我管理的工厂社区"，培养"愿意负责任的员工"，建立"品质管理小组"，提升企业的整体绩效和员工的工作生活品质。该书带动了企业组织机构的"去中心化"管理热潮，德鲁克的许多观点对企业变革产生的影响至今犹在。

《新社会》是前两本著作的发展和深入，旨在探讨新社会中工业企业的管理和秩序问题。全书九个部分都围绕工业秩序原则展开，即工业企业、经济冲突、管理层与工会、工厂社区、管理层的职能、消灭贫困、组织的联邦制度、工厂社群自治、工会之公民精神。"工业社会"的主要理念是"工业人或工业群体的生存与工作逻辑",核心内容是"工业社会的秩序和管理原则";这与知识社会所讲究的"知识社会秩序"、知识工作逻辑以及对知识工作者的管理有所差别。但无论是工业社会还是知识社会,德鲁克都把个人放入社会组织结构中,组织只是表面,个体的人才是实质——工业社会的组织学、自由社会的政治原则以及知识社会的管理都必须基于人,企业组织最需要具有创业精神的人、善于创新的人和心甘情愿勇于承担风险的人。

德鲁克所说的"新社会",是不仅有别于而且超越了传统意义上的资本主义社会的社会。自由且正常运作的工业社会需要领导者具备丰富的想象力和卓有成效的领导力。这样的"新社会"不是一定要达到永垂不朽或完美无缺,也不是要追求纯粹的理想社会,而是一个能让当代人安身立命且过得有价值、有意义的社会,无需远大目标但必须有雄心壮志和务实成效。人们过度追求并依赖政治的各种"主义",却轻视人性尊严和公民精神,这是荒唐可笑的。德鲁克的"新社会"观不落俗套,拒绝功利主义,更不虚无缥缈,带有强烈的反乌托邦的色彩。

德鲁克在《新社会》中讨论了工会制度的问题,非常深刻。在现代社会,人们对企业组织的理解不大一样,"现代大企业"(enterprise)的表达太笼统;而"股份有限公司"(corporation)的说法太直白,意义过于狭隘;私有企业被称为"大事业"(big business)过于情绪化;"工业企业"(industrial enterprise)则太不常用。但总体而言,在工业化程度较高的国家中,工会制度已经成为决定性、代表性及主导性的体制,虽然工会的名称不完美,但依然是目前最好的名称。德鲁克认为工会是政治组织,是企业组织结构的一部分,也是企业内基本的政治紧张关系的体制化表现;工会制度是能够制衡实权派的有效力量,也是解决工业企业政治矛盾的重要因素,因此他相信工会能为企业的政治两难境地提供出路,它依然具有现实意义而且能够继续生存下去。

但是，工会的局限性和弱点也很明显，它甚至受困于"不安全感神经衰弱症"，病根在于工会在企业内的地位处于劣势，它自身缺乏安全感，容易成为社会和企业的不确定因素，甚至沦为破坏力量。作为企业员工代表的工会领袖，其工作具有政治性质，但他有时也扮演非政治性质的角色，工会领袖必须得到所代言对象的明确授权才能享有权力并履行职责。因此，有能力、认真而且拥护工会制度的人才能担当工会领袖，他们必须足够成熟和负责任，而且能像优秀的政治家那样行事为人。

工业社会是多元化社会，而企业是独立自主的机构，企业有自己的本质，在性质和职能上企业自成一家，遵循自身的生存法则，德鲁克对此深信不疑。因而他强调在自由的工业社会中，企业应该坚持自治，但工业社会制度不能致使国家制度名存实亡。在现代工业社会中，企业是社会的镜子，也是社会的主导性体制，它决定个人对社会的看法。

企业是经济机构、政府机构，也是社会机构，它始终同时扮演这三种角色，这也就是德鲁克所说的企业所具有的"三重性格"。第一，企业是经济机构，是工业社会中重要的经济工具，它遵循经济法则，执行经济功能。第二，企业是政府机构，发挥政治功能，甚至从内部组织来看企业就像一个政府，工业生产组织需要在权力关系上建立合法合理的内在秩序。企业组织也讲究忠诚，但不是效死愚忠，企业的权威不是来自企业以外的法律、政治或经济因素，而是来自企业的本质和目的。企业或许无法实现"民享"的理想，但企业可以立志成就"民有和民治"。在任何制度的社会中，工业企业的权力都必须具有正当性和合法性，尤其是在道德精神和伦理原则上。第三，企业是社会机构，因而具有社会功能。19世纪初法国空想社会主义者诸如傅立叶和圣西门等人就已经提出了企业是社会机构的主张，工业企业必须赋予个人社会地位才能发挥社会作用，企业必须成功才能预防风险和损失，才能回馈社会，才能承受社会负担以及承担社会责任。企业在社会中合理、合法和合适的地位，有益于企业、个人和社会的和谐发展。

在一个正常运作的工业社会中，关注人的个体性无疑是最重要的，这体现了公民精神和公平正义。地位平等和机会平等信念的丧失会使社会团体的基础荡然无存，社会就会充满压迫、缺失理性甚至难以预测。所以，工业企业必须尽可能地发掘和使用所有人的能力，而不能依赖某些独特阶层或少数领导人。企业系统地培育和使用人才，这是维持工业社会秩序的必要行为，应使企业员工抱持"管理者态度"和"高管心态"去工作，让员工亲身体验并参与企业运作的全套流程，并帮助他们从个人的工作去了解自己与整个工作成果的关系。这实际上是在维护个人尊严，人尽其才、才尽其用，个人在工业企业内部获得地位、发挥作用、体现价值，促进生产，这对个人和整个企业都有意义，这就是德鲁克经常讲的"让每一个人都像 CEO 一样"。

同《公司的概念》一样，《新社会》把"去中心化"视为工业社会秩序的重要原则之一。从字面上看，"去中心化"就是"中心化"的反义词，意为把权威和责任按职能委托给不同对象，即"职能性的分权自治"；也有企业把它用于生产单位的就地分散，即"地理性的分权自治"；在美国，"去中心化"还被用以表达真正的联邦式管理或联邦制度，强化中央和地方各自的权限；无论如何，美国企业界已经把它奉为消除工业社会弊端的法宝。

在企业管理模式上，德鲁克认为企业真正需要的是"联邦制度"，即把"去中心化"的理念加以深化，它既能赋予企业分部自主管理的职能和权力，又能顾全企业的整体职能、权力、绩效和成果。在企业联邦制度中，企业是由各个自治单位组成的整体，各单位都有自己的产品和市场，各单位的管理团队拥有原始的自主权。企业联邦制度还可以帮助企业高管摆脱烦琐事务的纠缠，从而更好地发挥各自职能。与其他管理模式一样，企业联邦制度也不可能解决所有的管理问题，或许它更适合大型企业和高管层。但企业联邦制度的优点是显而易见的：它能有效地促使企业、个人、工会、社会以及经济等利益相关者相互制衡。从 20 世纪现代管理学诞生至今，这已经是企业管理模式上了不起的进步和创新了。

人、社会与信仰

  阅读德鲁克的作品是一个"思考并享受着"的过程。当我阅读德鲁克的作品时，我体会到德鲁克不是直截了当地讨论管理学，而是首先在讨论人，其次才探讨与人相关的一切事物，诸如生存、智慧、本质、理想、经济、社会、政治、文化、管理等。因此，我的第一感觉是，德鲁克首先是个人，然后是思想家，而后才是人们所称的"管理学大师"。如果这样的理解有意义的话，那么我们不妨理解德鲁克管理学的核心价值：人决定管理学——首先是天然生存意义上的人，而后才是智者、经济人、社会人、政治人、文化人、理想家和管理者等。[一]

  在德鲁克的某些作品中能见到他引用《圣经》中的话，他熟悉基督教的历史特别是西方教会的生存和发展状况。本文尝试探讨德鲁克的宗教哲学观点。德鲁克有许多作品，本文所讨论的德鲁克思想的内容难以全面，但希望不会一叶障目。

[一] 在这一点上我认同并在此分享詹文明先生的观点："管理学乃是以人为出发点，且以个人的长处作为对社会贡献的基础，体现个人的地位和功能，是人获得尊严和价值的一门学科。所以德鲁克的历史定位不仅是'管理学教父'，他更是一位'社会思想家'。"引自詹文明. 德鲁克黄金笔记：30年实践的终极结论[M]. 北京：东方出版社，2010.

一、人与社会

管理学的基础是人和社会，人是指个人存在意义上的天然人，社会是人的群体生存状态，人讲究人性，而社会讲究社会性。故此，人与社会关系密切。德鲁克深谙此理，人类学中心论是德鲁克解决人与社会关系的重要基石。

个人在社会中的失落，不仅是个人的不幸也是社会的不幸。德鲁克明言人是拿着自己的幸福、生计和性命作赌注，在一个陌生的社会中做一个不知道规则为何的游戏。因而，人容易失根，容易被放逐。只有社会与个人的对应项（比如目标、理想、观念、地位和功能）产生意义时，个人与社会才可能成为一个整体，否则社会对个人将失去意义。社会存在的意义就是人生存的意义之一，人虽然需要并依赖社会，但是这并不意味着社会一定存在。换句话说，对德鲁克而言，社会的团结性强调社会价值、社会规范、社会权力、社会组织的重要性；一个可正常运作的良性的社会不可能完全依赖物质现象，它也需要由社会现实性建构的价值、规范、理想、传统、正当的权力。

德鲁克使用比喻来说明个体与社会的关系：船难发生时惊惶逃窜的一群人不能被称为社会；这群人不是因为恐慌而瓦解，而是因为所在群体之社会性瓦解而恐慌，"虽然有一群人，但社会并不存在"。因而德鲁克提出，重建一个社会不是只要有一群人即可，而是需要价值、规范、组织和权力的良性存在。惊涛骇浪甚至船难发生只是象征社会极端危险的生存状态，而个人的信念与群体的团结才是社会良性运作的可能动力。

与此比喻类似，德鲁克还举《鲁滨逊漂流记》的故事为例。他认为尽管只有鲁滨逊与他的仆人星期五二人在孤岛上生存，但他们有自己的社会。他们不是与世隔绝的个人主义经济人，因为他们有社会性存在的基础元素，比如价值、习惯、禁忌、权力、规矩、信念和社会生活等。据此来理解人生存的社会性的确能让人在现实中看到生存的本质和希望。人不是经济人，而是自然人；社会是由自然人组成的人的社会，而不是由经济人组成的经济的群体。社会不讲究人的数目，而是讲究社会的本质。一个社会是生存形态的缩影和印象，不在乎人多人少，而是强调有信仰、价值、规范、秩序、正当的权力以及精神生活。

个人和社会共融成一个有机体看起来是德鲁克向往的生存基础。德鲁克主张，每一个人合适的生存目的、目标、动机和行为是融入整个社会的生存资本，每一个人都应该拥有特定的而不是固定的社会地位。"特定的"意味着个体依然是活泼的、特殊的和可变化的生存实体，而"固定的"多半容易造成体制僵化，形成利益集团和集权统治；前者有助于个人在社会中灵活生存和创新，而后者不利于建立一个良性循环的社会。一旦个人无法被社会接纳，个人就成为"失根的、反社会的、未融入社会的个人"，这样的人即便是少数，也容易形成"危险、神秘、阴暗、恐怖、破坏的力量"。

德鲁克深谙西方思想，特别是近现代西方变革浪潮中的思想。他分析过19世纪西方思想界的核心困惑——"社会何以能够存在"这一问题。他指出，无论以何种方式询问，"这个问题必然导致一个答案：人除了活在社会里，否则不可能生存下去"；"简而言之，没有所谓人的存在，只有社会的存在"。⊖这种理解的确把人天生具有的共存性和互相依赖性突出表达出来了。在一个良性的社会中，人的共存性和互相依赖性并不会破坏人的个体性和独立性。在德鲁克的管理思想中，人的共存性和互相依赖性甚至优先于人的个体性和独立性。但换一个角度理解，社会不存在了，人还有立足之地吗？人的共存性和互相依赖性就是社会性，而个体性和独立性只是社会性在个体上的体现。

⊖ 杜拉克. 杜拉克精选：社会篇 [M]. 黄秀媛, 译. 台北：天下远见出版股份有限公司, 2001.

显然，德鲁克非常关注人的实质，社会性的核心内容便是人性，社会人概念的基础是人和社会以及人与社会的关系。对人的热衷就是对人的生存性和社会性的关怀，表面上讨论的是现存的人和社会，实则指向人和社会的发展、未来以及希望。这也许就是詹文明先生所言的："德鲁克对'人'的热衷，是对人类终极关怀的具体表现。"[一]

尽管存在主义思想不能解决个人与社会生存的所有问题，但是我相信德鲁克的思想中隐含着存在主义思想。存在主义思想涉及人生存的一切，因而它可以涉猎许多学科领域，如戏剧、文学、诗歌、艺术、政治、心理分析以及哲学和神学。而在社会学中，人的生存焦虑就是人对社会存在价值的焦虑。存在主义基本上与生存世界的现实主义同根同源，而与同生存现实性失去联系的唯理性主义和因生存恐惧而逃避现实的浪漫主义分道扬镳。存在主义不一定符合管理学理论，但它一定适合人与社会的生存结构和现实主义批判。存在主义哲学所关心的就是人最基本的生存问题。真理之所以是真理，是因为真理必须"对每一个我"是真理，"对每一个我"意味着面向所有个体的生存及其现实性。获得真理的是具有主体性的个人，当个人与真理有主动的关联时，他或她才算是选择并实践了真理；否则，这个真理依然与"我"无关。

德鲁克对存在主义哲学家克尔凯郭尔情有独钟，存在主义哲学的核心是"人的社会性与社会的人性"之间的关系，德鲁克完全把握了克尔凯郭尔的精神元素和信仰内涵。德鲁克曾主张，应该同时提出"社会何以能够存在"和"人何以能够存在"这两个问题；而且他使用了克尔凯郭尔的回答："人的存在只有在紧张对立之中才可能，而这种紧张来自人的两种并存的生命，因为人既是精神上的独立个体，也是社会公民。"[二]德鲁克注重的

[一] 詹文明. 德鲁克黄金笔记：30年实践的终极结论 [M]. 北京：东方出版社，2010.
[二] 杜拉克. 杜拉克精选：社会篇 [M]. 黄秀媛，译. 台北：天下远见出版股份有限公司，2001.

还是人的实质，人不仅是社会性存在，而且是精神性存在。按照他自己的话说："只有同时拥有精神上的存在和社会上的存在，人的存在才可能。"人类的生存之道本不是肤浅的物质化和社会化进程，而是更加高贵的实质、优化的精神以及存在的良知。如果人在精神性需要中被弃绝，那才是真正地被弃绝。

二、人性与自由

谈论管理而不谈社会是纸上谈兵，懂社会而不懂人道是隔靴搔痒，深谙人道却不剖析人的本性与自由就是无的放矢。德鲁克就是一个对人性与自由、对人道与社会皆了然于心的"管理学大师"。品读德鲁克的作品，我能感受到他在谈论人生哲学，充满心灵气势和理性之光。

正如前文我们所论及的，德鲁克的管理思想体系是从关注"人"开始的。他认为人性的本质和生命的圆满决定了个人与社会的良性功能关系，而人的本性不是固定品质，而是或然性的。就像德鲁克在《工业人的未来》中所说的："人性可能是自由的，也可能是不自由的；可能是平等的，也可能是不平等的；可能是善的，也可能是恶的；可能是完美的，也可能是不完美或有可能变完美的。"人的本性的不确定性和或然性是真实的，符合人性的条件变化理论。人性并非善，并非恶，只是有向善或向恶的可能性，在特殊条件下，人性就受条件所左右而暴露出犹豫不定的价值取向问题来。

关怀人性和关注生命健康成长是一个优秀社会的成熟表现，因而社会组织（如具有正当权力的政治核心机构）对人性和生命的信仰在很大程度上决定了个人的社会地位和功能，而对人性和生命意义的尊重体现了社会整体的公共道德意识，以及公民个体的道德敏感性和自觉性。德鲁克认为社会本身并不是绝对自由的，即便是在"自由社会"中也有不自由的机构，在"平等社会"里也有不平等的现象，其理由是"一群人中有许多罪人"。在真实的世界中，在生存状态下的人的社会中，生存的现实性是一个对立矛盾体。在一定程度上，人性内在的自我对立和冲突、人的自我傲慢偏见与自救的无能为力、喜好与厌倦等都是不完美的现实的写照。

人的本性中最特殊的就是人的自由。德鲁克不止一次指出"自由并不好玩"，因为"说自由很好玩，几乎就等于驳斥真正的自由"。所有可见的、可感觉的、可享受的自由都是表面的，真正的自由来自存在之人的内在生命自由。在《工业人的未来》中，德鲁克表示自由是一种"负责任的选择"，"是加诸人的最大负担"；人的自由不仅"决定自己的个人行为，同时也决定社会的行为，并为这两项决定负责"。这便是德鲁克关于"自由不好玩"的敏感觉察：人性与社会性是相通的，人的自由与社会的自由息息相关。人有自由选择自己的行为的权利，但同时必须为自己的选择负责任，整个社会也是如此。德鲁克关于"自由不好玩"的痛苦正是整个社会的生存痛苦，人需要为自由的决定负责任，否则自由就失去了意义。从消极意义上说，责任是自由的"紧箍咒"；但从积极意义上说，责任是为人的自由提供了追求真理的动力。

人的自由必须按照人性的生存轨迹而走：自由—选择—决定—负责；个人的自由本质上也是社会的自由、群体的自由。因此，德鲁克坚信："如果人们不为自己在善恶之间、真实与错误之间的决定负责，自由就不可能存在……否定责任就等于否定绝对正确或绝对真理的存在"；"自由是人类存在的'自然'状态"，是"以每个人必须选择善恶的信念为基础的"。[一]

德鲁克坚信"自由是一种力量"，但自由也是"人与生俱来的弱点"。这样的话似乎在暗示一个道理：自由本身就是人性的一个困境，看起来很有力量的自由，便是人性进退两难的"青橄榄困境"——苦着也甜着，吞也不是吐也不舍。但无论如何，自由在人的生存状态中是必要的，因为人

[一] 杜拉克. 工业人的未来［M］. 陈琇玲, 译. 台北：宝鼎出版有限公司, 2004.

既不可能拥有绝对的善，也不可能沦为绝对的恶。他指出，自由不能被限定在人的内在自由的概念中，自由必须不仅与个人责任有关，而且与整个社会相关；"个人自由需要一个自由社会才能实现"，因此，在人类生存的大框架中，"自由人的概念跟经济人的概念并无冲突"。

三、社会重建：信仰的力量

我们现在来思考一个简单的问题：是否有完美的人和完美的社会？答案非常简单：无论是从存在主义、人生哲学，还是从社会学分析、政治信仰的角度来看，德鲁克都确认人与社会是不完美的，人的不完美性与社会的不完美性皆是生存的真实。德鲁克对所有完美的人和完美的社会都提出了质疑和尖锐的批评。在关于"完美的人"的问题的讨论中，德鲁克俨然是一个杰出的雄辩家。比如，他首先提出了"完美的人拥有绝对真理"这一命题；进而指出只要"人类中有一人被认定为完美或比同僚更接近完美"，人的自由就不可能存在了！而人的自由不存在了，人还可能是完美的吗？再如，德鲁克指出，即便"完美的人拥有绝对真理"只是一个假设，可是生存的真实性和实践性都无时不在提醒人类："没有人能声称自己拥有绝对真理或绝对理性"，即便有人故意或违心如此承认，也不是基于人的不完美，而是确实因为根本就没有所谓的绝对真理。

诚然如此，在理性与智慧的人眼中，绝对真理的确是不存在的。越是理性越是智慧就会越明白绝对真理存在的不可能性。人不应该不承认或遮掩自己的不完美性。德鲁克认为许多人依然自以为完美或故意去塑造和吹嘘自己的完美性，不仅是对绝对统治资格的过分迷恋，而且是对"统治道德责任"的有意逃避。因为任何自觉完美的人都会感觉自己已经对绝对真理和绝对统治资格胜券在握了；因而，这些完美的人不仅会"置批评、反对及有异议的忠告于不顾"，而且从不怀疑自己的完美性，也不反省自己的道德责任。完美的人与绝对真理都不存在于人的世界中。

相较于用绝对真理和绝对统治资格来进行高压审判，用人的不完美性来作为"统治道德责任"的相对权威似乎更为有效。毕竟，谁有足够资格来拿起审判别人的石头？拿起这块石头的人就是那些自觉足够完美的人、自觉有绝对统治资格的人和自觉在道德上比别人更加高尚的人。人被救赎有时源于人对自我性的足够认识，社会被救赎有时源于一个社会对生存的自我局限性的正确把握。德鲁克的人与社会的救赎思想也是基于这种对人性和社会性了然于心的自知之明。

德鲁克没有否认任何形式的智慧、理性和自由对人和社会的积极意义，但他深知所有属于人的东西皆是有限的，正如他所说的："人的心智和双手创造出来的各种理论、价值和制品，都会老朽僵化，逐渐不合时宜，进而成为'磨难'。"㊀从苏格拉底起，知识学在西方就很神圣。从圣奥古斯丁到马丁·路德再到黑格尔，西方人从未放弃过对理性和自由的诸般追求。在中世纪神秘主义和苦修主义盛行的时候，知识和理性曾经一度受挫，但托马斯·阿奎纳又一次把信仰与知识结合起来并建立了可认同的权威。在19世纪，大多数人都信仰人的永恒能够在时间中获得，真理能够在社会中通过人自己的办法建立并持久保持下去。人的自信达到了顶峰。这就是德鲁克所说的"一个充满乐观主义的19世纪"，而且"自从公元一千年以来，从来没有一个世代像19世纪的人那样，认为自己如此接近时间的终点"。而在整个20世纪，西方人把达尔文的《物种起源》当成生存信条，并把人看成生理和心理的产物，因而理性主义、自由主义和政治信仰盛行。

德鲁克的疑问是：现代人和社会所依赖的基础是什么？正如德鲁克引用克尔凯郭尔的问题：人何以能够存在？是达尔文的《物种起源》、理性主义、自由主义、唯教育论，还是政治信仰？德鲁克没有完全否认这些，

㊀ 杜拉克. 杜拉克精选：社会篇[M]. 黄秀媛，译. 台北：天下远见出版股份有限公司，2001.

但他对这些的怀疑多于信仰，因为他坚信信仰是建立人和社会的精神基础，缺少和丧失信仰是人与社会存在的真正危机。这就是为何德鲁克回归"信仰作为重建人和社会的主体意识"。他关于社会重建思想的核心很值得品味，那就是信仰或信心。这里所讨论的信仰不是指形而上的玄学，也不是物欲横流的物质主义，而是与人性和社会性相关联的价值体系，包括宗教、意识形态、人文精神甚至是生死与人道。

德鲁克在克尔凯郭尔对人生存状态的分析结果上提出：死亡是人生存的必然结果，但不一定要绝望，也不一定是悲剧，因为"人可以在信仰中生存""罪恶的对立面不是美德，而是信仰"。美德不能救赎罪恶，信仰才能。一个社会要充满美德的见证力，这个社会首先必须要有合适的信仰。然而，何为信仰？信仰的概念显然要比美德的概念复杂得多。德鲁克认为："在信仰中，人成为普遍存在，不再孤立，具有意义和绝对性质，因此，在信仰中也有真正的道德。"⊖

如果我们回到本节开头时提出的问题：是否有完美的人和完美的社会？那么我们可以看到德鲁克的答案：信仰是人和社会重建的基础，因为信仰是人和社会的不完美性得以修复的最合适的可能性。人与社会从来不会因为自己的不完美而疯狂；人疯狂不是因为疾病，不是因为不完美，而是因为找不到医治的良药。人和社会有信仰，才是人和社会的希望和动力。

结语

本文讨论了德鲁克管理学中所涉及的一部分哲学思想，其核心是人、社会与信仰。内容无须在这里重复，但有一点值得声明的是，德鲁克是个社会学家，他的方法是社会分析法。研究德鲁克的思想让我耳目一新，犹有拾得遗珠之妙感。

⊖ 杜拉克. 杜拉克精选：社会篇[M]. 黄秀媛，译. 台北：天下远见出版股份有限公司，2001.

人、文化、工作

在德鲁克的思想中，管理不仅是任务，不仅是一门学科；更重要的是，管理的核心是人，管理是一种文化。较之于理念和利润，德鲁克更关心人，更关注企业管理文化的塑造。我们先说"管理关乎人"，然后再说"管理是文化"。

德鲁克的管理聚焦于一个核心理念——管理者是一个人，事业的成败以及管理之成败都在于管理者，管理者的首要本质是人，而非角色扮演，即社会学中常说的"社会面具"。因此，德鲁克的管理学可以说是一门"人学"。

"人"在甲骨文中是"𠆢"，垂臂直立，很有象形艺术的美感。人者"果仁"，"人"有仁德之意。《尔雅·释木》中有"子中有核人"之说，根据《说文解字注》："果人之字，自宋元以前，《本草》方书，诗歌记载，无不作'人'字"。意即在宋元以前，"天地之心谓之人，果实之心亦谓之人"。《尚书·泰誓上》中有"惟天地万物父母，惟人万物之灵"之说。以上这些对"人"的简单表达，既显文辞之含蓄，又显人本之高贵，都说明了我们传统文化中对"人"之深刻理解，指出人的确是"天地之性最贵者也"。而在西方，以英语为例，"人"至少有四个清晰的理性的概念表达。其一，人是 human being，意为人是被造者，因此即便人高贵于其他造物，但被造之人难免具有有限性，与创造者不能比拟。其二，人是 person，此意在表达人是具有人格、尊严、灵性、生命和精神者，值得尊重、热爱、敬畏。其三，人是 people，这是个通用词，意为通常表示的大众或人物。其四，人是具有性别之分的男人和女人——man/woman。在德鲁克的管理学著作中，这四个表达都经常被交替使用，数不胜数。

无论如何，"人"都是宝贵无比的、不可不敬的生命，只是在管理实践和社会现实中存在诸多差距。西方传统上有三种管理人的方法：第一种是社会救济，即把人看成需要帮助和解决的社会问题；第二种是人才管理，主张运用合适的方法，系统地发挥人的职能，比如雇用、培训、医疗服务、安全保证、补贴、给予福利等；第三种是最重要的，即扬人之长，避人之短，目的在于解放生产力，让人工作有成就感，人生有意义。

德鲁克的管理理论把人作为管理的核心，毫无疑问是杰出而智慧的。管理的目的既是使人成为人，也是为人服务；因此，德鲁克的管理哲学基于人来建立管理使命并主导管理活动。德鲁克有许多关于人的经典描述，比如他说："管理者是一个仆人""不能只雇用人一只手，而是整个人"；人不应该被定义为工匠或工具，因为人能够系统地、有目的和有组织地工作。人不是机器，因此人不能像机器一样工作。把人当成机器会有两种危险倾向，第一种是把人变成机器的一部分，第二种是在工作小组中把人误用为一个分裂的元素，从而企图通过工作把人的基本需要当作凝聚人心的工具，这种做法很是令人沮丧。德鲁克声称："工具是一座桥梁，把工作和做工连接一起"，但"所有的工具都是人的工具，工具必须服务于人，而不仅是用于制造产品和为员工谋利益"；"现代技术正在成为人的主人而不是成为人的仆人，这是挺可怕的"。再如，德鲁克说："人是组织最大的资产。"㊀ 德鲁克的这些表达无不体现了他对人的深思熟虑和关切热爱，在他

㊀ 引自 1973 年出版的 *Management：Tasks，Responsibilities，Practices*（《管理：使命、责任、实践》）。

的眼里，人是整全的人，而不是由支离破碎的零件组装而成的人，他表达的是深刻的人文情怀、优秀的人本思想以及慈善的人道精神。

美国麻省理工学院管理心理学教授道格拉斯·麦格雷戈[一]在他的名著《企业的人性面》（*The Human Side of Enterprise*）中提出了两种截然相反的理论：X理论和Y理论，两者都基于对人性的可能理解和价值判断，其基本内容如表2-1所示。

表 2-1

理论	人性基础	对人的工作态度的假设	管理措施	可能效果
X理论	人的本性是消极的（但不是性恶论）	人是软弱的，无法自我照顾，充满恐惧忧虑，会尽可能偷懒和逃避工作，不认同工作作为人的生存意义，是不成熟的人	有必要加强监督、控制，实施惩罚，强制驱动，采用胡萝卜加大棒的方式	被动参与，消极自我，无成就感，无责任意识
Y理论	人的本性是积极的（但不是性善论）	人有对工作的正常心理需要，有自我实现和对创造力的需求。认同工作是考验人的体力和智力的综合游戏，认同工作作为人存在的意义，是整全的人、相对成熟的人	没必要控制、惩罚、威胁，认同制度和原则的设立，胡萝卜加大棒不能成就和解放人的生产力	积极自我，有参与感，有成就感，有责任意识

道格拉斯本人对Y理论确信不疑，但Y理论遭到了美国人本主义心理学家亚伯拉罕·马斯洛的竭力反对。马斯洛指出，Y理论基于人性的假定所提出的工作态度以及所采取的管理措施不足以说明人的成熟程度、责任与自我训练。因为这个世界并非人们想象和期盼的那样成熟，这个世界上的人也不都是成年人，他们总是毫不客气地展示自己"永久性的不成熟"的真实面貌，因此德鲁克指出：Y理论本身并不令人信服且缺少可行性。

[一] 德鲁克对道格拉斯观点的讨论主要见于《管理：使命、责任、实践》。

德鲁克对 X 理论也持质疑态度。他认为 X 理论与 18 世纪哲学中的"开明的专制"理论极为相似，当时欧洲中产阶层日益提高的富裕生活水平和教育水平进一步威胁了君主对"胡萝卜加大棒"式的管制主权。所谓哲学意义上的"开明的专制"，本质上还是为了维护政治的绝对主义，不过在方法上更加文明和理性一些而已。德鲁克还指出了一个关于管理实践的基本事实：传统的胡萝卜加大棒的方法已经不再奏效；被解雇固然使人不愉快，但不至于成为大灾难。如果管理者使用 X 理论，知识工作者将不会有生产力。X 理论假定管理者是"主人"，但实际上在一个组织良好的社会以及知识社会中，"主人"并非实际意义上的存在。因此，不能把管理者定位为"主人"，管理者虽是上级，但也是一名员工，也是人。或者说，管理者不会成为一个主人，因为管理者不仅缺少主人的权威，而且缺少主人的公信力。

可以看出，德鲁克对 X 理论和 Y 理论都存有疑虑。但相比而言，德鲁克认为 Y 理论比 X 理论更具有优势。比如，Y 理论所强调的自我实现、创造力、整全的人等观念更靠近人的真实性。因此，德鲁克主张管理上应该用劝说取代命令，用心理支撑取代胡萝卜式的激励；用对个人焦虑与个人需要的同理心取代惩罚和解雇的威胁等。他曾一针见血地指出：X 理论和 Y 理论都没能深刻地触及人性，因为对于人性，现代人未必具备足够的认知能力，我们只是理解和掌握了如何行动、如何管理自己的工作和工作结构的相关能力。

德鲁克没有走中间路线，他所关心的是管理者的取向、管理的实践和管理的处境即社会真实性。人性皆是平等和相似的，既然是人，那么人都有相似的本性，无须执着于询问人的本性差异和对错。所以德鲁克认为：管理者需要问的问题不是"哪一种人性理论是正确的"，而是要问："我的处境如何？我如何能在现有的处境中实现我管理好员工和工作的任务？"

无论是道格拉斯、马斯洛还是德鲁克，心理学在管理上的应用已经深入人心。但心理学不是万能的，它只能朝着真善美爱的方向发展，否则心理学也会产生负面影响力和破坏力。心理学起初被人尊为道德科学，其主要是为了帮助人提高自我认知水平从而实现自律；换言之，心理学的核心目的是实现人的主体规则，也就是"认识你自己"。因此，在管理学上，如果人们使用心理学去控制、支配以及操纵他人，就会像旧式的"主子"满足于控制奴隶的身躯一样，致使心理学沦为一种令人恶心的专制手段和另类暴政，这不仅违背心理学的初衷，而且会导致人类的自我毁灭。而在现实中，"开明的心理专制"似乎很具有吸引力，很合某些政客与管理者的口味。

德鲁克指出，管理者必须深谙人性，深知何为人以及人存在的意义；管理者应该了解他们自己的本性多于了解自己的工作，因为"大多数管理者行动有余而内省不足"；管理者与员工的工作关系应该建立在"互相尊重"的道德基础上。"心理上的专制"体现了可怕的傲慢，这种假设基于一些不健康的理念，诸如：管理者是健康的而其他人都是有问题的，管理者是强者而其他人是弱者，管理者是正确的而其他人是愚蠢的……这些假定都体现了愚蠢的傲慢。若是如此，心理学也将成为人的灾难。

除了对人性的分析外，德鲁克还论述过许多对人的认识，他有一篇很有意思的文章，题为《他们不是员工，他们是人》[一]。在这篇文章中，德鲁克谈论了劳动力结构的变化，尤其论及现代组织和知识社会中的用人之道。

通常状况下，在我们的认知和经验中，给钱让人干活，给多少钱干多少活，这是严肃且苛刻的雇佣关系与劳资关系。愿意给雇员的工作提供一些必要的弹性，这是相对开明或仁慈的老板所为。愿意多给些钱、奖品与福利，甚至给员工分红与分股作为鼓励，这是比较好的老板所为。把员工当作自己谋利的机器，这很可怕；把员工视为整台企业机器里的一颗螺丝钉，这更可怕；把员工当成累赘和问题，这最可怕。优秀的企业和卓越的管理者、领导者应该把人当人，把自己当人，像对待自己一样对待其他人。

[一] 收录于德鲁克所著的《下一个社会的管理》。

有时企业为了避免麻烦，通常花钱请专业服务机构来解决员工雇用管理和员工关系等各类问题，包括财务记账与法律政策，甚至具体到招募、培训、安置、晋升、解雇、裁员、退休计划以及养老金支付等。除此之外，企业通常还会被繁文缛节扼杀，管理者会被各种各样的文书压垮。因此，企业为了提升绩效和生产力，必须"给管理者自由，以便把人管理好"。把管理者从堆积如山的文书和费劲累心的应酬中释放出来，让他们专心致志在各自的业务上，不必为行政文书操心。繁文缛节和文书报告的确浪费管理者宝贵的时间和精力，而且这种事情的确无聊而且有损人的尊严，容易导致人的脾气变坏，久而久之会使人变成玩文字游戏的高手，而文书作弊技巧也容易导致人格腐化。

在传统的企业雇佣关系中，老板成为只会发号施令的主管，员工成为只会听命行事的下属。现代组织应该把组织中的所有人视为组织的共同资产，并彼此负有责任，组织更需要重视所有工作者的健康和福祉。德鲁克说："在传统的劳动力结构中，工作者服从制度，在知识的劳动力结构中，制度必须服务于工作者。"[一]在现代组织中，"员工关系"固然可以保持下来，但管理者必须意识到只有建立"人的关系"才能创造出与众不同的价值。因此，在知识社会中，知识工作者不再是下属，而是同事，知识工作者不是劳动者，而是资产；在不同的专业知识领域中，唯有专业人士才有资格发号施令。现代企业要想获得大的发展和成功，知识工作者的绩效将是关键因素；因此，管理好知识工作者，提高他们的生产力是重中之重。按照德鲁克经常引用的话说就是"让平凡的人做不平凡的事"。

最令人钦佩的是，德鲁克在《他们不是员工，他们是人》这篇文章中提到了人与组织之间的三种关系：第一种是"人是我们最大的债务"，第

[一] "In a traditional workforce the worker serves the system; in a knowledge workforce the system must serve the worker." 引自 2002 年出版的 *Managing in the Next Society*（《下一个社会的管理》）。

二种是"人是我们最大的资产",第三种是"人是我们最大的机会"。第一种显然是令人担忧且不可取的,第二种是值得推崇和倡导的,第三种是此文的最后一句话,可以理解为希望和慰藉。我的直接感受就是,德鲁克的确是师父,既有为师之德,又有为父之心。

德鲁克不仅将管理理解为学科、实践、绩效,他也将管理理解为一种文化。从知识学和人文精神的角度来说,我认为德鲁克把管理定位为文化是正确且有益的。他说:"管理是一种文化,是价值和信仰体系。同时,管理也意味着在一个既定的社会中创造出它自己的价值和信仰。管理就如一座连接了快速扩张的世界文明与一种拥有独特的传统、价值、信仰的文化的桥梁。管理必须成为一个服务于文化多元性和人类共同目的的工具。"[一] 管理不但可以经受客观检测和验证,也可以成为信仰和经验的系统。

在我们的文化传统中,"文化"是一个高贵的、沉甸甸的概念。"有文化的"等同于"受很高教育的""有教养的""学问高深的""有知识的"甚至是"受人尊重敬爱的"。在大多数人眼里,有文化的人就是那些知书达理明大义,并且为社会的廉洁、正义、进步、发展提供智慧的人。因此,人们视那些有品位的高人(如学者、师长、文人、教授、大家等)为"文化人"。这是我们传统意义上对"文化"的理解,它已经不是一种定义,而是融合了许多人文内涵、精神期待和文化情感元素。但在社会现实中,在生存现实与文化理想之间,一些人无法跨越庸俗的下滑、封建的模具、官僚的压制、功利的试探。对文化的感性认识越浪漫,对文化的精神渴望越强烈,人的生活可能就越痛苦。

西方文化人类学家往往在理性认识层面上定义文化,比如,英国的文化人类学家和文化进化论者爱德华·泰勒定义"文化"为包括知识、信仰、艺术、道德、法律、习惯及人作为社会成员所具有的能力习性的整

[一] 引自1973年出版的 *Management: Tasks, Responsibilities, Practices*(《管理:使命、责任、实践》)。

合。美国文化人类学家克洛伯和克拉克洪在对百余种文化的定义进行分析后指出，文化在整体上指涉及人类社会所有具体化的思想、情感、生活方式的任何符号及其传统和价值。西方人如此注重文化的理性分析，导致他们对文化的陌生感减少，似乎"文化"讲的就是各自的生存生活一样。但无论如何理性，文化毕竟是个复杂的概念，不能按照科学方法来解剖文化，也不容易找到一个可以数学化的等式关系。

理解德鲁克的思想不能离开他的社会处境。德鲁克对文化的理解应该走的是泰勒和克洛伯、克拉克洪的路线，文化对他来说就是指所有与人相关及与社会相关的思想、情感、生活方式、符号记号、传统、信仰、人文精神和价值体系等。同时，德鲁克深知，文化的量化是危险的开始。我认为德鲁克把管理视为文化，其精妙之处在于把管理纳入人文精神和价值体系，需要建设和改良的不是一个人或一个企业，而是"整体的社会意识"，从而最终实现真正意义上的人类社会的共同富裕、平等理想、互相尊重和和平共处。把管理视为文化，是为了优化综合价值体系，用个形象的比喻来说：不仅关注喂饱，也要关注吃好，更要关注好好用餐。

举个例子，一个人把管理视为文化，这是他对工作和知识的本质融合理解的成果。知识是文化，工作也是文化。

先简单说说"知识是文化"。没有人怀疑知识本身就是文化，有知识在许多情况下就是有文化的象征。但仅仅如此是不够的，只有把知识结构的变化理解成为文化发展的动力和未来希望，知识才成为真正的文化，因为知识承担了人和社会的责任。德鲁克认为知识可以推动工作方式、管理方式和组织机构的改良。知识虽然不能直接产出产品，但当知识工作者们意识到他们本身的能力并在合适的工作中获得成就和人生意义时，知识的成果就会被创造出来。

因此，知识工作和知识工作者的有效管理永远指向"今天和明天"，而不是已过的"昨天"；管理总是而且必须既要考虑"目前"又要考虑

"将来"，既考虑"短期"又考虑"长期"，"今天的决定将造就明天的事业"。今天的所有决定无一例外地基于"今人的知识和智慧"，而恰恰是基于人们今天的决定，人才有了明天。所有对明天的期望，在管理体系中也都是基于当前认知而做出的判断和规划。这就是说，有知识的管理者不是算命先生，而是具有理性灵魂的思想者和计划者。这也呼应了德鲁克常说的一句话：效率是"把事做对"，而有效是"做对的事"。㊀"把事做对"体现了管理能力，而"做对的事"则需要明晰的知识和智慧的选择，这就涉及领导力了。"把事做对"是很难的，但"做对的事"难上加难。德鲁克的管理理念鼓励人思考并选择后者，的确是基于"管理的文化性"的上乘考虑。

我们可以进一步举个具体的例子，也是德鲁克一个很有意思的观点："工作作为文化"。德鲁克在《管理：使命、责任、实践》中花了很多的篇幅讨论"work，working and worker"。表面上看上去像是玩文字游戏，实则不然。在我们的基本认知中，工作素来就是"劳动"，"日出而作，日落而息"的农耕劳作观念已经深入人心。但随着工业化、城市化和信息化进程的快速发展，"劳动"意识正在转向"工作"意识，其中发生的变化包括：从集体转向个体，从体力劳动转向脑力劳动，从非知识工作转向知识工作，从制造业转向服务业，从农村转向都市，从手工转向机械，从非信息产业转向信息产业，从分散转向密集，从养家糊口转向选择就业，从被动劳作转向主动加入，等等。这些变化，原则上都可以被理解为"工作文化"的建设和形成轨迹。德鲁克关于"工作作为文化"的理念正是发生在西方"工作意识"形成的过程中，有点超前且具有积极意义。

关于 work，这是名词"工作"，也可作动词用，意为"做工、起作用"。"工作"是人独特的活动。德鲁克引用古希腊诗人赫西俄德的名作

㊀ "Efficiency is concerned with doing things right. Effectiveness is doing the right things." 引自 1973 年出版的 *Management：Tasks，Responsibilities，Practices*（《管理：使命、责任、实践》）。

《工作与时日》⊖中的话，主张"工作永不停息"。基于此，德鲁克认为工作是非个人的和客观的，工作是使命感使然，工作是事业，工作是有逻辑的，工作要求分析、综合、节制的能力等。这些表达，与其说是在定义"工作"，不如说是在按照哲学原则来解释工作，或者直截了当地说，它们就是工作哲学。

关于 working，它既是"工作"，也是"工作状态"，还可以是形容词"可行的"，比如 it is working。总结起来，大致可以从如下六个层面来理解 working。第一，在生理学意义上，人不是机器，因此人不能像机器一样工作。第二，在心理学意义上，工作既是负担也是需要，既是诅咒也是祝福。在此，德鲁克有几句很幽默的话值得分享，比如说："混日子容易，安逸难"；"苏格拉底和西塞罗都不相信无所事事"云云。⊜第三，工作是社会的黏合剂和群体的黏合剂。当一个人说"我是医生"时，他讲的是自己在社会中的位置和在社群中所扮演的角色、可能的贡献和人生价值。第四，工作是"活的"或"活着的实质"。第五，权力关系在工作组织中是常有的，人不必为权力所困，坚守原则即可。第六，合理分配经济的权威部门需要与健全的分配制度相匹配。

以上这些关于工作的生理的、心理的、社会的、经济的和权力的方面都是分开分析的，但这些方面总是共同存在的，具有紧密的关联性，既是独立的，又是互相依存的。

最后关于 worker，即工作者、工人。基于德鲁克对 work 和 working 的深刻理解，worker 便不是指向管理的难题、负担和累赘，而是指向"人"的本质、性格和生命存在，以及恰当贡献、共同分享和同舟共济。

祝所有人工作愉快！

⊖ 《工作与时日》共 828 行，宣传每个人都应努力劳动，恪守正义，反映了受氏族贵族压迫的农村平民的意识。

⊜ 引自 1973 年出版的 *Management: Tasks, Responsibilities, Practices*（《管理：使命、责任、实践》）。

爱国精神与公民意识

在《知识社会》第 9 章中，德鲁克专论公民意识，其中他有一句名言，很值得回味："只有爱国精神还不够，还必须有公民意识"。这句话背后有一个故事。第一次世界大战时，英国护士伊迪丝·卡维尔在比利时主持医院工作，救死扶伤，庇护了许多逃脱的英国战俘，当德国人将她逮捕并处决时，她说了这句惊心动魄的话。

德鲁克认为，古代的雅典和罗马是公民意识的荣耀所在，因为公民权利和公民荣誉成为社会精神的主体。他还说："中世纪的西方没有公民，当时的封建领主有侍从，城市有市民，教会有信众，但是谁都没有公民。日本在明治维新以前也没有公民，领主有家臣，城市有行会，宗教派别有信徒，可是没有公民。"㊀

爱国精神和公民意识都是严肃的词汇，描述人的高贵品格和精神价值：生死皆是为国为民。爱国精神倾向于表达一个人的行动，而公民意识则倾向于表达一个人的身份。一些在战火中表现异常勇敢的英雄，他们的爱国精神非常了不起，但在和平时期，在功成名就之后，他们腐败堕落了，这是因为他们没有公民意识。许多非常爱国且默默无闻贡献自己一生的人，

㊀ 引自 1993 年出版的 *Post-Capitalist Society*（《知识社会》）。

被人肆意忘却，无人纪念，这一定是这个社会缺失了公民意识。在人类历史上，仁人志士常有，而公民意识不常有；爱国精神常在，而公民意识不常在。爱国精神是牺牲的荣耀，公民意识是有尊严地生活下去的荣耀。

公民意识是现代性的一部分。在任何社会中，公民意识所代表的权利与义务一直是政治理论与实践探讨的核心议题，远不止是情感上的认同与口号上的支持。现实中，法律意义上的"公民权"与作为政治语言的"公民意识"都缺少必要的承诺与责任，故而沦为虚伪的政治游戏。因此，没有公民意识，政体就是空的；没有公民意识，民族主义和爱国主义就会沦为沙文主义；没有公民意识，百姓就只是一群毫无成就、缺乏自尊和丧失自豪感的一群人；没有公民意识，国家就只是一个名号，政府就只是一个权力机构；没有公民意识，满脑子只有帝王将相是无法进入现代性的。

德鲁克曾提出现代社会需要三个部门：政府、企业、非营利组织。第二次世界大战后，很多人会有依赖性地认为，政府无所不能，社区百姓的需求政府也会照顾到。但事与愿违，政府所做的一切都必须且应该在国家层面上执行，无法事无巨细地了解和照顾到社区的实际状况和百姓的实际需求。因此，政府在满足社群需求方面显得乏善可陈，甚至无能为力。同时，实事求是地说，我们必须意识到政府倾向于按照标准方式和全局思维来定位问题。政府是组织机构，它的决策可能对有些事情有益，但不可能对所有事情皆有益。

企业作为现代社会的重要器官，提供产品和服务，提供就业机会，对社会的发展与稳定贡献巨大，有目共睹。企业的优点体现在对市场的自由把握和对利润的实际贡献上，但企业的问题或弱点也正是它过分依赖市场和利润。如果企业不重视市场和利润，就会破产、倒闭；如果企业只在乎利润动机，一切向市场看，那么企业就会丧失关心社会问题的兴趣和解决社区困难的能力。企业就会沦为机器，孤立于社会，从而丧失自身的社会职能和责任。

非营利组织是德鲁克所提倡的"第三机构",是社会的组成部分,是组织器官,不可或缺。在发达国家中,非营利组织遍地开花,美国非营利组织的数量已经数以百万计。虽然非营利组织不受市场的影响和利润的威胁,但它需要强化其使命导向,以成果为驱动力,确保其道德和公信力。

政府、企业与非营利组织在组织理论上并无等级之分,但必须承认政府是国家机器,享有企业和非营利组织不可比拟的地位。但是,无论是政府公职人员、企业管理者与员工,还是非营利组织和慈善机构的工作者,他们都必须具备公民意识。没有公民意识,所有组织都只是被废弃的机器而已。对人民而言,有爱国精神容易,具有公民意识难。

德鲁克与"未见之师"克尔凯郭尔

在真正的信仰中,生死皆有意义。

一、两位大师

从年代上说,德鲁克出生于 1909 年,去世于 2005 年;而克尔凯郭尔出生于 1813 年,去世于 1855 年。克尔凯郭尔比德鲁克早生近百年,而他去世的时间比德鲁克早 150 年。不知道是否是天作巧合,克尔凯郭尔和德鲁克都在 11 月 11 日去世。克尔凯郭尔虽英年早逝,但他的思想所产生影响的时间正好是 19 世纪下半叶与 20 世纪上半叶,而那时正是德鲁克人生中学习吸收与自我精进的关键阶段。

在德鲁克看来,克尔凯郭尔的思想具有机智与现代感,具有早生百年的卓越感;在德鲁克眼中,克尔凯郭尔是帮助 20 世纪的人们看清整个世代的局势、个人的美德以及生死关系的"先知"人物。

Kierkegaard(克尔凯郭尔)在丹麦语中由"教堂"(kierke)和"园地"(gaard)组成。克尔凯郭尔的《恐惧与战栗》(*Fear and Trembling*)发表于 1843 年,他使用了笔名"沉默的约翰尼斯"。按照克尔凯郭尔的习惯,用笔名写的作品多为美学作品,而用真名实姓写的作品多为宗教作品。他宣称自己"绝不是哲学家",也"不懂哲学体系"。因此,我们大致可以认为《恐惧与战栗》实际上是一部哲学美学著作,而不是纯粹的宗教作品;但是,从整体上讲,《恐惧与战栗》讨论的核心是个人信仰,而非名义上的宗教。"恐惧与战栗"是有关信仰的心理状态描写,有哲学以及美学的内涵。

德鲁克的名篇《不合时宜的克尔凯郭尔》("The Unfashionable Kierkegaard")原稿写于1933年。1942年,德鲁克任教于本宁顿学院,1943年,他在该学院发表了题为《人类存在何以可能?》("How is Human Existence Possible?")的精彩演讲,其中德鲁克引用了克尔凯郭尔的许多哲学观点,比如"个人的存在作为信念中的存在是可能的。罪恶的对立面不是美德,而是信仰"。这些名句都出现在他的《不合时宜的克尔凯郭尔》一文中。

1949年,《不合时宜的克尔凯郭尔》正式发表于《塞万尼评论》(Sewanee Review),在1985年写给朋友的信中,德鲁克声称这是他写得最好的一篇论文。这篇文章后来收录于1993年出版的《生态愿景》,独立成章(第30章),德鲁克还专门为此写了一篇短文,附上一个大标题:"为何只有社会是不够的"。年轻时,德鲁克阅读克尔凯郭尔的《恐惧与战栗》,被深度吸引,以至于"顿悟",按德鲁克自己的话说:"I understood/I knew immediately"。

克尔凯郭尔的思想对德鲁克的学问和他后来的管理思想的影响功不可没。

二、两种现实

接下来要讨论的是两种现实,首先是19世纪的欧洲现实。彼时,从政治到文化乃至精神价值出现了深度危机,也就是所谓的"现代性危机",那是19世纪的通病,指人类真实的生存危机,包括现实性(社会、经济与政治)危机与精神性(道德、价值观与不断涌现的思潮)危机。危机典型地体现为两点。第一，一切以科学和量化为准，生命质变与终极价值被肆意忽略。表面上体现为"社会运作不正常"或者说"社会功能严重失调"。人过度依赖自己的理性与自由主义，从而怀疑和贬低原有的精神传统和灵性启示。第二，人们疏离甚至抛弃了固有的信仰传统，转而崇尚理性主义、科学主义和道德主义。科学主义和理性主义的高度膨胀摧毁了人对精神价值的依赖，但它们依然解决不了人的生死问题和世界朽败的问题，甚至最受追捧的道德主义也没能驱逐邪恶和朽败，也阻止不了现实的痛苦。相反，道德主义盛行导致人情绪不稳，多愁善感，以至于连道德立场的选择都会转变成为可怕的相对主义。

其次是关于存在主义在 20 世纪的影响。1855 年，克尔凯郭尔去世后，他的哲学思想才被德国人关注，继而深刻影响了 20 世纪，尤其是经受过纳粹法西斯蹂躏的 20 世纪的欧洲。当社会瓦解、人的精神状态崩溃时，人的痛苦是不能被淹没，不能视而不见的。谎言长久不了，因此人不能借助谎言自欺欺人；痛苦太真实，因此人不能面对痛苦而自我麻痹。20 世纪上半叶，人们为激情和洪流所欺骗。存在主义哲学指出了人的存在的真实性、信仰的真实性，具有很强的入世思想，因而具有医治人心的作用。因此，德鲁克受此影响不足为怪，在《经济人的末日》《工业人的未来》以及其回忆录《旁观者》中多有流露。我记得德鲁克说过这样的话：经历过两次世界大战的人，不可能成为乐观主义者。

三、人存在的实质：孤独与绝望

德鲁克试图寻求"人何以存在？"的哲学解释，直到了解了克尔凯郭尔的存在主义思想时，他说："只有克尔凯郭尔给出了答案。"他想要说的是：人不只是活在社会之中，社会不是人生存的所有真实性所在，甚至即便人只为社会而活，那也不是存在的全部真相，因为社会只是人生存的一个维度而已。

克尔凯郭尔的"存在"到底何意？首先必须理解对存在的认知问题。克尔凯郭尔认为，黑格尔哲学"扭曲了人对现实性与实在性的理解"，因此他提出：关于人的个体生存状态，可以理解为每个个体都在经历自我认知的变化，不停地面对多种可能性，对此必须做出个人选择，以及在选择中做出决定，最后必须承担责任——这是活生生的人、真实的个体对存在现实的思想。德鲁克继承了克尔凯郭尔的思想，有反黑格尔哲学的倾向，比如他认为，黑格尔"要求个体去思想而不是存在"。在德鲁克看来，人最难的不是毫无选择或可以不选择，也不是有多个选项可以挑选，而是明知不好却必须做出选择。

当然，对于理解人的真实困境与人性的痛苦，克尔凯郭尔也反对柏拉图把人性假设为积极的——"如果我们了解善，我们就会行善"。克尔凯郭尔认为，即便人拥有道德和伦理的知识，依然"不得不深陷善恶之间选择的困境"，伦理道德的真实困境让人无法自拔。德鲁克在这方面也很像克尔凯郭尔。他强调管理学是一门关于人的学问，管理要以人为基础，要正确理解人性的真实，以及人在困境中的实际表现和需求，这些都是管理者的必修课。

从"我是、我们是"到"我应该是、我们应该是"——是从本质到存在的运动。人是有限的，并且人都伴随着不安全感与不确定性生存，因此每个人都试图说点什么或做些什么来克服自己的有限性、不安全感和不确定性；但越是如此，人就越觉得焦虑、失望，甚至绝望。

存在主义者强调人必须为自己的生存和行为负责任。人是自由的，因为人会选择，但人的自由选择和自由意志难以摆脱人的困境和人性的自我囚禁。当人深刻地意识到自己的存在时，人就会深度地感知到这种困境，因此，人只有重新找到自己，才能意识到自由的可贵，从而恢复人的尊严。以自由来承担责任，以责任来赋予自由，这才是真正的自由，也是真正的责任。你的责任是你的自由意志。故此，德鲁克在《不合时宜的克尔凯郭尔》中指出，不能正常运作的自由就等于否定自由的存在，而在丧失了正常运作能力的社会中，自由便沦为某种政治阴谋和个人特权，自由的实质与重要性便失却了。

实践与行动是存在主义哲学的关键。克尔凯郭尔的哲学是"行动的哲学"，强调人要做"行动的清醒者"和"清醒的行动者"。两个马车夫，一个手持缰绳却在睡觉，一个完全保持清醒，结果可想而知。"真正的马车夫"是"有意识地参与到行动中"的人。一个人只有真正参与到有意识的意志行动中，才能算得上真正存在。德鲁克的管理学是实践派或行动派的，因为他眼中的管理是工作，领导力也是工作，是认真做事。

结语

在哲学上，德鲁克宣称自己是个"克尔凯郭尔主义者"，他强调生死的连续性及其相互依存关系，主张人可以"在一个尚可忍受的社会中"，有信仰、有尊严、有自由且有成就地活着。

教育是最重要的战略 ⊖

教育在我看来是最大的战略问题之一。德鲁克也把教育视为每个国家、每个机构最重要的战略问题之一。

我先来讲中国近代历史上发生的关于教育的几个故事。

1887年,英国传教士李提摩太建议李鸿章,应该投资更多的白银进行教育改革。李鸿章当时认为,中国政府没有能力承担每年百万两白银的教育经费开支。李提摩太就说,这是"种子钱",必将带来百倍的收益。李鸿章就问他,什么时候能见成效?李提摩太当时回答说,至少需要20年。李鸿章就说,我们等不了那么长时间。

10年以后,近代改革家王照对康有为说了这样一句话:"我看只有尽力多立学堂,渐渐扩充,风气一天一天改变,才能实行一切新政。"康有为说:"列强瓜分就在眼前,你这条道如何来得及?"这是王照跟康有为之间的对话。

1905年,严复跟孙中山在伦敦见面,他们两人讨论时局,严复跟孙中山说:"以中国民品之劣,民智之卑,即有改革,害之除于甲者将见于乙,泯于丙者将发之于丁。为今之计,惟急从教育上着手,庶几逐渐更新乎!"

⊖ 本文根据我于 2020 年 4 月 22 日在德鲁克研讨会上的发言整理而成。

严复的意思是，要改革，应该从改革中国民品民智开始，教育是首要的。孙中山回答："俟河之清，人寿几何？君为思想家，鄙人乃实行家也。"意思是，你是思想家，你谈你的教育理想，我是实业家，我干不了这个事情。

在中国近代历史上，李鸿章是洋务派的代表，康有为是维新派的领袖，孙中山是革命先驱，李提摩太是传教士，王照是改革家，严复是思想家。他们都明白教育对一个国家、一个社会，以及对人的重要性，但在教育改革的理念上完全不同。教育理想与政治现实主义之间，往往有难以逾越的鸿沟。

一、教育变革

德鲁克本人一生致力于教育事业，一直在教书育人，他教过很多学科。在他 8 岁那年，根据他的描述，当时人们仍然把一个人上学受教育理解为不劳动、不工作。那个时候，大多数人认为，一个人一旦受过教育，就会放弃锄头，不愿意做体力劳动。有一个词大家很熟悉——school（学校），它源于希腊文中"闲暇"一词，可见这种观念的形成有久远的历史。

德鲁克的《已经发生的未来》发表于 1957 年。德鲁克指出，20 世纪 50 年代末，知识对社会的意义和影响已经发生了巨大变化，人们不再把受教育看成不工作，而是把它理解为一份工作。受教育程度高的人，应该被视为社会的核心资源。教育应当成为一个国家的基本国策，也应成为一个国家经济、军事，甚至政治潜力的重要衡量标准。

在我看来，德鲁克这样的描述在当时已经很超前了。他指出了一个"新现实"：一个人所受的教育如果无法令他充分发挥潜力和优势，那么就很难使一个发达的社会和经济体充分有效地运作。教育程度不足的地方，经济负担会加重，而且没有生产力。在任何新型组织里，知识工作跟生产力的关联度都特别高，这不光适用于那些可见的生产领域的工作，也适用于与愿景、知识、概念相关的工作。按照中国人的说法，知识工作叫"劳心之作"。劳心之作与劳力之作有区别，但并不等于它不重要。这是一个"新现实"，是新型组织里发生的事情。

二、教育作为资本投资

德鲁克有一个理念，教育是一种资本投资。我不懂资本，也不懂投资，只关心教育。教育作为资本投资应该属于管理学里的一个新理念，它主要描述教育是核心的资本投资，其他大多数资本投资的成效和生产力都必须依赖教育。这个理念让我很震撼。

教育者通常不会信任也不喜欢从经济学的角度去讨论教育，他们主张教育的产品是每个人的卓越成就、知识、责任感，而不是商品和服务。德鲁克有一句名言："如果有人试图给教育贴上金钱的标签，那他真正的意图一定是贬低教育。"

我很理解他，教育与大多数投资不同的地方，应该是教育指向人、人的能力以及奉献精神。这种把教育视为资本投资的理念，我觉得很多人是能够想明白的，特别是人文精神强的人。

三、教育的目的

德鲁克讲教育的目的时，引用了很多有意思的例子。比如说，如果有一个人问："教育是为了什么？"在教授看来，这是愚蠢透顶的问题。教育不是为了什么，应该问："教育是为了谁？"德鲁克的结论就是，教育是为了人，而不是为了某一件事、某一个物。教育的产物不是知识与学历，不是技巧能力，不是工作成功，也不是金钱和商品。教育的产物一定是人，是人能够获得知识、技能和美德，是人能够获得工作和收入，是人能够生产出其他产品。

只有人能够学习，也只有人能够受教。如果有学生突然间开窍，那是老师最大的教育成果。这也体现了德鲁克的一个理念：成果在别人那里，在外部体现出来。在老师和学生的关系中，老师施教的成果不体现在老师，而体现在学生身上。教育的成效在于能够帮助学生自己吸收、汲取东西，而不在于老师输出了多少。这才是教育成果的一个衡量标准。我们不能把教育变成一个无人性、无个性的机器，教育的目的应该是育人。

德鲁克总结了西方教育的三种体系。第一种教育体系是为了培养领袖人物，这是英国公学的社会目标。教育的目标取决于社会目标，由此形成自己的教育体系。牛津大学、剑桥大学都属于这种教育体系，它们都是致力于培养个人的自制力、责任感和品格的学校。第二种教育体系是美国的教育体系，主要强调学生和老师的主动精神、尊重、合作、公民意识、积极进取，目的是培养负责任的公民。第三种教育体系是欧陆的教育体系，是为了培养人文主义者、有学问的人。此外，这三种体系都考虑到了为个人谋生，为职业生涯做准备，谋生手段和生计之活，是职业上必须有的，这也是它们共同的特点。

所以教育的目的在于突出社会目标，简而言之，就是你想要什么样的社会，以及你想让社会成为什么样。德鲁克说自己教过哲学和历史，但是在开始研究和教授管理学时，才明白管理学涵盖对人类价值观、行为、社会秩序和知识的探索，他把这些内容视为教育很高的目的所在。

在我看来，德鲁克理解的教育的目的，一个是"为人"，另一个也是"为人"。前者指 to be a human，后者指 for human beings。我觉得这就是教育的目的。

四、教育承担的社会责任

最后一点是关于教育承担的社会责任。在德鲁克的社会生态学研究中，有很多涉及责任的问题。总结一下，有以下几个方面。

第一，最最重要的是，教育必须教导负责任的公民意识，让每一个人明白自己的社会身份，形成一种公民意识。

第二，要让每一个人懂得自我管理。我觉得这一点真是太妙了，教育不是对别人指手画脚，而是教导大家懂得自我管理、自律和自觉。

第三，主动为自己的社会行为担负起责任，比如受教育程度越高的人，担负的责任就要相对重一些。社会必须要求受教育者做出承诺与奉献。受教育者要经常自省：我受了教育，意味着"我能贡献什么"，而不是"对我有什么好处"。这种态度就是负责任。

第四，社会必须要求教育者负起责任。关于这种责任，德鲁克用了三个词，我非常喜欢——社会对教育者最重要的要求是：教育必须对"美好的人""美好的生活""美好的社会"充满理想。我觉得这很有人文精神。德鲁克的博雅管理，按照中国人的话来说，是不是就是一种充满人文情怀的状态？教育要培养美好的人，要使人们过上美好生活，要创建一个美好的社会。这种描述是很理想化的，但这就是教育很纯粹的理想，其中没有金钱关系。所以"受教育程度高的社会"，我有时愿意说成"有教养或有理智的社会"，必定是为了美德而教，必定是以创造对美德的渴望为目标。

德鲁克曾经讲过一句话："如果一个人不致力于教出美好之人的教育，那么他会沦为卑鄙和愤世嫉俗的人。"受过高等教育的人除非具备美德，否则就有可能沦为怪兽，成为极其恐怖的力量。

一个人接受了教育，却不幸丧失伦理价值观与道德责任感，甚至还为邪恶势力去卖命，那他就已经从教育的本质意义与纯粹的理想中堕落了。因此，德鲁克强调教育者需要正确的精神价值观。我觉得这个词大家很熟悉。正确的精神价值观对一个人在生命上的认知建设是非常有益的，它会帮助人做出负责任的选择，并且承担做出这个选择相应的代价。

这就是为何我认为教育是战略问题。

德鲁克在教育方面的真知灼见，我个人非常非常认同，非常敬仰。他在 20 世纪 50 年代末提出来的对教育变革和远景的一些看法，非常了不起。70 年后的今天，我们重温这些理念，它们依然充满活力，充满了新的内涵、新的理想，对我内心的震撼不减，我觉得非常有益。

教育、教学、教师

一、教育更新理念

根据德鲁克在《旁观者》中的回忆，他一生从事过许多教育教学活动，既有在大学的，也有在一些小型学院的。他的课程涉及的科目众多，涵盖人文和社会科学各方面，从神学到哲学，从文学到历史，甚至是政治学、企业管理学、经济学和统计学。德鲁克最引以为荣的，是自 1942 年起在本宁顿学院任教的经历，这段经历让他"有家的感觉"。

他的教育理念有几点很有意思。

教育是讲门道的。所谓门道就是讲究正确的方法，而正确的方法就是寻找"有效的方法"并交予"可以做到的人"。德鲁克觉得教育教学之道好比木工的细致活，最难做的部分是抽屉，因为抽屉是藏东西用的，必须做得最好。教育的门道就在于这种内在修学。

教学是天赋特质，而不是技巧。德鲁克认为教学是一种天赋，是个人特质，教学甚至与技巧和练习无关。对他而言，教学能力是与生俱来的，教学并不是科学知识和沟通技巧，而是一种特质。在他举的两个恩师的例子中，他认为索菲小姐的教育教学与她的人格特质相关，即"天赋"或

"禀赋"，而埃尔莎小姐的教育教学却是一种方法。对德鲁克而言，无论是索菲的"特质"还是埃尔莎的"方法"，技巧对教育教学来说无疑都是次要的。但是这两位德鲁克敬重的老师有一个共同点，那就是她们都有热情与责任感。"教"与"学"的关系的核心是热情。具有教学天赋的老师满怀热情，掌握教学方法的老师通过学生的领悟效果而获得热情；而热情在某种意义上，就是老师天生的责任感。

学术难于经商。德鲁克认为在学术界获得"够格"的满足感并不等同于学术上的杰出成就。德鲁克甚至觉得，取得那人人羡慕的教授头衔不能让他心满意足。他解释说，经商只要做个"二流人物"就可达到赚钱的目的；但是，进入学术界则必须追求成为"一流的学者和研究者"。这个观点使人联想到中国传统士大夫"万般皆下品，唯有读书高"的理念，但同时使我想到为何德鲁克没能成为"商人"也未能成为"学者"，而是成为地地道道的"管理学大师"和"旁观者"。

德鲁克还认为，通用汽车董事长斯隆那一代人把正规学术训练理解为"不切实际的偏见"是不对的；但他也提出，崇尚"文凭至上"而鄙视老实工作、用劳力赚钱的风气更具有破坏性。这个理念的确体现了与时俱进的变化特色，旁观者的观察力也体现在对时代的敏感性上。德鲁克还认为 20 世纪美国高等教育最好的时代是 30 年代，而不是大众所认为的 60 年代。其理由是 20 世纪 30 年代的美国高等教育充满了激动人心的思想、冒险和创新精神；相比之下，60 年代的美国学术界只是表面上有"黄金时代"的美誉，实际上却是沽名钓誉，贪恋财富、数字、补助金，充满自大和傲慢。

正性教育与进步教育。这里的正性教育指的是面向孩子的道德教育，最为典型的例子是德鲁克所说的老博朗尼教导孩子的方法，即卢梭《爱弥儿》一书中的教育理念：孩子一定要彻底地与社会的伪善和腐败隔绝。这个理念的确是重要的，道德教育必须是正性的教育，负面的道德实例在复杂社会的成人经验中太多，以至于人们被迫对"伪善与腐败"俯首称臣。

但是，如果人类还需要进步的话，道德的正性教育必须成为人类文明发展的动力。德鲁克对欧洲"努力不懈"的大学生是欣赏的，但他对美国的大学教育中的一些现象嗤之以鼻，比如放纵青春的大学生和快乐的大学教育生涯——1/3时间是"性"，2/3时间是"酒"的大学生活。在众多教育体系中，德鲁克显然理解并认同杜威的思想，特别是在基础教育理念方面，比如课程的开放性，即课程的开设应该与学生的能力和兴趣相匹配，而不应该要求学生适应学校的课程。

此外，德鲁克还有一些零散表达的教育理念，比如，他反对在教学过程中运用符号逻辑学中无谓的反复和错误的类比，坚持不该从个案事件中寻找通则和做决策。德鲁克赞成"印刷术决定知识"的说法，他认为印刷书籍的出现成就了西方中世纪大学向现代大学的转型；而16世纪现代大学的兴起改变了教育教学方法和上课模式，甚至改变了人类的认识方法和知识学。德鲁克从两位先知性人物巴克敏斯特·富勒和马歇尔·麦克卢汉身上学到了"专一教育"的好处和成果，因此他强调："要有成就，必要在使命感的驱使下，从一而终，把精力投注在一件事上。"⊖

二、小型学院教育模式

论及教育教学，《旁观者》给我留下最深刻印象的是德鲁克对小型学院教育模式的情有独钟。举两个例子，便可见一斑。第一个是《旁观者》中称，1942年前后，德鲁克一年大约有50至60场演讲，足迹遍布全国，其中超过一半的演讲是在小型学院举办的。德鲁克是有选择地去小型学院讲学交流的。第二个是他曾经毫不客气地指出，第二次世界大战后的数十年中，美国建立了许多庞大无比的学校，而这正是如今美国教育"沉疴的祸首"。这并不代表他厌恶大学，但至少他的确看到了并不是所有的"大学"

⊖ 德鲁克. 旁观者：管理大师德鲁克回忆录[M]. 廖月娟，译. 北京：机械工业出版社，2019.

都办得好。在《旁观者》中，德鲁克提到了许多小型学院，大部分都是他所赞赏的。这里引出几例。

磁铁学校。1965年创立于美国的一所公立学校，主要特点是用特别的课程设计与教学方法去吸引各种背景的学生，热衷于推动不同种族的和平融合。

女子学校。20世纪初，奥地利在法律上并不禁止女子上大学，但女子上大学需要通过大学入学考试，一般情况下大多数女子会被大学拒之门外，因此就有了女子学校。《旁观者》中提到了一位具有真知灼见的吉妮亚，她计划创办一所专为女子而设的大学预备学校，毫不含糊地挑战当时的教育系统。其实，创办学校只是一种手段，目的是为女子争取接受教育的平等权利。

市立学院。1847年建于美国，1866年定名为纽约市立学院，1929年改名为市立学院，是一所公立的男女学校。

精修学院。德鲁克倾向于教育教学的多元化，他主张为那些家境不好的年轻人提供接受教育的机会与渠道。精修学院就是为那些已经受过普通教育的青年女子进入社交界做准备的私立学校。

德鲁克心目中的小型学院教育模式有如下特点。一是小型学院学生少，便于管理。美国早期的许多小型学院一般只有数百位学生。二是教育理念先进。小型学院在行政特色和教育价值观上一点也不亚于大型大学。三是由于小型学院规模小，可以鼓励那些有勇气的教育行政人才放手一搏。小型学院一般都有"自治精神"。四是小型学院走的是特色教育路线，深得民众理解和支持，比如女子学院有其特色和先进的教育理念。

三、"好"老师

德鲁克也是教育教学出身，他对好老师与坏老师的判断心如明镜。大多数老师对教育教学的认知是比较中立的，按德鲁克的话来说，大部分老师"不是令人生畏就是能力不足";在教学上"不仅让学生觉得枯燥乏味,恐怕连自己都教得无趣"。原则上,大学中是没有所谓的坏老师的,只是因为好老师太少而导致大多数老师变得平庸俗气。

出人意料的是,德鲁克提到,最值得他敬爱的好老师是他小学四年级时的两位教师:埃尔莎和索菲。德鲁克称她们为恩师,认为她们是一流的、非常负责任的、杰出的教师。他甚至宣称,"她们对我影响之深远,已到了无可救药的地步",为我"立下了最好的典范"。这是我在《旁观者》中阅读到的关于德鲁克赞扬人的最佳美辞。别忘了,德鲁克成为讲师、考取博士学位就是仰赖这两位小学老师的教育教学方法论的。

德鲁克认为埃尔莎的教育教学理念来自苏格拉底学派,但他认为索菲的教育原则来自禅宗大师。德鲁克认为,所谓的苏格拉底的教育方法并不是"教的方法",而是"学的方法";苏格拉底相信老师教的不是学科,而是学习方法,故此学生能够从中学到广博的知识。只有"学"能够造就成果,而"教"有可能成为虚假的教条主义。德鲁克所言的"禅宗大师"或"宗师"的教育理念指向"灵性的导师",这里所说的老师"是天生的,而不是后天学成的,他的权威不是出自对某一个大学学科的研究,而是由精神而来"。[⊖] 这很符合德鲁克自己的教育理念——教育教学是"天生的特质"。不过,值得一提的是,无论是苏格拉底还是禅宗大师,德鲁克的教育理念中深含着"授道学教"的宗教思想:从耶稣基督传授给门徒们的真理到使徒保罗书信中所倡导的教育思想,以及从苏格拉底的实践经验模式到中世纪的修道践行模式,再到现代教育体系等。

德鲁克到底从埃尔莎和索菲身上学到了什么?德鲁克自己明言:由于埃尔莎和索菲的关系,他明了真正的教学绝不同于填鸭式地要学生把拉丁文法、希腊戏剧或世界历史生吞活剥下去。他认为,索菲的特质在于她

⊖ 德鲁克. 旁观者:管理大师德鲁克回忆录[M]. 廖月娟,译. 北京:机械工业出版社,2019.

"不用语言教学",但具有很强的感染力;而埃尔莎教给他的是工作纪律和组织能力。索菲让学生豁然开朗,并把梦想传递给学生;而埃尔莎善用方法教给学生技能以及引导学生学习。但是,索菲和埃尔莎有共同点,那就是:激发学生的学习欲望,树立责任感,提炼高品质的教导与学习,挖掘充沛的活力与学习乐趣等。

这就是德鲁克眼中的好老师,也许更加贴切地说,是真正优秀的老师。德鲁克自己在《旁观者》中描述说:

有一件事,我很小的时候就知道了,那就是学生总是可以辨认出老师的好坏。有的只是二流老师,但是舌灿莲花,机智幽默,因此留给学生极为深刻的印象;有些则是颇负盛名的学者,但是不算是特别好的老师。但是,学生总可以识别出一流老师。第一流的老师不常广受欢迎,事实上,大受学生欢迎的老师,并不一定能对学生造成冲击力。但是,如果学生谈到上某位老师的课:"我们学到很多。"这样的话可以信赖,因为他们知道什么样才是好老师。

知识社会构想

德鲁克的自我定位是"社会生态学家","社会生态学"就是他新造的学科名词,他"关注人类社会现实环境就像自然生态学家研究生物环境一样"。德鲁克把社会生态学称为一门"学科"而非一门"科学",他认为学科意味着"观察"与"实践",而不只是"分析",社会生态学必须兼顾自然的创造和心灵的塑造。社会生态学是一种实践,它必须在"常与守"和"变与新"之间保持平衡,其目的是在动态失衡中创立正常运作的社会。如果非要说社会生态学是一门科学的话,那它一定是一门"道德科学",而且不可能"价值无涉"。⊖

在此社会生态学的认识基础上,德鲁克提出了社会生态学家的工作特点。首先,他必须识别"已经发生的变化",社会、经济和政治领域的重要挑战是去开拓这些"已经发生的变化"并把它们视为良机。其次,必须带着问题来看待整个社会、社群和个人。再者,社会生态学家必须有的放矢地发挥作用,其目标不是知识本身而是正确的行动。最后,社会生态学家的工作必须尊重语言,因为语言是道德,语言也是个体的正直,腐蚀语言等同于腐蚀社会和个人。德鲁克还引用了克尔凯郭尔的观点来加以说明:

⊖ 参见 1993 年出版的 *The Ecological Vision: Reflections on the American Condition*(《生态愿景》)。

语言就是美学，美学就是道德，腐败的语言是暴君的工具；语言的腐败不仅"有罪"，而且是"犯罪"。故此，对社会生态学家而言，语言尤为重要，因为语言本身就是"社会生态"。语言不仅是交流、沟通，不仅是信息、资讯，语言就是"实质"，语言是把人团结在一起的黏合剂，语言创造了人类的社群和人间契约。社会生态学家应该对语言负有责任。⊖

本文尝试从德鲁克作为社会生态学家的视角去理解他的知识论，重点落在他对知识含义的洞见，对知识工作者、知识产业、知识经济、知识生产力和知识工作者的管理等问题的深刻观察上，最重要的是梳理德鲁克对知识社会的独特见解，以及组织管理者在知识社会中的领导力。

一、知识及其内涵

回答"什么是知识"是很难的。广义上的"知识"与人们的经验证实的、正确可信的基础认知有关，理性、见识、认识事物的方法与能力、口头的与书面的表达能力、暗示能力、寓意与象征手法、学习能力与科学分析等，都可以说是知识。知识也是关于人生存和生活的理解和表达，比如基本观念及其关联性，以及对某些事实与真相的了解与掌握。有些知识是经验的积累，有些知识来自传统与文化，有些知识来自事实与真相，有些知识来自亲朋师长的言传身教，有些知识就是生存本能与生活常识。犹太智者把美学与个人的精神成长结合起来，提出"人的精神要以知识为美"，又言"知识能悦尔魂"。

德鲁克对知识的理解很有深度，对知识及其变化的历史非常熟悉，在《人与商业》一书中，他对此做了详尽的解释。他从古希腊哲学家身上看到了两种古典知识论。一种是苏格拉底强调知识的唯一功能是认识自我，是提升个人的智慧、道德、精神；另一种是苏格拉底的哲学辩论对手普罗泰戈拉所主张的——拥有知识便是拥有能力，知识代表"三艺"：逻辑、

⊖ 参见 1993 年出版的 The Ecological Vision: Reflections on the American Condition（《生态愿景》）。

文法、修辞。从6世纪开始，欧洲人就是用此"三艺"作为教育教学的核心训练，并将其逐步扩展成为现代"文科教育"或"通识教育"。东方也有两种古典知识论：一种是以儒家文化为中心的知识论，强调言之有物、言之成理，知识能够促进文人仕途的成就和文官制度的形成；另一种是以道家为代表的知识论，他们更看重知识本身的自觉、顿悟和智慧。虽然东西方文化背景不同，对知识的理解也有差异，但它们也有相似之处，那就是它们都没有把知识等同于"做事能力"或"工作技巧"，换言之，便是认为知识并不代表"实用性"。以苏格拉底和普罗泰戈拉的观点来看，实用性指"技艺"，而技艺无论多么高超，也不是知识。

18世纪上半叶，欧洲贤哲把technē（古希腊语中的"技艺"）和logia（希腊语中意为"言谈、学说、理论、科学"的词缀）结合在一起，发明了一个新的组合词：技术（technologia）。从那以后，"技术"成为系统的、有组织、有目的的知识。19世纪的进化论者华莱士和达尔文等人强调人能够创造和使用工具，创造和使用工具已经成为人类在社会中的重要活动。我们不可小觑这种对技术的认知变化，因为这意味着人们把经验有效地转化为知识，把师傅的技艺传授转化为书面形式的教科书，把私传秘技转化为方法论，把实际操作转化为应用知识。在德鲁克看来，正是将技术转化为知识的成功，引发了工业革命，技术因此在实际意义上推动了人类文明进程，改变了人类社会的生存方式；也正是对技术和知识内涵的理解转型，促进了现代资本主义的发展。而且在后续的150年内（1750～1900年），资本与技术的联姻创造了全球性的文明新趋势，资本主义成了专有名词，并发展为一种制度。

知识常被人用以陶冶情操、拓宽视野和修身养性，自工业革命以来，知识被用来做事，已经成为人类生存的必要资源，知识已经从私有物变成了公共品。德鲁克以工业革命为分水岭，提出了知识含义转变的三个阶段。

第一阶段：18世纪中叶到19世纪中叶，历经一百年。在此阶段，知识主要被应用于工具和产品，带来了工业革命。

第二阶段：从1880年到第二次世界大战结束，历经65年。在此阶段，知识被应用于工作，带来了"生产力革命"。把知识应用于工作的确促进了生产力的爆发式增长。泰勒的贡献正在于此，他把知识应用于工作后，几年内生产力增长数倍；自泰勒之后，所有技术发达国家的生产力增长了约50倍，使发达国家人民的生活水平和生活质量得到提升。

第三阶段：第二次世界大战结束至今。计算机的诞生就是信息革命、知识革命的象征，此后知识被应用于知识本身，这就是"管理革命"。从1946年第一台计算机出现时算起，到了20世纪末，知识带来的"管理革命"只历经半个世纪，就已经占据主导地位并辐射全球，知识已经逐步取代资本和劳动力，成为决定性的生产要素，并产生了"知识经济"。只靠增加制造业、农业、采矿业、运输业的劳力工人的生产力，已不足以创造财富，而知识工作者的生产力日益重要，因此必须"把知识应用于知识"。

从20世纪30年代到50年代末，德鲁克大多数著作的主题都集中于探讨新社会现象、组织、结构、管理和社会职能，而当时世界上政治、经济和社会生活的基本趋势是中心化、大一统和全能政府。但从50年代末开始，德鲁克明显转向思考另一个重要的话题，即（新）知识成为社会的核心资源，以及在此基础上的，人的自由与尊严、个人在现代社会中的地位，组织需要为个人的成就、成长、人生意义创造的必要基础，以及个人对社会与团体的需要等。

在《已经发生的未来》中，德鲁克指出：知识与权力一直是人类的两个核心问题。事实的确如此，在真实的世界中，一方面，按照古代圣贤的认知边界理论，学然后知不足，获得的知识越多，人就会越多地发现自己的无知，因此会更加谦卑地求知。另一方面，我们不得不面对过往历史中人膜拜权力的现实及其结果——权力不断地"强暴"知识，知识总是以中性和无辜的形象出现，并不断地倾诉着自己的无可奈何。

在人类经历 20 世纪的两次世界大战之后，许多科学家发现他们的研究成果被用于毁灭人类（比如原子弹和生化武器），他们后悔不已，因为这违背了科学的初衷和科学家的良心。爱因斯坦获知原子弹在广岛、长崎爆炸后，后悔万分，据说他曾不无感慨地说："如果知道是这样的结果，当初不如做个鞋匠算了。"他的初衷本来是把原子弹从疯子希特勒手里抢过来，只是他未能想到原子弹又落到另一个"疯子"手里。这对今天身处数据化洪流的人们来说，也是一种提示——如果海量的数据落入疯子手中，会造成什么样的结果？

如果科学家有良心，科学就会成为"有良知的科学"和"美丽的科学"，科学之美源于它能够成为人类向善和文明的力量。只强调"知识就是力量（权力）"显然是不够的，人类应该更加注重"知识的德行"或具有伦理意识的知识学。因此，德鲁克提出了一个新观念，即"知识就是权力，而权力就是责任"⊖，以此鼓励科学应该从"为知识而追求知识"转变成"为责任而追求知识"。

德鲁克曾指出一个令人沮丧的现实和尴尬的困境：人类至今尚未获得使人变得更好、能有效地自我控制的知识，但人类已经普遍拥有了足以伤害自己的能力，以及威力强大而不可控制的、足以在心理和道德上摧毁自己的知识。这种知识可以将人变为生物机器，通过系统化地洗脑与思想控制来操纵情绪，使人沦为无信念、无价值、无原则、无同情心、无自豪感、无人性的生物。换言之，人类已经掌握了如何使自己变得更坏的知识，即如何控制、奴役、摧毁他人的知识，而且这种知识容易成为绝对化的权力，以至于毁灭"道德的人"。在此意义上，德鲁克呼吁，人需要回归精神价值，人需要有同情悲悯之心。

德鲁克还曾感叹人类在每个领域都面临知识的危机和美学的危机，也

⊖ "Knowledge is power, and power is responsibility." 引自 1957 年出版的 *Landmarks of Tomorrow*（《已经发生的未来》）。

曾讨论所谓的"知识进步的悖论",即知识进步的结果到底走向更加复杂化、不可知化,还是变得更简单,更容易理解、学习和教导了?在管理学意义上,德鲁克认为知识进步的首要目标是促进知识的普及和通用,知识应该更加适合我们所见所闻、所居所行的世界,因此需要对知识做实践性与哲学性的整合。事实上,一方面,人类不断得益于知识的进步,为知识进步而欢欣鼓舞,渴望知识带给人类更加便利的生活;另一方面,反知识倾向或反智现象又一直存在,民众掌握的知识越少,他们拥有的基本的、必要的选择权利就越少,这成为贫富分化、社会矛盾、阶层固化的根源之一。到20世纪90年代,德鲁克确信彼时的社会已经是"后资本主义社会"了。尽管称之为"知识社会"或许为时过早,但他预测到在21世纪的前20年,发达国家将率先进入知识社会,因此他重点强调"信息革命其实就是知识革命"。而这个时间点就是我们正在经历的今天。

二、知识社会的特征

前文说到的关于知识转变的三个阶段(工业革命、生产力革命、管理革命),其基础都是知识的意义发生了根本的变化。从单数的知识转变为复数的知识,从单种知识转变为多种知识,知识已经成为创造新社会的力量。多种知识的力量被有效地发挥出来,并引出了新社会产生过程中必然会遭遇的基本问题,如关于价值观、愿景、信念的问题,以及如何凝聚社会和赋予个人生命意义等。

德鲁克指出,21世纪的人类社会将会是"知识社会",其最重要的现实是:知识将成为唯一的资源或最重要的资源(the resource),而非一种资源(a resource)。这个事实将从根本上改造社会结构,创造新的社会经济,甚至创造新的政治。德鲁克进而指出知识社会的三大特征。特征一是无边界,因为知识的传播比资金的流通更不费力。特征二是向上流动,每个人都因为受正规教育使更上一层楼变得更容易。特征三是失败和成功的可能性并存，这意味着知识本身存在风险，任何人都能把知识用作"生产资料"，但不是每个人都能成为知识的赢家。[一]这三个特征结合起来，无论对组织还是对个人来说，知识社会的竞争将会十分激烈。

知识社会是由大型组织组成的社会，必须依赖信息和知识的流动来运作。就这个意义而言，所有西方发达社会都已成为"后商业社会"，也就是说，商业不再是西方人在社会中谋求发展的主要进路，就业的重心已经从经商转移到知识工作上。如果说"后资本主义社会"指的是人类赚钱、经商、生活、工作、学习的环境，那么"知识社会"则更加关心个人，在知识社会里，个人是重心。知识不存在于书本、数据库、软件程序中，而是体现在人身上，由人创造、增益、改进、应用、教导和传承。当然知识也会被人误用。

知识社会必须以"知识型人才"（the educated person，也可译为"受过教育的人"或"有教养的人"）的概念为核心。"知识型人才"是西方人的称呼，代表西方"后商业社会的新原型"，而在中国和日本的传统文化中，"受过教育的人"就是所谓的"文人"。无论东西方，知识型人才都是社会的标志和象征，也是社会进步和发展的领导者，他们决定社会的整体实力，体现社会的价值、信念和精神。在知识已成为决定性资源的社会中，受过教育的人就是知识社会的代表。[二]

知识社会是由各种知识组成，而且这些知识都是全球性的。知识社会需要受过教育且博学多闻的人，他们必须能够欣赏和尊重世界各地不同的文化和传统，他们不是"书呆子"，而是在人文精神熏陶下，具备训练有素的感知能力和分析能力的人才。他们必须为在全球化的世界中自由生活做好准备，他们必须在愿景、视野、知识上具有"世界公民"的气质，同时能从本地文化中汲取营养，滋养精神。知识社会是组织社会，知识型人

[一] 参见 1993 年出版的 *Post-Capitalist Society*（《知识社会》）第 1 章。

[二] 参见 1993 年出版的 *Post-Capitalist Society*（《知识社会》）。

才会以组织成员的身份合理且有效地运用知识。知识型人才必须准备好同时在两种文化中生活与工作：一种是着重于文字和思想的"知识分子"文化，另一种是着重于人和工作的"管理者"文化。㊀

三、知识经济与知识生产力

在人类创造财富的过程中，以知识为核心的经济理论，我们称之为知识经济学。它是20世纪下半叶的重要话题之一，旨在研究知识的经济行为和当代的创新经济现象。人们不仅相信知识能够创造财富，而且提倡知识具有生产力。知识经济学是新的经济理论，有别于传统的凯恩斯主义、新凯恩斯主义、古典经济学派或新古典学派。知识经济学通过掌握新知识来持续改进、不断开拓和创新经济行为，从而把新知识不断地应用于经济发展。

经济发展不受知识的影响，这个观念是农耕时代的产物，在工业时代与信息时代的知识社会中，知识经济已经成为人类重要的生存和生活模式。自20世纪60年代普林斯顿大学经济学家弗里茨·马克卢普提出"知识产业"以来，大多数处于经济核心地位的产业不再以生产和输送商品为主业，而是以生产和传播知识与信息为己任，比如电信业、信息产业、影视传媒业、教育产业、医疗保健业、物联网产业等。传统产业主张以最大程度整合为目标，如今看来已经没有可行性，必须及时放弃和创新。传统产业需要关注的关键问题是"知识"：知识的高度专业化、知识的不断提升与更新，商业知识的增长、普及以及传播速度加快。事实上，自20世纪60年代以来，能够生存至今的传统产业，一定都经历过无数次以知识为中心的自我重建。㊁

"知识是财富的来源"，这句古老的谚语至今依然闪烁着金色的光芒。全世界的人都知道一个道理：钱能帮助人过上衣食无忧的富裕日子，但

㊀ 参见1993年出版的 *Post-Capitalist Society*（《知识社会》）第12章。

㊁ 参见1993年出版的 *Post-Capitalist Society*（《知识社会》）第10章。

只有通过学习和掌握知识才能使自己过上真正有意义的生活。获取钱财的代价不小，但掌握知识的代价更高。知识工作者缺乏生产力的现象真实存在，他们训练有素的专业知识常常因受非专业事务的拖累而难以发挥作用。比如美国的护士是受过严格训练的专业人才，可是他们有 80% 的时间花在填写报表的事务上；销售人员有 70%～80% 的时间用在敲打计算机上而非用以服务顾客。因此，德鲁克指出："如何使知识工作者发挥更适当的生产力，是未来 20 年我们需要认真面对的挑战。"㊀

在知识社会中的新型组织里，知识成为决定性的资源，知识工作劳心智而非劳体力。在传统的劳作观念中，人们经常会把知识工作者所做之工误解为缺乏生产力的劳动，这种说法显然是因为无知与偏见，有时甚至带有歧视和道德责难。经济学家在论及"资本"概念时，经常有意无意地忽略"知识"。对此，德鲁克认为，在制造业和物流业，"以更聪明的方式工作"只是提高生产力的关键之一；而在知识工作和服务工作中，"以更聪明的方式工作"是唯一的关键，这一直是生产力爆炸式增长的主要推手。㊁

据德鲁克的《知识社会》，在 20 世纪末，所有发达国家用在生产知识和传播知识上的花费，差不多都要占本国 GNP 的 20%，进入 21 世纪后，该比例只会增高，不会减少。因此，对一个国家的经济增长与社会进步来说，知识生产力越来越成为经济发展的决定性因素。比如说，第二次世界大战后的一段时期，英国的科技知识领先世界，英国人开发了抗生素、X 射线扫描装置等。但是，英国的弱点在于没能及时把这些知识成就转化成为商品、服务、工作机会、出口产品和市场。换言之，英国的知识缺乏生产力，而当时美国的知识生产力十分强劲，不断创造新的知识经济奇迹。到了 20 世纪 90 年代末，美国的知识生产力出现了与当年的英国相似的危险信号，在重要领域，美国的知识生产力呈现出疲软迹象，当然它被赶超尚需时间。

㊀ 引自 2002 年出版的 *Managing in the Next Society*（《下一个社会的管理》）。
㊁ 参见 1992 年出版的 *Managing for the Future: The 1990s and Beyond*（《管理未来》）。

在创新经济领域，新知识永远是最重要的决定性因素。经济竞争是表象，知识竞争才是本质，这一点对任何国家都一样公平。只有那些在知识领域一直保持创新的国家或企业才能不断地引领世界。在 1997 年的一篇文章中，德鲁克指出：在 21 世纪，技术传播速度加快，美国不可能再依赖知识的竞争优势，也许未来的三四十年，美国唯一拥有的真正优势是为世界提供知识工作者，因为其他国家不容易在一夜之间创造出他们来。㊀

德鲁克对知识经济的看法不在经济学，而在管理学，也就是说，他是从管理学的视角理解知识生产力的。他所强调的"去中心化"理念，显然不是经济学名词，而是管理学名词。他尝试使用现代企业的管理规则去促进知识发挥生产力，他认为组织尤其是企业要发挥知识生产力，必须有系统、有组织地"把知识应用于知识"，而政府未必能比企业做得更好，市场的力量也未必能够实现。因此，要从企业管理出发，对知识设定远大目标，并促进知识产生成果。只有知识发挥了作用，才算有生产力和经济绩效；否则就会出现，知识懂得多，但实际用得上的知识少得可怜的情况。在知识社会中，知识生产力就是组织的整体竞争力。当知识的傲慢出现时，知识的生产力就会消失。在知识社会里没有"知识的女王"，所有知识都应该被珍惜，借用中世纪哲学家圣文德（St. Bonaventure）的话说："所有知识皆可通向真理。"

德鲁克大约在 1960 年提出了"知识工作与知识工作者"的概念。知识工作者被广泛用来描述那些拥有丰富理论知识和学识的人，比如医生、律师、教师、会计师、化学工程师；还有知识技术专家和专业人士，比如计算机技术人员、软件设计师、临床实验室分析师、制造技术人员。这些人将成为 21 世纪经济、社会、政治的主导力量。知识工作者认为自己是专业人士，不是雇工，应该与所有人平起平坐。知识社会是由资深人士和

㊀ 参见 2002 年出版的 *Managing in the Next Society*（《下一个社会的管理》）第 6 章。

资历尚浅者构成的社会，而不是由上司和下属组成的社会。[一]

在美国和其他发达国家，知识工作者的数量正呈增长趋势。以美国为例，20世纪90年代，知识工作者占美国劳动力的三分之一，到2010年，知识工作者已经超过五分之二。在美国的知识工作者中，"人生下半场"已成为流行用语，由于年轻人口萎缩，许多知识工作者提早退休，选择新的方式继续工作。

知识工作者提供的"知识资本"和投资商提供的"现金资本"一样重要，两者相互依赖且互补，这使得知识工作者成为平等的合伙人、同事或伙伴。知识工作者拥有生产资料，但他们需要加入组织才能发挥专业知识的作用，而企业就是这样的组织之一。企业将各种知识工作者汇聚在一起，引导他们将专业知识应用于共同的最终产品。知识工作者更无须按性别区分。德鲁克援引最早获得医学博士学位的欧洲女性之一、卓越的意大利教育家玛丽亚·蒙台梭利的话说："我不是女医生，只是我这名医生恰好是个女性。"知识工作者不管性别为何，都是专业人士，他们运用各自的知识，从事同样的工作，遵循一样的标准，接受同样的检验和测评。

知识工作者必须接受正规教育和专业训练以便谋取相对应的知识工作，但知识工作和传统技能不同。传统技能的变化非常缓慢，而知识的更新换代非常迅速，因此知识工作者必须定期重返校园学习，不断接受教育以保持自身知识的与时俱进。知识工作者期望能持续学习、持续接受训练。因此，为了满足新的知识工作的需求，培养知识技术人员的教育机构也会随之增多；在知识社会中，教育事业永远不会终止。知识工作者不仅拥有流动能力，而且对自己的专业知识满怀信心，他们不会对传统的岗位和薪资制度俯首帖耳，他们更加崇尚选择适合自己发挥优势的地方工作。知识工作者十分关心个人成就和所承担的责任，他们更加在意能够在正确的工作岗位上贡献自己的能力，希望自己的专业知识受到尊重，并且渴望在自己

[一] 参见2002年出版的 *Managing in the Next Society*（《下一个社会的管理》）。

的知识领域享有决策权。知识工作者的这些特点，严重挑战了企业传统的人才管理制度，因而企业管理也要与时俱进，不断做出调整和更新。

四、知识促进创新

知识不仅能够发挥生产力，而且能够推动创新。德鲁克曾指出，所有企业都需要三种基本创新：产品创新、管理创新和社会创新。必要性是创新之母，创新来自市场和顾客的需求，也来自技术和知识的进步。[一]

在知识社会中，创新至关重要。知识社会要求人具备读写能力、计算能力、各种生活技能，以及尽可能多地了解人文学科知识，诸如政治、社会、历史制度和宗教信仰等。更为关键的是，在知识社会中，要掌握有效的学习方法，即"学习如何学习"，接受必要的知识学训练。德鲁克指出："我们处在一个剧烈动荡的时代，不是因为有太多变动，而是因为变动朝着许多不同的方向发展。在这种情况下，有效的 CEO 必须能够识别机会，与机会赛跑，不断学习和更新知识基础。"[二]

在《已经发生的未来》第二章"从进步到创新"和第三章"超越集体主义和个人主义"中，德鲁克提出企业的研究工作本质上就是生产新知识的活动，应用研究应把纯知识加以延伸，并让可用的纯知识成为创新最适当的工具。如何在破碎混乱的知识中建立秩序以及如何规范未来的知识，这是人们在知识快速变革的背景下所面临的最棘手问题之一。创新要求动态地把握知识和应用能力，这当然意味着创新本身需要评估和承担必要的风险。因此，创新必须是有目的、有方向和有组织的变革，创新不仅是创造新的方法，更是创造新的世界观，是有系统、有组织地"跃向未知世界"。在 1987 年《经济学的缺陷》一文的结尾，德鲁克指出，生产力和创新是经济发展的"两个路标"，"生产力"是把知识应用于已知的任务并

[一] 参见 1977 年出版的 *An Introductory View of Management*（《认识管理》）。
[二] 引自 1992 年出版的 *Managing for the Future: The 1990s and Beyond*（《管理未来》）。

创造价值，"创新"则是把知识应用于新的、不同的任务，并创造出新的价值。但无论如何，此二者都离不开知识。

产品创新、营销创新、技术创新是表面特征，这些创新的背后是知识和理念。我们来看一些知识促进创新的实例。

从"工厂生产什么，我们就销售什么"到"市场需要什么，我们就生产和销售什么"；从产品质量风险的"买家自负"到"卖家自负"再到"包君满意，否则退款"。这些从表面上看都是销售技巧的变化，实则是市场知识、营销理念和服务意识的创新。向因纽特人销售能防止食物结冰的冰箱，既是产品和技术的创新，也是理念和知识的创新。

3M公司的斯潘塞·西尔弗发明的便利贴就是知识小创新的典型，如今便利贴已经成为人们喜爱的日常办公必需品，风靡全世界。德鲁克认为3M公司具有制度化的创新能力。但凡成功的出口产品都具有极高的增值性，使其增值的不是产品本身，而是知识和独创性。在美国商品的出口热潮中，"赢家"通常是在特定领域具有丰富专业知识的中型公司。㊀

拉链的发明也是知识促进创新的典范。拉链当初只是为了把港口的谷物袋封闭起来，但拉链的创新者把这宝贵的知识应用在服装设计上，取得了极大的成功。在创新的市场中，聪明的发明者总能发现人们未曾想到的领域。

麻醉药从发明到创新也是知识变革的成功实例。1854年的克里米亚战争中，拿破仑三世的军队伤亡惨重，急需麻醉药，几乎所有人最先想到的麻醉药便是可卡因，于是人人使用可卡因，但可卡因的坏处是让人上瘾而且成瘾后难以戒掉。1905年，一位德国人发明了第一种不会让人成瘾的麻醉药——普鲁卡因，他花尽人生的最后十余年试图说服医院使用普鲁卡因，但无人听从。出人意料的是，普鲁卡因最后被用在牙科医师为患者补牙上。知识促进产品的创新以及开发新的市场总是给人带来意外惊喜。

从16世纪末抽水马桶发明至今，建筑工程师们对抽水马桶的不断创

㊀ 参见1992年出版的 Managing for the Future: The 1990s and Beyond（《管理未来》）。

新，是最伟大的知识创新之一。我想说的不是抽水马桶的技术创新成就有多高，而是抽水马桶为人类提供了优雅和尊严，它的意义远不止于技术，它具有人文和美学的意义。

如果还要说知识创新最为热门而易见的实例，我认为非互联网莫属。互联网是20世纪人类取得的最为突出的成就，互联网是知识创新的典范，也是人类未来知识发展的里程碑。2001年，德鲁克撰文指出，美国能在经济全球化中游刃有余，是因为它拥有良好的知识基础，但这并不意味着美国应该把这种知识优势视为理所当然，因为其他地区也会迎头赶上。㊀

在知识社会中，知识已经成为获取经济成果和做出社会贡献的方法，应促进新知识发挥新效能，提升知识工作者的系统化创新能力。20世纪90年代，政治经济学家罗伯特·赖克在他的著作《国家的职责》(The Work of Nations)中提出一个观点：定义现今的发达市场的是知识，而非国界。德鲁克认同此观点。㊁ 在全球化和自由市场经济的大背景下，国界在主权领土和政治统治的意义上存在；而发达国家的经济已经从资本密集、原材料密集、能源密集和劳动力密集转向了知识密集，知识已经成为发达市场生存发展的优先竞争力。大中型企业的研究所也从研究技术转向探究知识，即促进企业如饥似渴地了解和掌握世界各地任何重要的新知识，这正在成为各国企业的基本共识，充满竞争的全球知识经济已经涌现。

毫无疑问，创新是知识社会最为突出的表现。如果有人要称赞创新，不妨听听德鲁克曾经讲过的一句简单而具有启发性的话："这么明显的事，为什么我却没有想到？"㊂ 这就是创新！

五、知识社会中的管理挑战

在这篇文章的末了，我们来探讨知识社会中组织管理者的领导力问

㊀ 参见2001年出版的 *Managing in the Next Society*（《下一个社会的管理》）第2章。
㊁ 参见1992年出版的 *Managing for the Future: The 1990s and Beyond*（《管理未来》）。
㊂ 引自2001年出版的 *The Essential Drucker*（《德鲁克管理思想精要》）。

题，这自然指向组织管理者正在面临的领导力挑战。

20世纪60年代，德鲁克写过一篇很有意思的文章，题目是"管理者与傻瓜"[一]，主要探究管理者如何勇于面对"新知识"对"老经验"的挑战。德鲁克指出了三个关于新的信息技术和知识资源变化带来的残酷现实。

第一个现实：企业花钱雇用知识工作者，但回报不明显；比这更糟糕的是，企业不知道如何管理知识工作者。知识工作者的管理问题是企业管理面临的最大问题之一。

第二个现实：有许多属于"迷惘的一代"[二]的管理者，其主要表现是"完全以经验来衡量价值"，因为他们只能凭经验来管理，但问题是"经验难以被测试或教导，经验就只能被经历，难以被传达"。因此，"经验过时"必定导致新老合作共事的新问题，新老两代人要共事，势必给双方带来挫败感。

[一] "The Manager and the Moron"，该文首次发表于1967年春季的《麦肯锡季刊》，后被收录于1970年出版的 *Technology, Management and Society*（《技术与管理》）。

[二] 在美国社会中，"迷惘的一代"具有非常明显的时代特征，德鲁克认为自己就属于"迷惘的一代"的管理者。德鲁克可能自谦，但也不排除这是他在美国社会变革中的自我反思。这里援引一段德鲁克的自述，是从他的父辈到他自己以及他的孩子们三代人的比较叙事，供读者参考："笔者1926年决定，中学念完后不读大学，要去工作，当时家父十分难过；我们家长久以来都是律师、医生家族。可是家父并未叫我'辍学生'，他并未试着要我改变主意，他也没预言我永远成不了大器。我是个负责任的大人，想要像大人一样工作。约30年后，我的儿子满18岁，我几乎是强迫他去读大学。他像他的老爸一样，想在大人的世界当大人。他像他的老爸一样，觉得在学校课堂上坐了12年，没有学到什么东西，再花4年待在学校，学到更多知识的概率并不特别大。他跟他那个年纪时的老爸一样，心中只想做事，不想念书。然而到1958年，也就是我高中毕业到出口公司当实习生的32年后，大学文凭已不可或缺，它已成为事业发展的通行证。在1958年，出身富裕家庭、在校成绩良好的美国男生，不上大学就是'辍学生'。当年家父要为我在信誉好的商号找个实习生工作，一点也不困难。30年后，这种公司不会录用高中毕业生当实习生，其管理者都会说：'去读四年大学，然后可能应该继续读研究生。'在我父亲那一代（他生于1876年），有钱人家的子弟和极少数家贫但特别聪明的年轻人才会上大学。19世纪美国所有成功的企业家，只有一个人上过大学，那就是摩根，他上过哥廷根大学，主修数学，但一年后便辍学。其他成功者上过高中的都很少，更别说高中毕业了。"引自1993年出版的 *Post-Capitalist Society*（《知识社会》）第1章。

第三个现实：我们已经进入了信息效能的新时代。信息技术是经济中最有潜力带来天翻地覆改变的新知识力量。信息和电力都是能源，电力是执行机械任务所需的能源，而信息是执行心智任务所需的能源。

针对以上这三个现实，德鲁克提出了相对应的三个建议。

第一，管理者必须学习让知识发挥生产力。知识工作者应该知道如下两个原则：一是知识有别于技能，技能少用或不用就会生疏，但可以通过练习得以恢复；知识则不然，知识如果不加以学习就会很快消失，因为"知识比任何资源都更容易耗损消散"。二是知识工作者需要成就感，知识工作者与企业两者必须共生成长才能有效提升知识生产力。

第二，关于新老两代人合作共事的问题。知识社会中的新一代管理者通常指35岁以下的年轻人群体，他们不必通过积累20年的工作经验就可直接思考如何将知识应用于工作，而且他们会期待甚至要求"老资格和老江湖们"能够以身作则，起到表率作用。而老一代管理者则只会凭借自己的经验来做事，经验是他们的特长和优势，但当面对新一代管理者时，他们会有压力、失落和挫败感，因为时过境迁，他们积累的经验无法应对新的变化。面对这种现实，德鲁克提出："年轻人总是对的，因为时间站在他们这边。这意味着**我们**必须改变。"请注意，这里德鲁克使用"我们"，表达得谦逊委婉，但暗含对年轻一代的鼓励和希望。总之，他是要提醒管理者不要依赖经验老本，要在管理理念和其他各样知识上不断学习与创新。

第三，面对进入信息效能时代的现实，德鲁克认为，企业若想保持领先，就得鼓励年轻人做重要的工作，而且要快点行动。老一代管理者做不了新知识的工作，不是因为他们不够聪明智慧，而是因为他们自身受制于不合时宜的条件反射。年轻一代接受了较长时间的教育，但缺少必要的工作经验。面对如此现实，德鲁克从人口年龄结构变化的视角提出：不管我们喜不喜欢，都得提拔那些我们自认为"嘴上无毛，办事不牢"的年轻人；商业企业不能再用59岁的人来取代65岁的人，而是要从 35 岁左右的人才中挑选管理者。

关于知识社会中管理者的领导力,德鲁克常用交响乐团的指挥家来比喻。几乎所有读过德鲁克著作的人都熟悉,他用交响乐团的指挥家来形容知识社会的管理者。这是典型的隐喻。众所周知,知识总是专业的,真正有知识的人通常都是专业人才,而大型交响乐团就是把多种专业知识完美融为一体的典型。双簧管演奏家无须成为首席小提琴家,每位演奏家都是独特的专业人才,他们在诠释曲子方面的技巧,通过与其他专业演奏家的合作而日益娴熟、愈发精湛。乐团指挥家的目标是让整个乐团演奏出妙不可言的音乐,他不仅要掌握乐谱,还要学习如何管理。在交响乐团中,指挥家是总谱的拥有者,每位演奏家也必须熟悉总谱,指挥家和演奏家对整个乐团演奏出来的音乐承担责任。从指挥家的隐喻中,德鲁克指出:

CEO 工作会越来越像指挥一场歌剧演出,指挥家有乐谱,每个人都有相同的乐谱。在企业中,你必须确保所有不同的群体,合力产生想要的成果。这是了解未来发展的关键。CEO 要知道什么时候下什么样的命令,以及什么时候将某个人视为伙伴。㊀

结语

本文以德鲁克作为社会生态学家的角度来分析他的知识社会理论。在我个人看来,德鲁克对知识社会的提法就是从社会生态的视角加以考虑的。他所说的"知识社会"指一种"人的生存生活形态",知识是这种形态的主要特征。

1867 年,英国经济学家沃尔特·白芝浩的著作《英国宪法》出版,曾经轰动一时,深刻影响了英文世界的政界和法学界,他也因此被尊为"最伟大的维多利亚时代人"。一百多年后(1977 年),德鲁克成为把管理奉为

㊀ 引自 2002 年出版的 *Managing in the Next Society*(《下一个社会的管理》)。

新兴组织型社会的新社会制度的第一人,他把知识视为社会中新的核心资源,把知识工作者视为社会中新的统治阶层。与白芝浩相似,德鲁克把知识奉为社会和文明的核心力量,他把知识视为"社会**连续性**需要"和"**创新**与**变化**需要"之间的张力。通俗地说,在德鲁克的眼中,当一个社会试图维持"常"与"变"之间的平衡时,其实质就是试图维持现状,维持社会和政治的稳定,而知识已经成为社会之"常、新、变"的决定性因素。

  这里,德鲁克与白芝浩的百年相遇并非毫无意义,它至少说明了知识在人类社会变迁中享有的独特重要性。无论是政府、大学、企业,还是工会、军队,任何机构维护其连续性的唯一方法,就是对其结构进行有系统、有组织的创新。这也正是德鲁克在《创新与企业家精神》中强调的宗旨——把创新发展视为一种系统化的活动,而知识正是所有创新的必要根基。社会生态学家不仅要关注社会变化,为社会变化做诊断,更重要的是要机敏地意识到社会深层的问题与可能变化的趋势,而社会创新是最重要的人类发展主题之一。这正是德鲁克作为社会生态学家一以贯之的精神所在。

  德鲁克对知识社会的提法是符合人类社会变迁的逻辑的,至少人类发展到今天,我们能够上天入地,提出了互联网、区块链、人工智能、元宇宙等层出不穷的概念,这都说明了知识是推动科技发展、社会变化的力量。有人称德鲁克为"未来主义者",但他觉得这是谬赞,因为他深刻意识到所有可朽坏的"凡人"(a mortal man)都不可能预测未来。[一]这话不假。知识社会的前景如何,要留给时间去检验。仅从目前的发展势头来看,德鲁克没有看错人类发展进程的基本方向。

  20世纪始于心理学,21世纪始于万物互联。两者的共同点是知识革命。对于知识社会的未来,德鲁克说:"未来将不会有'贫穷'的国家,只会有愚昧的国家"。

  这话余音绕梁,言而未尽。

[一] 参见1993年出版的 *The Ecological Vision: Reflections on the American Condition*(《生态愿景》)。

第三章 现代管理

管窥管理的本质 ^㊀

今天的演讲主题是"管理的本质",这是自我个人研究德鲁克管理思想以来,接到的最难演讲的题目。有许多涉及德鲁克管理思想内核的书,它们所讲的管理精要、管理定义、管理 DNA、管理理念、管理哲学等,都可以称为"管理的本质"。但是,讲"管理的本质"好像是在讲一种高大上的、象牙塔式的玄学和不切实际的伪道理,容易变成纸上谈兵,与现行的经验主义、实用主义、功利主义的主流不相匹配。因此,我小心翼翼地尝试讨论这个话题。

一、认识"本质"

"本质"(essence)有三个意思:

一是固有的品质。我们说"本性",就是那些内在的、不容易变化的东西。自然有自然的本性,人有各自的本性。中国儒家理想主义的代表人物孟子所讲的人之善的本性体现为人之"四端"(恻隐之心、羞恶之心、辞让之心、是非之心),由此"四端"生发而成人性的"四常德"(仁、

㊀ 本文是 2017 年 1 月 9 日我于北京彼得·德鲁克管理研修学院演讲的内容,2018 年 5 月 14 日修订。

义、礼、智）。但是，按照奥古斯丁的人性论，恶不是"人性的本质"，而是"人之善的缺乏"。因而，西方人讲"原罪"，指人会有选择恶的倾向，人性总体上不能"自觉完美"，不能实现"自救"，因而需要"他救"。

二是事物内在的相关联性。我们承认万事万物生成毁坏都有内在的关联性，只是人对此认知太少。

三是"本质"与"现象"相对。"现象"指的是表面的、多变的、外在的事物的关联性。我们通常讲的"透过现象看本质"就是这个意思。好多现象，我们都看不明白，如何能够看见本质呢？我们对过去的无知不亚于我们对未来的无知，如果我们对过去了如指掌，深谙于心，那么为何人类在每一个时代都以不同的形式重复过去的悲剧？小到爱情，大到战争以及天灾人祸。

二、认识"管理"

通常论及管理，我们都会有一系列的问题，但并非都涉及"本质"，诸如：为什么今天这么多人关心"管理（学）"？这是讲管理的重要性与必要性。

为什么我们需要管理？这个问题不是问管理的本质，而是在寻找管理的根源和理由。

如何管理？这个问题问的是"管理的方法、实践以及经验"，而非管理的本质。

管理能达到什么或获得什么？这问的是管理可能的效能、目的以及方向，也非管理的本质。

你在管理上有什么问题和挑战？这是问有何可见的需要管理的现象，但这会激发你对"本质"的思考。比如，大家觉得太乱，需要管理。你的家里堆满了杂物，是你管理家居不当；你的时间很乱，无所事事，不知所为，那是因为你不懂时间管理；你的脑子很乱，是因为不懂理性管理，不会冷静思考，缺乏理性智慧等。

不管理不也很好吗？管理有何益处？这是在问管理的意义和影响力，而非管理的本质。

管理的对象是谁？谁是管理者？是组织、机构需要管理，还是其中的人需要管理？大多数理智的人会意识到"人是一切组织的关键"，机构是死的，人是活的。

以上这些问题都很重要，有些问题我们一时愚拙，答不上来，有些答案则会脱口而出。有些东西感觉像哲学理念，但管理不是哲学。有些时候管理还不得不涉及政治话题，但管理学家的视野显然有别于政治家的视野。如此种种，皆为管理不可或缺的元素，它们不一定直指管理的本质，但或许它们本身就是管理的本质。

三、德鲁克如何看

我们先尝试界定管理不是什么。

1）管理不是"工具主义"。

2）管理不是"促进暴力、独裁与野蛮的合法化"。

3）管理不是指追求"利润至上与利益最大化"。

4）管理不是树立"官僚主义权威"。

5）管理不是制造"功利主义"。

6）管理不是"为恶的行为推波助澜"。

7）管理不是"控制狂或占有欲或支配欲的表现"。

8）管理不是"过度管理"，也不是"误管"或"管理不当"。

9）管理不是"技治主义"。

10）管理不是"利己主义"或"成功学"。

德鲁克在许多著作中对管理的论述非常精辟、发人深省，这里仅以《管理：使命、责任、实践》1973年的序言为例。

"管理是工作，它拥有自己的技能、工具和技术……但……本书强调的是'使命'。

"管理是器官，是赋予一个机构生命力、行动力和动态活力的器官。

"许多关于管理的书大都聚焦于管理技巧，聚焦于培训，聚焦于功能。这些管理技巧、培训和功能只能实现局部的管理使命。它们可以处理一个企业、一家医院或一群人的事务，或是解决一些具体问题，或训练人们使用一些工具。这些书呈现出作者对特别领域的关注和对专业技术的热情，但是它们无法就管理者的使命提出真知灼见。

"管理是一门学科，或者至少可以说能够成为一门学科。这不仅仅是常识，也不仅仅是现成经验的归纳总结；至少应该认为管理是一套条理化的'认知体系'。本书尝试向读者介绍我们迄今为止已然了解的一些管理知识。同时，本书也尝试提出一些更大范围内的'未知体系'；也就是说，在一些领域中，人们明知自己需要这些新的知识以求界定人们所需要的事物，只是人们至今尚未能够掌握这些知识。

"当我们把管理界定为一门学科时——也就是说，管理是一套条理化的'认知体系'——管理适用于任何地方。在这个意义上，管理就是'文化'。管理不是所谓'价值中立'的科学，管理是一种社会功能，深嵌于文化、社会、价值传统、风俗习惯、政治体系以及政府职能之中。管理本身就是文化，也应该以文化为前提；但是，反过来，管理与管理者也可以塑造文化与社会的形态。

"管理也是一门人的学问。管理所收获的每项成就都是管理者的成就，每项失败都是管理者的失败；因为是'人'在管理，而不是某些'力量'或某种'事实'在管理。管理者的宏大愿景、奉献精神以及正直品质决定了所经营的事业的是非成败。"

德鲁克致力于把人与使命整合在一起，他不仅致力于阐明一些客观的、具有目的性的使命，而且提出了完成这些使命所必备的人品素质、技能和基本态度，以突出"这种具有人性风格"的管理学。

"归根到底，管理是实践。管理的本质不在于'知'，而在于'行'。对管理的检验不在于'逻辑'，而在于'成果'。管理的唯一权威是'绩效'。"

结语

管理的本质是什么？德鲁克管理学的"三观"的根源是什么？管理不好、管理不当、越管越乱、管理失败等现象，原则上就不能称为"管理"了。

德鲁克的管理思想犹如星星闪耀，您问我哪一颗最耀眼？我回答说：群星灿烂，何以非要寻找最灿烂的那一颗？我也可以回答：群星灿烂，都很耀眼，没有最灿烂的，只有更灿烂的。

我从两个方面来总结。管理学是真正意义上的跨界学科，不能说它无所不包，但管理思想内容所涉及的面的确太广，这些方面都有各自的独特性、必要性、价值以及贡献。因此，管理所涉及的方方面面的认知体系都有其隐含的管理根源及意义，管理的本质是人在管理实践、管理学习与管理认识中领悟和修炼出来的精髓。管理的现象与本质相互关联，犹如问题与根源紧密相连一样。如果管理只被固定在任何单一的认识中，就会差之毫厘，失之千里；但是把管理之外在的、变化的现象（诸如资本、市场、雇佣关系、贡献、成就、合作、文化、人性、幸福感、社会秩序、政治处境、组织、机构、利润、绩效、实务、技能、流程、经验、人事、创新、理念等）层层剥离后，管理之内在的、不可变的本质也就丧失殆尽了。我把这个理念称为"洋葱理念"——试图寻找管理之本质者，犹如剥洋葱，总想象着"本质"一定会是"最后的内核"，结果等到剥离完所有"外皮"，内核便消失了。我自己的理解可以用一句话来概括：管理学是一门"人学"，有着"个人性"与"群体性"交织一起的特性；因此，管理学是让社会秩序更加道德和让人类存在更加文明的理性智慧——一门"博雅之学"。

如果一定要问管理的本质是什么,我只能说:管理的本质就是管理本身。我在心里默默地询问德鲁克先生:"为何您老在世的时候不写一部专著《论管理的本质》呢?"冥冥之中,德鲁克先生用一首诗歌回答我:横看成器侧成理,森林树木各仁智。不识管理真面目,只缘身在本质中。

管理学是一门"人学"

讨论管理学是一门"人学",实际上就是在讨论管理学在人类对真、善、美、爱的追求中所扮演的角色与承担的责任。管理与人相关。我们在需要对人给出准确的定义时,会忽然发现,这是有难度的,但是,要谈德鲁克,就必须从这里开始。德鲁克宏大的管理思想体系,都是从"人"入手的。

我们中国人很擅长描述人。《列子·黄帝》中说,"有七尺之骸,手足之异,戴发含齿,倚而趣者,谓之人"。这是对人最简单的一种描述,它没有太多的哲学含义,但是的确能说明问题。《礼记》中的"故人者,其天地之德,阴阳之交,鬼神之会,五行之秀气也""故人者,天地之心也,五行之端也,食味、别声、被色而生者也",也是关于人的,点到了人的传统属性。其观念是,天地之间最贵者为人,人是万物之灵。更有"惟天地万物父母,惟人万物之灵"的说法,这些大体上构成了中国人对人的认识。

我们在研究德鲁克的过程中,发现有一些词汇被大量地使用,从中我们也可以看到德鲁克对人的认知。比如 person,这是一个非常耐人寻味的词。在德鲁克的管理学中,谈到人格、尊严、人性、独特性时,person 常常会取代 people，它更强调个人的成长性，以及他应该受到的尊重。

再比如 people，这个词通常指政治语境下的人民或民众。如今一个可怕的现象是，我们离开了身份证，就无法证明自己。离开了身份证，我们不能坐高铁，不能住宾馆，不能去银行……似乎唯有它能够证明我们的社会学、经济学身份，或者证明我们的职业和代号。当我们使用 people 这个词的时候，意味着我们承认，人是"生而共存的"（西塞罗语）。

接下来的一个词是 human being，它指人类学意义上的自然人。每一个人生下来都是 human being。在自然人的状态下，我们既有理性的灵魂，有意志力和自由选择的权利，也有本性，有丰富的思想与情感，甚至有"坏"的一面，但它是最不可欺的自然状态。因此，我们说"I am a human being"的时候，是站在自然人的角度来说的，在这种状态下，才有性别的划分，进而又有了更多的人际关系，比如血缘关系、亲情关系等。我们既可以独身，也可以繁衍后代，我们开始对他人负有责任。

这时我们发现，人与人之间，产生了一种新的结构，在这种结构当中，person、people、human being 这几种角色环环相扣，不分彼此，产生组合。这个时候我们再去讲"我是一个人"，它意味着我能参与一切管理，包括我被别人管理和我管理别人——这是我们谈论德鲁克管理学的一个起点。

接下来我要讲的是，为什么管理学是一门"人学"？在德鲁克管理思想中，一个很有意思的现象是，他不会直截了当地谈管理学。我相信很多人读德鲁克的书都会产生同感。他首先是在讨论人，其次讨论与人相关的一切，比如，如何运用智慧？我们有什么理想？以及经济结构、社会、政治、文化和管理等与人有关的方面。

因此，我们要想理解德鲁克，应首先看到他是一个人，然后才是思想家，如果离开自然人的状态，把他拔高到很高的境界，或者神化他，都没有什么意义。

那么，德鲁克管理学的核心价值是什么呢？即"人"决定了"管理"——人首先是一个自然人，然后才是智者，才是经济人、社会人、政治人、文化人、理想家、管理者，这是一个起点。我们可以从德鲁克的许多作品中感受到，德鲁克强调"创造并管理企业""管理一个组织的是人，而不是某种力量"。他认为，迄今为止，尚无证据表明"利润动机"的存在。在人们业已发现的对经济变化与增长现象的可靠解释中，"利润动机"仅仅是个假设。但管理不能以利润假设为前提，如果非要说管理有动机的话，那么这个动机必须首先是"人的动机"。

我们常常讲"事业"，但事实上，我认为德鲁克想告诫人们，大部分人只在做"事"，距离"业"很远。如果我们在此基础上反躬自省，不禁会问，我们所做的事情到底是否有"业"可言？这种问题直指人心，并且非常刺激人的内心世界。这是我所理解的，管理学是门"人学"。

那么，德鲁克是如何论人的呢？我试举几例。

比如他说："人是变化多端的，人是形形色色、无奇不有的"，我相信大家对此都有共鸣。他说："我所写的一切无不强调人的多元、多变与独特"，这三者至关重要。多元是大家共同生活的世界的属性，多变是指世界的不可靠、不确定性，而独特是指我们自己最擅长的领域，或者我们想要表达的内容，这是德鲁克所感受到的。再比如他说："笑话别人脸上的青春痘是很粗鲁的做法"，这是德鲁克的幽默所在，或者说体现了他的"弹性"。事实上他是在说，如果你无法容忍他人的缺点，那么你做管理者是很危险的事情。

以上这些说法，事实上全部是在论人。

德鲁克16岁的时候就尝试研究并计划写书，试图解释刑法的理论基础问题。然而这个充满好奇的倔强少年在研究刑法问题的过程中发现了一个人性论的秘密，这个秘密跟人的罪行有关，所以他说："只要某种主义一实现，犯罪就不是重大的问题了。这种说法简直是天真至极，几近幼稚。

到处都有证据显示，犯罪已扎根于人类社会，无论是何种经济和政治结构。""人性可能是自由的，也可能是不自由的；可能是平等的，也可能是不平等的；可能是善的，也可能是恶的；可能是完美的，也有可能是不完美或者可能变完美的。"

事实上，对人性自由的描述是德鲁克思想中最为精华的部分，他不止一次地指出："自由并不好玩"。尽管大家都渴望自由，但是德鲁克认为它不好玩，原因是什么呢？我的理解是，如果说自由是好玩的，那么几乎等于剥夺了真正的自由。而真正的自由是什么呢？所有可见、可感觉、可享受的自由都是表面的，真正的自由存在于人的内在生命当中，我认为这是德鲁克明确感受到的。他认为，自由是一种负责任的选择，因此它不好玩，比如一个老板需要为许多的人（员工）负责任，那么他就要失去一定的自由，这是"加诸人的最大负担"。同时他认为，人的自由不仅决定自我的行为，也决定社会的行为，并且要为这两项决定负责。他说："人的自由必须按照人性的生存轨迹：自由—选择—决定—负责。"有了选择就必须做出决定，决定之后就必须对其负责，这一系列行为都属于自由的范畴。

那么管理就必须认识到，个人的自由也是社会的自由，也是群体的自由。因此德鲁克坚信，如果人们不为自己在善恶之间、真实与错误之间的决定负责，自由就不可能存在。否定责任就等于否定绝对正确和绝对真理的存在。他还说："自由是一种力量，但自由也是人与生俱来的弱点。"你越渴望什么，你的软肋就是什么，人们所渴望的一切基本上都会成为自己的弱点，但关键在于如何引导与克服它。

我常常读德鲁克的自我定位论点，很多人也读过他的《旁观者》。就像书中提及的那样，旁观者意为一个"身临其境地出席"却"不被卷入"或"不参与其中"的人。按照德鲁克自己的比喻，旁观者就像一个身处古典欧洲剧院中的消防员，审慎、冷静、机敏地观察着周围的一切，在沉默中不敢懈怠地热爱着与剧院相关的一切，并为这一切负责；但旁观者从来不像演员、音乐人、观众那样显得举足轻重，被人关注。

我认为，旁观者是德鲁克的自我定位中一个很重要的内容。他说："我身临其境地出席，但从来不被卷入，或者不参与其中。"这是一个人的修行，大部分人能够做到不负责任地旁观，但是德鲁克做了负责任的旁观者，所以他既能够"不被卷入"，又能够"身临其境"。旁观者不是一个无知的门外汉，也不是一个闲人看客、一个无聊好事的凑热闹者，而是一个专于事、善于思而敏于行的人，像一个专注于某种信念锲而不舍的守望者，又像一位环视世事、时常出席并总能发现奇观和特殊景象的观察员。同时，旁观者必须善于分析、敏感于世事变迁并深入思考，因此旁观者必须是一个思想者。这是我认为的，德鲁克对自我定位的几个关键词。这几个词足够我们琢磨很长时间，从而真正理解它们。

中国人善用"局"来比喻一切生存变化的复杂性。相应地，"局内人"指"参与其事"的人，只有局内人方能深知、领会"妙不出局外"的道理。与此相反，局外人可以"旁观察人"或者"旁观识人"，这就是我们所说的"当局者迷，旁观者清"的道理。一个"局"，它在内人、外人眼中是不太一样的，这是从我们自己的文化出发，对"局"的一种辩证性观察。

那么，如果你按照这个逻辑去理解，德鲁克所谓的旁观者一定不是一个迷失在局内的人，他绝对是一个清醒的、不为局所困的人。这是德鲁克留给我们的高妙的精神内核。

我们再来回顾德鲁克书中对旁观者基本特质的描述：天赋智者。并非所有人都具有与生俱来的智慧，但德鲁克的确是一位这样的人。他学识广博而具有包容性，分析敏锐，有高处不胜寒的清静，却没有曲高和寡之虞。做旁观者绝非易事，且不论是否合格，而是一旦成了旁观者，人们就会觉得曲高和寡，但是德鲁克却能做到"曲高和众"。他在世界范围内影响广泛，对中国人更是影响深远，这是他的"妙道"。所以我认为，德鲁克的自我定位是非常清醒的。

德鲁克的用人之道是避短——不刻薄地对待人的短处，这种思想在他的著作中反复出现。他认为，用人之道不是用完人之道。人无完人，你不能雇用完美的人，因为没有人是完美的。所以说，看见人家脸上有青春痘都要说两句的人是做不了管理者的。一个优秀的组织能最大限度地激发人的长处，而不是修正人的不足。员工来到组织不是为了追求完美，事实上也没有人能够达到完美，所以，德鲁克说："你要雇用一个人的手就得雇用他整个人。"一个管理者所需要的气度是，要利用一个人的优点，就要有接纳这个人缺点的勇气。

德鲁克的避短之道还包括"因人设事"，用对人，才能做对事，并且要包容人的个性和缺点。培养裙带关系、到处安插亲信、想方设法笼络人心以达到结党营私之目的等做法是不合适的用人之法。当你发现用这种人不对的时候，想让他离开会变得异常艰难。因此，德鲁克把安插亲信的行为叫作"顶人"，而不是用人。

提拔人才应以"有贡献者为先"，而不是凭着管理者的个人喜好。对职位的要求应该"严格且广泛，但不是完美"，德鲁克说："没有只有上帝才能胜任的职位。"因此，用人之前要充分了解他能做什么，有何发展、学习、可变化或者升迁的空间。人一定会有缺点，因此管理者在用人之前需要深思熟虑。组织对他的容忍程度有多大，这个人所能发挥才干的空间就有多大，这是避其短。

德鲁克的用人之道还包括要扬其长，这一点其实是众所周知的。对管理来说，消极避短还远远不够，"人之所长是真正的机会"，发挥人之所长，是组织机构有效运作的动力。但是，原则上说人不可能是全才或者通才，才干越高的人缺点也越明显，我们不能要求一个人什么都会，这在任何一个组织里面都不现实。

同时，德鲁克也指出："没有能干的人，只有在某一方面能干的人。"我们无法找到一个能够解决所有事情的人，只能寄望于他在"某一方面有所突出"。那么，别人的才干威胁了管理者吗？德鲁克认为，嫉妒是一种罪恶，才干是贡献给组织而不是威胁任何个人的，用其所长，是雇用人来做事，而不是把人当作奴才。所以他经常说，优秀的教授从来不会阿谀奉承校长，因为没有必要。所以管理者要问"你这个人能贡献什么"，而不是问"我们之间是否合得来？"。要知道，找员工不等同于找伴侣，这是扬其长的道理。

我们大多数人所理解的管理可能是自上而下的指令，是在层级制度下，上级对下级的管控，但是在德鲁克的思想里面有一个很重要的内容叫"认识你的上司"。德鲁克认为，在正性的前提下，有几点是下级可以考虑的，比如合法、公益、远景、组织原则，应在此前提下了解并合理运用上司的才干和长处。被雇用的人应该认识自己的上司，在正性的原则下去驾驭管理与被管理的关系。如果上司的领导力不够，下属升职的可能性就会减少；如果上司因为成绩不好而被调离，那么通常会从外单位引进并带来新的团队；如果上司事业成功而且升职快，那么其下属也容易升职。

有两种类型的上司较为常见，一种是读者型的，一种是听众型的。前者善于对话交流，自己会阅读资料，能够做研究分析报告，这种管理者通常很优秀。而后者比较善于聆听部下的建议，很安静，会理性分析判断，较为沉默，这也是一种优秀的管理者。这两种上司在我们的管理实践中并不难验证，而且非常有意思。并不是所有的上司都能说会道，有些管理者很安静，这也是一种智慧。

了解你的上司可以发挥你自己的长处，这也要考察你是否胸怀宽广、正直和忠诚，是否不自私、不功利，有自知之明。这是修炼的结果，需要有一个认知的过程。当然，每一个人对此都有自己的想法，有些高管的问题正在于他们根本不喜欢聆听，不喜欢与大众争辩和参与自由讨论，所以这也是一个很要命的问题，它导致大的企业或者大的组织出现结构性危机。

而事实上，德鲁克强调，在管理实践中，能够在会议中把不同意见公开是有益的。如果一个管理者希望自己的团队管理有效，希望团队团结一致，那么他就要充分认识到团队内部存在的基本差异，并把不同意见公开。德鲁克指出，如果团队对企业关键定义有不同意见，却采取漠然处之或者知而不言的态度，那么很有可能产生沟通问题，而这正是高管团队肢解的真正原因。

综上，我们总结一下。第一，为什么说管理学是一门"人学"？因为人生而平等，因为人无完人。如果我们把平等的条件设置为大家都完美，那是不现实的。人是自由的，因为人的内心都渴望自由；人也是不自由的，而且是生而共存的，每个人都要为自己负责；所以，好的管理要尽力做到在负有责任、享受自由的同时，还能彼此尊重、相互平等。显然，这是非常有难度的事情。

第二，"用人"不是"佣人"，不是"庸人"。用人是要为其负责任，所以管理者要擅用每一个人的才干，用人要做到以一当十，以十当百。

第三，我们需要理解人，理解人其实就是理解自己。按照管理学是一门"人学"的逻辑，用人之道是"互为之道"，上司用下属，下属也在用上司。所以一定要杜绝低俗庸恶，这是个很重要的理念。当人们陷入虚假的善良、对恶行的容忍、玩世不恭的恶作剧、不负责任的行动、故弄玄虚的言语以及对不正义行为的纵容时，尽管它们看起来没有摧毁人的某种事业，但是却摧毁了人性。所以，管理当中至关重要的内容是杜绝平庸之恶。

既然管理学是"人学"，就有了如下四个重点。1）知人，即了解人。通常，我们招聘一名员工需要经过面试，我们会花费很多时间去了解他的背景，以及他的特长，因为知人至关重要。2）识人，即分辨、识别人的长处和短处、优劣与类型。这是非常值得研究的领域，其目的是分辨人，使人做得更好。3）用人，我们需要"得天下英才而委任之"，不是"得天下英才而毁之"。所以我们必须让人做得更好，而委之、任之。4）做人。我总觉得，在德鲁克的思想体系里，教导我们做人的内容比例是很高的。尽管他告诉我们的是如何管理组织、机构等，但其中蕴含的是做人的道理，这是一种理性的智慧，而这正是我们这个社会所缺少的。我们不妨去看看网络空间，看一看如此巨大的用户群体所表现出来的极其丰富的情感，我们就会意识到大众所缺少的正是理性的智慧。

因此，我所理解的德鲁克思想，我所理解的德鲁克的管理学就是"人学"，是知人、识人、用人与做人。亚里士多德在《尼各马可伦理学》里指出："一切技术、一切研究、一切实践和一切选择都以某一种善作为目标。"我想德鲁克与他的思想恰好形成了一定的呼应。所以，如果我们认为管理学是一门学科，那么我们必须理解，作为"人学"的管理学应该是一种"走向伦理的善"。

最后，我可以总结为：管理源于人、在于人、服务人（Management is from, of and for human beings），管理学是为了解决"管理的问题"而存在的，而管理的问题中最重要的是人的问题，人的问题中首要解决的便是"自己的问题"，也就是要进行自我管理。

谁是管理的实践者

本文主要谈论德鲁克关于管理的工作、职业、技巧和组织结构的论点，很有"落地实践"的感觉。其中有些内容只是企事业运作过程中的常规方法，人皆可感知；大多数内容和办法都体现了西方的管理风格和运营模式。中西之间在历史、政治以及人文精神方面有差异，我们今天可有选择地学之、晓之、效之，因地制宜、活学活用。

一、管理之必要性

从《创新与企业家精神》一书中，我们已经知晓德鲁克所理解的管理的发展历史。20世纪初的西方社会并没有意识到管理的必要性和重要性。大学是做学问的地方，校长与教师们认为不需要管理；医院的院长和医生以治病救人为天职，他们也觉得管理不是医院的事。但二战以后世界格局和人文精神的变化导致管理学进入人们的视野，犹如心理学挑战人心一样。20世纪60～70年代的管理学热潮与西方经济复苏紧密相关，但最相关的莫过于管理意识在社会中的全面提高。

德鲁克的管理学理所当然地强调管理的必要性。他从福特汽车公司的教训中认识到管理者和管理都是企业的特殊需要、特殊器官、基本结构。他甚至认为，没有管理者，任何企业都不能运营。管理之所以必要，不仅是因为工作过于庞杂，单靠个人不能完成，还因为管理企业完全不同于管理自己的财产。企业只要达到了一定的规模和复杂程度，管理就愈发显得必要。当企业发展到拥有一定数量的员工的时候（比如大于300人），企业就会自然发生"阶段性变化"，其管理的形式必须从"外皮"转入"骨架"。任何社会组织、机构，包括学校、教会、医院和私人企业等都同理。这时候管理者就成为企业的基本资源，也是最昂贵的资源，而管理学就发挥其最重要的功能。

二、如何界定"管理者"

如何理解管理者与管理？如何界定谁是管理者？如何认识那些让人们愿意被管理的合理的管理行为？德鲁克在定义管理者时用了三个形容词来表达给管理者下定义的困难：不精确的、难以捉摸的、不稳定的。管理者通常被理解为老板，但德鲁克坚持认为管理者不是老板。比如，当你看到名片上写着"John Smith, Manager"时，你会知道这个人并不是一个老板，也不是一个"所有者"，而是一个雇员。

早期的管理学把管理者定义为"一个为别人的工作负责的人"。这个定义有别于传统上把管理者视为老板的观点，也指出了管理者是一个特别的工种，可以被分析、研究和系统地培养。但是，德鲁克认为这个定义依然有限。首先，在一个实行岗位责任制的企业中，并没有管理或管理者。比如财务主管做很多具体的财务工作，他是个独立贡献者和高管层成员，但他算不上是个管理者。其次，这个定义的局限性在于只聚焦于实现任务的工具而不是任务本身，强调次要特点而非主要特点。如果把管理者理解为老板、听报告的"统治者"、坐办公室的领导，那么他们只会注重头衔、薪酬、职权、晋升机遇等。因此，这样的管理者不能做到有效管理组织，也不太可能收获真正的绩效。

德鲁克提出了一个从传统定义中挣脱出来的新定义：管理者就是具有机

会均等路向的个人专业贡献者。这个定义将管理者确定为一个专业的、为自己和别人的工作负责的人，而不是把个人的晋升目标设定为功利价值取向。但从实质上说，这个定义依然着重强调能力与权威，而非注重责任和贡献。德鲁克的想法简单明了：成为一个管理者并不需要一个头衔、大的办公室和诸多外在的体现身份等级的符号，而是需要胜任的能力、绩效以及承担责任。管理者与技术人员的差别不是各自的专业不同，而是他们的责任与绩效不同。德鲁克显然不是歧视技术的重要性和技术人员的贡献，而是想把管理者的核心价值与普通技工的技巧区分开来，不能在本质上混淆不清。

这样说来，谁是管理者？大家都熟悉，德鲁克曾讲过一个古老的故事。有人问三个石匠在干什么，第一个回答说："我正在谋生。"第二个回答说："我正在做全国最好的石匠活。"第三个回答说："我正在建造一座主教座堂。"德鲁克认为，第一个石匠是"做一天和尚撞一天钟"；第二个是专业石匠，注重的是老练的技术；第三个不仅具备前两者的素质，而且有愿景、整体意识和价值观。这样的故事很值得思考。

管理者除了有愿景，还要有责任。成为一名管理者就意味着为企业绩效分担责任，一个不愿意承担责任的人就不是合格的管理者，而且管理者必须明白自己管理责任的宽度和广度。

三、任务与工作

根据德鲁克的理解，管理者有两大任务。第一个任务是在创建一个真正的整体的同时，考虑绩效与成果；因此管理者既像一个交响乐队的作曲家，又像一个指挥家。这个任务不仅要求管理者必须提高资源使用（特别是人力资源使用）的有效性，扬长避短，而且要求管理者善于保持企事业主要功能的平衡与和谐。建立一个团队需要数年时间，但管理不力会在瞬间毁掉一个团队。管理者的第二个任务是平衡即刻需求和长期目标之间的矛盾，换言之，管理者既要"低头耕田"，也要"举目远眺"。

因此，德鲁克指出了管理者需要的五大工作。第一，要设立目标，平衡原则与效果，平衡即刻需求与将来需求，平衡即得结果与可预测结果。设立目标要求管理者具备分析和综合的能力。第二，要合理地要组织安排，有效的分析会帮助管理者合理使用稀缺资源，包括合理分配人力资源。第三，要激励与沟通，此工作的必要性具有社会普遍性。第四，要评估，管理工作首先用于自我控制而非用于谴责、统治和控制他人。第五，要培养包括自己在内的人才，意识到人是独特的资源。

此外，德鲁克指出了管理工作中常犯的六大错误及其解决方案。

第一，工作职权太有限，以至于限制优秀人才的发展。解决方案是管理者的职权宁宽勿窄。

第二，助理职位通常在职权和责任上模糊不清，导致助理工作在大多数情况下无法产生良好的绩效。实际上，大多数助理职位是没有益处的。解决方案是管理者必须明白管理结构需要保持连续性和自我更新。

第三，把管理工作误解为全职工作，导致管理者成为一个忙忙碌碌的"协调员"。解决方案是管理者不要越俎代庖，给予下属足够的职权，以激发其工作中的责任感。

第四，一旦把管理工作搞成了不断开会、不断合作和不断协调，这就说明管理进入死胡同了。一个优秀的管理者必须清醒地意识到不能坠入一个恶性循环的所谓的"会议关系"中去，要深知一个道理："一个人要么工作，要么开会，一个人不能同时既开会又工作。"管理者与同级、助手、下属、顾客等的"个人会议"和"面对面会议"是绝对必要的。

第五，把职位和头衔当作报酬，导致管理的职责与功能缺失。职位晋升代替薪水导致组织结构混乱。解决方案是提高对职位的正确认识，认识到职位和头衔意味着级别和责任，对滥用职能要防微杜渐。

第六，对艰难的任务与工作缺少反省和调整，导致损兵折将。解决方案是强调任务整体性和绩效向心力，必须去个人化，以任务为工作导向而不是以个人风格为工作导向。个人风格是外在包装，而绩效才是内在本质。

四、关系维度与管理发展

管理的复杂结构决定了管理者身处多元关系中，包括向上关系、向下关系与横向关系。管理者与上司的向上关系和与下属的向下关系是同等重要的，无论是正式的还是非正式的，二者都是互相依存的。向上关系是管理者的首要关注点，是一种正常的关系。对优秀且成功的管理者来说，最重要的是处理好横向关系。横向关系可以显示出管理者自身能力的高低，好的横向关系能提高工作的有效性。横向关系是最复杂的关系，是衡量企业活力和动力机制成熟的尺度；职员的工作态度反映了他们对管理者以及管理模式的态度，管理方式决定工作的有效性。

探讨管理的关系维度不能不谈管理的发展。德鲁克认为，管理发展不是上课修读，课程仅仅是管理发展的工具。管理发展不是推动和取代规划，也不是发现潜能，因为潜能很难捉摸，其本身并无价值。管理发展不是改变人的个性，而是促使个性产生有效性，促使每个人充分发挥长处。管理发展是向外聚焦而不是聚焦于内，故此管理发展者扮演的是创新者和批评家的角色。德鲁克指出管理发展有两个基本任务：第一个是发展管理，旨在推动企业的健康生存和成长；第二个是培育管理者，一个健康、成熟、具有个人成就的管理者，无论管理者作为个人还是作为一个组织成员，发展总是自我发展。

在管理的关系维度中体现出来的自我发展问题，企业管理者不能忽略。自我发展是管理发展的一部分，每个人都有发展自己的意愿，但正直的品格是管理者的基本元素。德鲁克曾借用心理学上强调的个体的年龄阶段危机（或称为"第二生涯"纠结）来提出自己的观点：人到中年时（参考年龄是45岁），特别是管理者，都会自然地寻求发展自己的事业，寻求自己独立的生活方式，尝试开拓新的领域和不同的工作。换言之，即需要更大的空间来发展独立的人格和自由！存在主义既是人性的辩护者又是人性的批判者。人总是无可奈何地纠结于"自己"与"存在"之间。因此德鲁克强调管理就是责任的道理便显明出来：成为一个管理者意味着承担责任。管理者必须以认同的心态和积极的行动投入工作，管理者必须理解明白事业的终极目标，明白期待什么，为什么如此期待，什么是参照物以及如何加以对比。

管理者"自制"（self-control）与"自律"（self-discipline）的必要性也是管理发展的内涵。德鲁克提出，成功的管理者需要具备自制和自律能力。目标的设定和实现要求管理者必须自我控制，自我控制意味着更强的动机，即想要做到最好，而不是差不多就行。这意味着一个善于自制的管理者拥有更高绩效的目标和更广阔的愿景。此外，管理讲究目标和自制，管理者应对自己有更高的要求。自律是决不能松懈的，对自身的要求只能多不能少。尽管我们知道很多人都会有软弱、不负责任、闲散、懒惰等弱点，但管理者的自律、自制、价值观以及愿景会鼓励人勇于承担责任、奉献自我、努力成就。因此，管理讲究的目标、自制、自律不是口号，不是技巧，不是政策，而是"原则"。

德鲁克所说的管理的关系维度与管理发展，都是以让管理者拥有愿景、自制力以及保持自律为核心的，旨在让每一个管理者理解为大众谋"公益"是其目的。管理者的行动和动机不是由外在压力驱使的，而是目标驱使、内在动力和自我贡献的联合。作为一个自然人，管理者具有能动性和自由，其管理行为基于人的本性、人的习惯、人的动机。只有赋予个人自由，才能真正造就创造力和解放生产力，从而产生并形成良性的绩效惯性。

我们的现实更需要理性价值。从德鲁克的思想中，我们可以看见他的一些期望和关切，比如有效的管理方法、良性竞争的智慧、理性的分析判断、正直的要求和对人性的尊重、社会的责任、道德的公信力等。我一直认为，管理学是为了解决"管理的问题"而存在的，而管理的问题中最重要者是人的问题，而人的问题中首要解决的是"自己的问题"。

管理的简史与挑战

"管理"一词在英语中很难有令人满意的定义,社会机构和企业实体对管理的理解有些不同。大学、政府和医院都有管理者,军队有指挥官,其他组织机构也有经理或主管等。这些机构都具有管理职能,有管理的任务,从事管理工作。德鲁克强调管理的专业性和敬业精神,管理通过人把社会职能释放出来,管理也意味着一种特别的位置。德鲁克认为管理是一门专业学科和研究领域,他把优秀的管理者比喻为一个出色的"交响乐团的指挥"。

管理不仅是一种专业工作,而且是现代社会中一种极其特别的专业工作。管理紧密联系于现代社会,区别于以往的所有时代。它具有很强的现代性,即管理与现代人、现代社会、现代组织、现代科学技术、现代精神以及现代理念相关。德鲁克指出,20世纪六七十年代以前,人们认为管理就是指赚钱和做生意,研究学问、教书育人、治国安邦、保护环境、治病救人这些事情不需要管理。到了20世纪80年代,大多数人意识到过去的观念是错误的,转而认识到管理作为一门学科的重要性,大学、企业、医院、学术机构、政府机构等纷纷开始探索管理的路径。

管理的历史主要讲述管理的变迁、管理的繁荣期以及管理的经验与教训。二战以前，管理历经三个阶段：忽略管理、意识到管理、强调管理。引爆管理热潮的不是美国人，而是英国前财政大臣斯塔福德·克里普斯，他希望有效的管理能重振英国乃至欧洲的经济。按德鲁克的话说："现代管理学是美国的发明，一夜之间每个人都在谈论管理、学习管理、研究管理。"㊀

日本政府在 1950 年后，也启动了系统地重建日本经济的计划，管理成为重振日本金融的核心力量和关键因素。此后，管理热潮传播到印度、巴西、东南亚地区以及恢复独立的一些非洲国家，也传播到苏联和东欧国家，诸如波兰、匈牙利和捷克等。

1967 年，美国经济学家约翰·肯尼思，加尔布雷思出版的《新工业国》和法国政治学家让 – 雅克·塞尔旺 – 施赖伯出版的《美国的挑战》都暗示着管理热潮的结束。前者预言专业管理已经成为难以取代的力量，后者预言美国式管理将会接管全球，并与欧洲传统管理模式之间产生距离。因此，美国必须面对来自欧洲和日本的挑战和压力。德鲁克指出，到 1970 年左右，历时 25 年的管理热潮的确结束了。

从 20 世纪初到 20 世纪 60 年代，全球机构和组织快速繁殖。1914 年以前，世界上尚无一间拥有 6000 名学生的大学，超过 5000 名学生的大学也屈指可数。但到 20 世纪 70 年代，拥有 6000 名学生的大学已不算规模很大了；医院体系也在蓬勃发展，从小型的救济难民和医治穷人的医院变成与人的生老病死息息相关的大型医疗卫生综合机构；政治组织机构和政府行政部门也在扩大。彼时，发达国家的公民实际上都是"员工"，因此，德鲁克宣称，社会已经成为实实在在的"员工社会"。20 世纪初，人们问：你是做什么工作的？20 世纪 70 年代人们问：你为谁工作？到了 20 世纪 80 年代，管理的口号已变为：管理热潮已经结束，管

㊀ 引自 1973 年出版的 Management: Tasks, Responsibilities, Practices（《管理：使命、责任、实践》）。

理产生绩效的时代已经到来。㊀

管理在 20 世纪的出现，可以说是人类历史进程中的决定性事件。在《管理：使命、责任、实践》中，德鲁克认为管理热潮基于如下七个基础概念。

1）科学的管理是提升生产力的关键；2）"去中心化"是组织的基本原则；3）人力资源管理负责合理支配员工（工作性质描述界定、评价与监督、薪资管理、调和人际关系）；4）管理工作应该厚积薄发；5）会计的职责是分析流通货币并综合使用资讯，为制定决策提供必要基础；6）营销；7）远景规划。管理是社会进入多元化转型的必要机制，其中管理就是社会的有效器官。在管理的兴起与繁荣阶段，管理在实践和训练中急速发展并进入公共意识。

管理热潮也带来了新挑战和新问题。

第一，发展中国家不是不发展，而是缺少管理。第二，管理的发展速度未能与发展中国家和地区的人口膨胀速度成正比。第三，如何把管理的知识、愿景、价值观转变为社会的管理文化。第四，如何从发达国家汲取有效管理的经验，传播并应用于发展中国家和地区，以产生绩效。

我们能从管理热潮中得到什么教训？有如下几点可以分享。第一，管理在社会机构中是"领导机体"，是方向、决策。管理指导企业的方向、思考企业的使命、为企业设定目标、提供组织资源，并做出贡献。第二，管理必须被理解为一门"训练有素的学科"。仅仅掌握管理技巧的人不能被称为管理者，他们充其量只是技术员或技术专家。第三，管理是实践而不是科学，但它与医学、法律和工程学相似。管理不是知识而是绩效，但管理的实践既基于知识，又负有责任。第四，管理不主张"文化无用论"，管理是必要的社会职能；管理既具有社会责任，又具有文化内涵。

㊀ 参见 1973 年出版的 *Management*：*Tasks*，*Responsibilities*，*Practices*（《管理：使命、责任、实践》）。

我们必须对传统的管理方法进行深刻的反思，并且在现代性的基础上加以创新。一般来说，有三种传统的管理方法。第一种是博爱型，会关心员工的住房、医疗卫生条件，照顾老弱病残者等需要。第二种是法律程序型，会按规矩解决员工的复杂问题。第三种是防微杜渐型，旨在防止潜在威胁和解决人为麻烦。当然，我们必须客观地看待这些传统的管理方法。基本的观点是，这些传统的管理方法依然存在，甚至局部上是必需的，但管理者必须意识到它们可能不足以应对现代世界、人文环境、知识社会的变化。这是挑战，也是创新的开始。因此，现代管理学必须将人视为重要资产，而不是问题、成本和威胁；管理者必须学习引导人，为人指引方向，而不是设局陷害人、想方设法地拿捏人、控制人。

此外，管理者应该把知识视为关键资源，把变化视为机会，这才是面对现代性的积极健康的心态。管理热潮不断精细化和改良，但极少有创造性。事实上，对新知识的需要也是创新意识的体现。

如今，管理已经深入人心，管理学作为一门实践性学科，已经不同程度地应用于企业、政府以及非营利组织。

专业、责任和任务

从社会的整体发展和变化来理解管理学的实践意义是必要的。本文探讨的是管理在社会学框架中体现出来的三个关键概念：专业、责任和任务。

管理是专业的学科，但不是一门独善其身的学科。德鲁克对"管理是专业的"这一理念深信不疑。这里所说的管理，包括管理的职能、学科和责任，管理者则是实践管理知识、执行职能和承担责任的人。管理不意味着置身事外，任何商业实体和公共服务机构都不是为了自身而生存的，它们要实现某个特别的社会目的，满足特别的个人、群体和社会的需要。而且从心理学、文化、地理和社会学上来说，机构是社群的一部分。任何机构都是社会和社群的器官，它们不能独善其身，更要关注自身的社会影响力与社会责任。

德鲁克认为管理是专业的，这可以溯源到古典欧陆对"专业"一词的认识。彼时，"专业"一词常常特指四种专业性很强的职业：医生、律师、学者和牧师。医生是治病救人的典范，接受最为系统和专业的学科训练。律师作为社会秩序和公平正义的维护者，必须教授维护正直理念的合理手段和知识体系。学者素来是知识的代表，必须尽传道、授业、解惑之能。

牧师则是道德和精神引领者的象征。这些职业都有如下共同点：独立、训练有素，有道德感和服务精神，涉猎广泛，尤其关注"人"。德鲁克在许多著作中提及"专业"的时候，引用的事例多半与以上四种职业有关。德鲁克笔下专业且有效的管理，也是综合并延伸了古典欧陆的"专业性"理念；管理能否成为职业尚存争议，但管理必须"专业"则是完全可以理解的。

2500年前，孔子曾教导他的弟子管理之道。有两个故事不妨引在这里，或许有益。第一个故事："子适卫，冉有仆。子曰：'庶矣哉！'冉有曰：'既庶矣，又何加焉？'曰：'富之。'曰：'既富矣，又何加焉？'曰：'教之。'"庶矣、富之；富矣、教之。"教之"不仅指以文化人和修身养性，也是教人齐家治国平天下之道。从实践的角度来说，个人、社会、国家、世界都需要好好管理。第二个故事："子夏为莒父宰，问政。子曰：'无欲速，无见小利。欲速则不达，见小利则大事不成。'"子夏"问政"，这里的"问政"可以理解为求问如何管理好众人的事，也就是求教管理之道。管理之道既不是追求"速达"，也不是贪图"小利"，因为此二者皆是急功近利和鼠目寸光的同义词，是功利主义和机会主义的衍生品。

管理作为"社会的器官"，彰显了管理的社会生态学含义，一个"有机"的社会就是合理、健全、正常运作的社会。德鲁克认为，今天的社会已经快速成为组织化的社会，所有的社会组织都必须考虑人的生命质量和生活品质，这是社会的价值、信仰和目的所在。因此，也可以说，经济发展与社会进步是良好的管理的成果。管理是社会机构必需的职能。

企业、大学、医院都有某种形式上的真实性——体现为大门、可见的标识、各部门的办公室等。但这些组织本身不是管理者，里面的人才是真正的管理者、决策者和执行者。德意志银行在19世纪末曾是独占鳌头的欧洲金融机构，但我们知道："没有管理，一间银行就会被废弃，难逃倒闭的厄运。"按德鲁克的话来说："没有组织就没有管理，但重要的是，没有管理就没有组织。管理是现代组织的特殊器官。管理是一切绩效的器官，也是所有组织赖以生存的器官。"

在一次研讨会的演讲中，德鲁克曾指出专业的管理者需要做三种工作。第一种工作是，管理者必须让经济资源有生产力。管理者要花时间和精力在经济问题上，其工作不是把风险最小化，而是要努力做到机会最大化。第二种工作是，从事必要的行政工作，管理好人力资源和团队，鼓励员工合作共事，结合员工的技能和知识来共同完成任务，发挥员工的优势，规避员工的弱点，实现组织的"整体最优化"目的。第三种工作是，管理者要执行公共职能。管理者站在舞台上，聚光灯照在他们身上，他们必须履行自己的职责、统筹大局、以身作则。

德鲁克认为，健康的管理与健康的社会并存，管理有其社会责任，但是管理的社会责任有限。德鲁克指出，管理首先追求的是对机构关键且具有决定性的绩效负有更高责任；管理本身能力有限。

在任何社会里，管理者负责任都是应当的。任何组织和商业实体都应该有合适的责任伦理，比如诚信原则——不要欺骗、不要偷窃、不要撒谎、不要行贿和受贿等。这些看起来是"小节"，但的确应该是管理必须遵循的责任伦理。责任伦理来自社会对伦理价值的敏感性和有效共识，责任伦理体现了人生存的精神素质，乃至一个社会的文明程度。德鲁克将引申自希波克拉底誓言的"不要明知其害而为之"作为管理的基本伦理要求，这也是公共责任的道德体现。德鲁克还提出，管理的责任伦理意识包括减少和消除经济不平等，促进收入平等，鼓励摆脱经济社会因财富过分集中而导致的"金脚镣的危险"等。

中产阶层成为社会的主体和生产力的主体——这种相对理想的现象取决于社会组织的恰当管理。这样的社会依靠的是管理者的知识、愿景、使命以及主动承担责任。在这样的社会中，管理成为核心理念，有使命、有责任、有实践、有创新。管理是一个健康的社会所必需的，管理会努力对整个社会做出实质性的贡献，甚至会为社会提供认识论框架和新的研究主题。

管理是社会的器官，存在于社会，对社会负责，为社会服务。对德鲁克而言，一个健康的企业、一个健康的大学甚至一家健康的医院在病态的社会中都是很难生存的。当管理成为社会的重要器官的时候，管理对社会具有某种"医治"功能。管理对整个社会负有责任。医治社会疾病不是企业独有的挑战，而是对所有社会组织机构的管理能力的挑战，它是人们共同的责任。企业的健康是管理者的责任，一个健康的企业与一个患病的社会很难兼容，健康的企业要求一个健康的或者至少是可以正常运作的社会。

德鲁克的这个想法实际上就是大多数管理者关心的"大环境"与"小理想"，有效的管理试图凝聚和实现所有的小理想，以求扭转大环境的颓势。企业所面临的问题，按照德鲁克的理解，实际上就是管理的问题与管理者的问题，不勇于面对管理问题，我们将很难保持可持续的经济增长和政治凝聚力。德鲁克深知，所有社会都是不完美的，因此体现出管理独特的责任和重要性；不是完美的社会产生有效的管理，而是有效的管理可以改变社会。管理的使命是成功创造经济绩效，努力提升员工成就感，承担社会责任和扩大社会影响力。

德鲁克提出，企业管理的任务可总结为如下三项。第一项，企业管理应该优先考虑企业的经济职能，因而必须注重经济绩效。无论是企业的决策、行动还是发展谋略，都必须强调经济绩效。第二项，企业管理的任务是推动工作富有成效和促进员工富有成就。德鲁克认为，人是机构最重要的和真正的资源，因此员工个人的成就就是机构绩效的晴雨表。第三项，企业管理的任务是扩大社会影响力并承担社会责任。德鲁克坚称：任何机构都不能独善其身，企业生存的合理性的唯一标准是有益于社会。⊖

谈论德鲁克所说的企业管理的任务，以下三点不能被忽略。

⊖ 参见 1973 年出版的 *Management: Tasks, Responsibilities, Practices*（《管理：使命、责任、实践》）。

第一，要想执行如上三项管理的任务，首先要有正确的企业经营目的。按照德鲁克的观点，企业经营的目的是创造客户。德鲁克宣称：市场的创造者不是上帝，市场也非自然形成的，更不是经济力量创造出来的，市场是生意人创造的。因此，企业经营的目的的唯一定义，是"去创造客户"。是客户决定企业性质，是客户愿意为经济资源、商品和服务买单。

第二，利润不能作为企业成功的定义和唯一标准。德鲁克说："企业不能用利润来定义和解释""利润最大化的概念是没有意义的"；"评估任何企业的首要标准不是利润最大化，而是实现足够利润以减少经济活动的风险，从而避免亏损"。他还指出：利润不是原因，也不是目标，而是成果，即利润是企业经营绩效在市场、创新和生产力上的成果，把利润作为目标则是对企业的诅咒。利润的职能是测量绩效，减少不确定性的风险。企业不需要为利润的必要性而道歉；相反，企业经营者应该觉得内疚的是，没能成功产生与利润相称的经济和社会职能。㊀

第三，管理任务的执行必须讲究方法，而不是空谈观点。这里的讲究方法，强调的是建立市场、理性分析和有效管理的综合，释放企业的生产力。比如，针对年轻人的买鞋需求，鞋商优先考虑年轻人的想法比盲目制造和推销更加重要。创造一个能够满足年轻人需求的市场，运用合适的方法进行有效的管理，便会产生绩效。再比如，当我们要创业或加入管理企业的行列时，我们就需要回答德鲁克的"事业三问"，即"我们的事业是什么？""它应该是什么？"以及"它将来应该是什么样的？"。

德鲁克不止一次提出过这样的问题，因为他发现许多企业家和管理者并不知道自己正在做什么。这三个问题涉及有效管理的可操作性和方法的应用。第一个问题与企业的自我定位和目标设定有关，即企业想做什么。第二个问题是对企业将来发展的可能预测，以确保企业不会盲目创业，而

㊀ 参见1973年出版的 *Management：Tasks，Responsibilities，Practices*（《管理：使命、责任、实践》）。

是按照既定的中长期规划和企业的理想，采取积极有效的方法。第三个问题则是回归理性去分析人和市场，以求自己企业的本来面目，寻回企业的实质，并进行有效的评估，以便"重新定位"管理者和被管理的企业。

管理任务的执行方法对产品生产来说也是非常重要的。有时，批量生产和批量生产方法很有市场，很有客户，也很有影响力。正如亨利·福特所说的那样："客户能拥有一辆任何颜色的汽车，只要它是黑色的。"从方法论来说，这就是单一产品批量生产的积极意义和管理任务产生的卓越绩效。批量生产要求管理者具有分析思考的能力，比如制订工作时间表和工作计划。但不是所有批量生产都能产生良好的绩效，这时创新就会成为最有效的管理方法。比如，个性化产品生产要求员工必须驾驭独特技能，而分步批量生产和弹性大批量生产则要求管理者具备全局意识和统筹能力，以及对概念的综合理解和决策拍板能力等。产品生产既是一种工作，也是一个工作进程；工作与工作进程不能处于失控状态，它们都需要被合理有效地控制。因此，产品生产进程也需要缜密的考虑和有效的方法，比如方向把握、质量审定、数量核对、标准检测、财务管理等。

管理建立在客观性上，因此管理的任务还必须讲究战略规划。德鲁克所说的客观性有如下八个方面[⊖]：营销、创新、人力资源、财务资源、物质资源、生产力、社会责任和利润要求。客观性是明摆着的，任何企业的运作都必须建立在这些方面上。

在我看来，德鲁克的精妙解释在于管理所讲究的战略规划上。他提出需要澄清战略规划的误解，表示战略规划有如下四个"不"：战略规划不是要把戏，也不是所谓的一技之长；战略规划不是预知和掌控未来；战略规划不是应对未来的决定，而是应对当前决策的将来可能性；战略规划不能完全消除风险，相反，任何战略规划都依然可能需要承担风险。

⊖ 参见1973年出版的 *Management*：*Tasks*，*Responsibilities*，*Practices*（《管理：使命、责任、实践》）。

消除对战略规划在概念上存在的误解后，德鲁克指出了"战略规划"概念的正确理解，即战略规划指企业制定当前决策的持续过程，企业需要系统地认识未来，系统地组织并努力执行决策，以及系统地分析反馈信息并做出可评估的成果。因此，德鲁克提出战略规划有四个"是"㊀：战略规划是系统的、有目的的工作，用以保证企业实现目标；从昨天的蜕变到明天收获成就的过程中，战略规划是被不断抛弃和更新的；战略规划是寻求新的和不同的方法去完成任务，而不是守株待兔、坐收渔利；战略规划是寻求在正确的时候做正确的决策，以求收获应得的成果。

㊀ 参见 1973 年出版的 *Management: Tasks, Responsibilities, Practices*（《管理：使命、责任、实践》）。

"创造性的破坏"与"有系统的抛弃"

所有企业家都很清楚：任何企业都必须创新，不创新则亡。所有企业和组织都必须学会创新，否则无法生存；换言之，创新是关乎组织生存的问题。本文谈谈创新理论的先驱熊彼特提出的一个重要概念——创造性的破坏（creative destruction），以及德鲁克在这个概念的基础上发展出来的、具有极强可操作性的概念——有系统的抛弃（systematic abandonment）。这个概念大致包含三个意思：有目的的抛弃、有计划的抛弃、有组织的抛弃。但这个概念并不是想要把抛弃行为加以系统化。

一、熊彼特的"创造性的破坏"

首先说说熊彼特对"创造性的破坏"的基本解释。熊彼特认为，真正的经济发展必须至少体现出如下五个变化：引入新产品，引入新的生产方法，新的市场的开放，控制原材料或半制成品的新的供给来源，以及建立新的组织，以便获得垄断地位或打破垄断地位。他认为"经济发展不像树木的生长一样均匀地进行，而是跳跃式前进的"[一]，因此，创新成了经济发

[一] 熊彼特. 经济发展理论［M］. 王永胜, 译. 上海：立信会计出版社, 2017.

展最重要的战略刺激。这里的创新主要指企业必须不断涌现新的产品、新的生产流程或生产方法、新的市场或供应来源、新的商业、业务或金融的组织形式等。经济发展的质变是个创造性的破坏过程，这种创造性的破坏过程正是现代经济的基本事实，主要指"不断地从内部变革经济结构，不断地摧毁旧的经济结构，不断地创造新的经济结构"。[一]

在《经济发展理论》中，熊彼特认为经济衰退的唯一原因是经济繁荣，或者说经济繁荣本身就是经济萧条的基本原因，这意味着经济衰退只不过是经济系统对经济繁荣的一种反应，或者是一种对经济繁荣"系统的条件适应"。经济繁荣与经济衰退很大程度上都是创新适应过程中的正常状态。如果人们渴望并享受经济繁荣，那么人们也必须勇于接受随繁荣而来的必然的经济萧条。但经济不景气不完全是坏事，因为经济收缩会迫使企业家通过创新来重组生产、降低成本和提高效率，用新产品和新方法来取代旧产品和旧方法，并逐步淘汰那些低效而无法创新的业务。这就是熊彼特所说的"创造性破坏的不间断风暴"。

就本质而言，市场经济是现代经济活动的一种形式或一种方法，市场从来不是而且也永远不可能静止不变，熊彼特称之为"动态失衡"。换言之，市场是经济活动的动态过程，它必须在"创造性破坏的不间断风暴"中理解自己的任务，以及在长期激烈竞争中不断做出改变。这种竞争不仅是传统市场观念中的价格竞争与资源竞争，比价格竞争与资源竞争更为重要的是品质竞争、营销策略竞争、信息竞争和人才竞争。换言之，现代市场经济是动态的、演进式的经济系统，必须在"创造性破坏的不间断风暴"中依据长期发展的动态加以评鉴。关键问题不在于现代市场经济如何运作现有经济结构，而在于它如何能够破坏现有经济结构并创造新的经济结构。因此，资本市场必须管理好经济结构，不仅要创造性地破坏不合时

[一] 参见 SCHUMPETER. Capitalism, socialism, and democracy [M]. London: G. Allen & Unwin Ltd, 1943.

宜的、落后的、无法创新的经济结构，还要不断地创新经济结构，比如开发新的产品与服务、新技术、新的供应来源，发展新的组织形式等。

二、德鲁克的"有系统的抛弃"

熊彼特是德鲁克的父亲的好友，也是德鲁克自己倍加赞赏和崇敬的经济学家。对那些熟悉德鲁克的经济管理思想但不熟悉熊彼特的读者来说，他们可能会认为熊彼特的这些说法有似曾相识的感觉。这就引发我们来谈论第二个问题，即德鲁克从熊彼特的"创造性的破坏"这一概念中学到了什么？

德鲁克首次提出"有计划的、有目的的抛弃"理念是在《为成果而管理》中，后继出版的作品中也多有论及，诸如《管理：使命、责任、实践》《创新与企业家精神》《下一个社会的管理》等。在《为成果而管理》中，德鲁克说道：

把"抛弃"称为"机会"可能会让人倍感意外。但是，有计划地、有目的地抛弃老旧的、不能产生回报的东西，是成功追求充满希望的新事物的先决条件。最重要的是，抛弃是创新的关键：不仅因为它能释放出必要的资源，而且因为它能够刺激对新事物取代旧事物的探索。

在德鲁克看来，如果企业需要做出重大的新的努力，合理的建议是抛弃一些旧的努力。要想为新的努力提供必要的资源，尤其是人才，企业必须放弃旧的努力，把有才德之人用在关键而且正确的地方，把好钢用在刀刃上。企业家要舍得修剪那些不再结果的繁杂枝条，充分利用组织中具有创造力的人才，而不是在过时且破旧的事物上消耗精力，即要"注重成果而不是走套路"。

创业精神指的是人的行为，而不是人格特征。它的基础是概念和理论，而非直觉，创业精神必须寻求并依赖经济和社会的理论支撑。创业家会打破现状、搞乱秩序，也就是熊彼特所说的："创业家的任务就是'创造性的破坏'。"换言之，具有创业精神的创新者的"创造性的破坏"，可能会对就业、金融稳定、社会秩序和组织责任等构成真正的社会威胁——德鲁克的这个认识基于熊彼特在《经济发展理论》中所提出的观点：正常且健康的经济实践应该是由具有创新精神的创业家们所引发的"动态失衡"，而不是在凡事上力保所谓的均衡化与最优化。[一]

众所周知，在创新中，有系统的抛弃是最重要的步骤，同时也是最艰难的抉择。在1995年接受约翰·戈贝曼的采访时，德鲁克说："不抛弃便无法创新。有效的组织会知道如何做到有系统的抛弃，或至少在其日常生命周期中做到有系统的抛弃。额外的重量是心脏和大脑的负担，量大本身未必意味着益大。"[二]这就意味着，在经济发展的动态过程中，创新成为经济发展最重要的驱动力。那些不愿意创新、无创新能力或习惯于老套的企业，很快会被具有创新能力的外来者和新来者所取代。与其不创新等死，还不如勇于创新，成为自己的"创造性的破坏者"。

德鲁克认为"创造性的破坏"并不等同于"创造性的模仿"。"创造性的模仿"也叫"创业家柔道"，是哈佛商学院教授西奥多·莱维特首创的名词。德鲁克认为"创造性的模仿"这个表述本身是自相矛盾的，"创造性"有"原创"的意思，而"模仿"则否认了"原创性"。作为创业家的战略思维，"创造性的模仿"具有"创造"的某些特征，虽然不能与"原创性的创新"相媲美，但比"孤注一掷策略"（fustest with the mostest strategy）保险一些。[三]

在我理解，"创造性的破坏"是熊彼特的组织创新理论的核心内容之

[一] 参见1985年出版的 *Innovation and Entrepreneurship*（《创新与企业家精神》）。
[二] 转引自 EDERSHEIM E H. The definitive Drucker: challenges for tomorrow's executives——final advice from the father of modern management [M]. New York: McGraw Hill, 2007.
[三] 同[一]

一，德鲁克传承了这个理念并将其运用于组织管理，特别是企业管理。在《管理：使命、责任、实践》一书的最后一章中，德鲁克专门讨论了"创新型组织"，明确指出包括企业在内的任何组织都需要"有计划地抛弃旧事物"。不愿抛弃过去是大型企业创新的最大障碍，因为许多企业家对"修修补补又三年"抱有依依不舍的独特心结，所以大多数企业没法创新成功，但也不能说是失败。德鲁克把这种现象称为"接近成功"，但众所周知，这种"接近成功"实际上比失败更加危险。因此，企业只能通过求新创异，才能使自己变好变强。创新的基础就是有计划、系统地淘汰老旧的、垂死的、过时的东西；创新型组织不要浪费时间和资源去死守已经逝去的昨天，而是要系统地抛弃过去，并把释放出来的资源投入新的工作和业务，尤其要解放企业最稀缺的资源——优秀人才，让他们毫无束缚地进行创新。如果企业想要有好的未来发展，必须从现在起创造未来，比创造未来更加重要的是系统地抛弃过去。

三、"有系统的抛弃"之应用

"有系统的抛弃"主要应用在企业的创新实践上，我可以举些例子说明，诸如决策、战略规划、绩效成果、企业多样化。

第一，我们先说"有系统的抛弃"在决策上的应用。

在论及企业目标与企业使命时，德鲁克就鼓励企业管理者要勇于接受不同意见，而不是面对不同意见畏缩不前，甚至担心因分歧而痛苦不堪。德鲁克指出，不同意见对管理者做正确决策至关重要，他甚至相信"把不同意见公开化是有益的，是向管理的有效性迈出了一大步"[一]。在论述有效的决策时，德鲁克以斯隆召开董事会为例，提出高管在做决策时应该遵循一条必要原则：没有不同意见，不做决策。这个实例广为流传，成为佳

[一] 德鲁克. 管理：使命、责任、实践：使命篇［M］. 陈驯，译. 北京：机械工业出版社，2019.

话，说的是通用汽车公司的斯隆在董事会上讨论一个议题，结束后说："先生们，在我看来，我们大家都达成一致意见了？"众人纷纷点头表示一致同意。斯隆接着说："那么我现在宣布休会，把这个问题的讨论推迟到我们能听到不同意见时再开会决策，那或许会有助于我们理解决策的意义所在。"

基思·格林特也举过斯隆的例子。他认为斯隆所召开的这次董事会是遭遇"破坏性的赞同"的典型例子，而最有效的决策应该是"建设性的异议"。"破坏性的赞同"指追随者通过默许其领导者做出错误决策而祸及集体利益；"建设性的异议"指追随者为了保护集体利益以及为了避免领导者酿成错误决策而提出不同建议和意见。格林特指出，当领导者要做决策和解决问题的时候：

不是要确保有人赞同，而是要确保有人提出异议。对独裁者来说，获得赞同相对比较容易，但它无法应对问题，因为这类赞同往往是破坏性的，而破坏性的赞同恰与不负责任的追随相伴，将导致全然无用的框架，根本无益于应对问题。我们事实上需要的是建设性的反对者，他们愿意告诉老板，后者的决策是错误的（就像二战中英国陆军元帅艾伦·布鲁克对丘吉尔频繁提出批评一样）。○

德鲁克非常强调管理者应该理智地做出正确的决策，这是一件十分必要而且重要的事情。他认为：

决策的制定流程在本质上是个理性的流程，而且企业决策的有效性依赖于其他人对决策的理解程度与努力意愿。所以，如果决策是理性的、有组织的、有认知基础的，而不是预测臆断的，那么这样制定出来的决策将会是更加负责任的、更加行之有效的决策。○

○ 格林特. 领导力 [M]. 马睿，译. 南京：译林出版社，2018.
○ 德鲁克. 管理：使命、责任、实践：使命篇 [M]. 陈驯，译. 北京：机械工业出版社，2019.

在理智决策的基础上，德鲁克强调"有计划的抛弃"与理智做决策具有同等的重要性。他多次指出管理者"要有计划地、系统地抛弃那些企业中过时的、不合时宜的目标和使命；抛弃那些不再能够体现特定顾客或者顾客群体的满意度的、不再能够具有优先贡献力的目标和使命"。企业管理者要学会抛弃过时的产品、服务和市场目标；抛弃过时的、废弃的和无生产力的政策；甚至公共服务机构也需要有计划地抛弃那些过时的、不再适用的政策。

那么，如何抛弃呢？德鲁克建议从理性分析开始，也就是对企业所有现存的产品、服务、流程、市场、最终用途以及销售渠道等进行系统的分析，而系统分析要从提出问题开始。从德鲁克的"事业三问"出发，提出具体问题，举例如下。

1）现存的产品、服务、流程、市场营销、产品用途、销售渠道依旧可行吗？

2）它们都还能奏效吗？

3）它们还能为顾客提供价值吗？

4）明天我们还能依旧这样做吗？

5）它们还能适应人口、市场、技术、经济的变化吗？

6）如果不再适应了，我们如何采用最佳的方法抛弃它们？或者至少能够有效地停止更多的资源投入和人力消耗？

7）在现有的产品系列和业务中，我们应该放弃什么？

8）哪些是我们应该削减和淡化的？

第二，我们说说"有系统的抛弃"在战略规划上的应用。

德鲁克在专论战略规划时提出了一个令人耳目一新的观点：系统地摆脱过去就是战略规划本身！德鲁克认为战略规划的关键有如下三点：第一，系统且有目的地实现工作目标；第二，规划始于"摆脱过去"，有计划的抛弃也是系统地尝试收获未来的一部分；第三，应该寻求崭新的、不同的方式去实现目标，而不是迷恋于在已经做过的事情上做更多并自鸣得意。㊀ 在这三个关键中，"摆脱过去"是战略规划的重中之重，不要让过去的成就与得意、沮丧与痛苦绑住管理者的手脚，更不要让这些束缚管理者的心灵。

企业的战略规划应该始于企业所设定的目标，在每个目标领域，管理者都要问：为达到企业未来的目标，我们现在必须做什么？德鲁克给出的答案是：为成就未来，现在所要做的第一件事就是"摆脱过去"。许多管理者只在意必须做的新事情，比如新产品、新流程、新市场，但他们容易忽略应该合理地、系统地摆脱那些不再具有生产力的、即将过时的或已经荒废的事情。

提出正确问题，如医生做出正确的诊断一样，比急于吃药、动手术更加重要。德鲁克认为企业战略规划的第一步是针对任何活动、产品、流程以及市场提出问题，比如：

1）如果今天不摆脱它，我们有可能在未来从中获益吗？

2）假设答案是否定的，那么接着问：我们如何能够快速地摆脱它？

3）我们必须在什么时候开始努力工作，才可能在我们需要时收获成果？

4）如何甄别出企业应该长期尽力创造的与众不同的新事业、技术以及市场？

5）在我们当前的事业中，哪些是应该抛弃的？

6）哪些是企业应该缩减的业务？

7）哪些是企业当前应该推进并提供新资源的业务？

8）为了配合新产品、新服务或新市场的发展需要，我们必须抛弃或淘汰哪些旧技术？

㊀ 参见德鲁克. 管理：使命、责任、实践：使命篇［M］. 陈驯，译. 北京：机械工业出版社，2019.

如果对这些问题能够做出有效的分析和合理的判断，那企业就必须"'现在'做出决策，'现在'承担风险，'现在'采取行动，最重要的是，必须'现在'做好所有资源的合理配置，必须'现在'开展工作"！㊀ 毕竟，所有的未来都是现在创造的。

第三，我们说说"有系统的抛弃"在绩效成果上的应用。

现实中，许多管理者会对已经取得的绩效和成果得意扬扬，他们很容易躺在功劳簿上回想自己多伟大，他们容易成为自己的成功的囚徒。按照德鲁克的话说："管理者会混淆'脂肪'与'肌肉'，分不清忙碌的表象与实际的绩效。"在《管理：使命、责任、实践》第14章"服务机构的绩效管理"中，德鲁克指出：

没有成功是永恒的。舍弃昨日的成功远比重新评估失败更加困难。成功会培育其独特的狂妄自大；成功会制造情感上的依恋；成功会养成理智与行为的惯性；最重要的是，成功会让人陷入虚假的自信。到头来，丧失使用价值的成功或许比失败更具有破坏力。

显而易见，德鲁克不仅提醒管理者要心智成熟和道德审慎，而且要求企业必须有组织、有计划地抛弃那些毫无绩效和不可能产生成果的企业活动，衡量绩效并抛弃不再具有生产力的项目；勇敢地抛弃一些计划与模式，甚至要求在工程设计上做重大调整；为了开创新的主要产品线和开启新的业务，企业应该抛弃旧业务，甚至抛弃过时的产品线。

在1981年的《应该期待怎样的成果》㊁一文中，德鲁克进一步重申了企业家"抛弃过去"的重要性，尤其是那些已经获得成功且身居要职的

㊀ 德鲁克. 管理：使命、责任、实践：使命篇 [M]. 陈驯，译. 北京：机械工业出版社，2019.

㊁ 其内容参见德鲁克所著《管理：使命、责任、实践（责任篇）》（机械工业出版社2019年版）的附录。

人，因为是市场迫使管理者直面现实并抛弃过去。每个企业（甚至是公共服务机构）都需要对自己的产品、服务和活动进行系统评估，找出"候选抛弃项目"。在确认好候选抛弃项目后，要马上提出问题：我们最快需要多长时间才能终结这个项目？

在1989年的文章《有效研究的十条规则》中，德鲁克指出企业花费巨资做调查研究，但往往收效甚微，因此他提出有效的研究也要求有组织的抛弃，不仅要有组织地抛弃产品、流程和服务，而且要有组织地抛弃研究项目。德鲁克还提出了三条很好的线索，可以提示我们何时应该抛弃：一是不再有重大改进或提升时；二是当新产品、流程、市场或服务不再出自按部就班的演进时；三是当多年研究的成果仅仅停留于"有意思的"时。

虽然有组织地抛弃阻碍企业实现目标与绩效的东西，有系统地抛弃那些低绩效与无成果的活动，都是企业管理者感觉最痛苦的事情，但必须记得，这样做才是对企业最有益的创新举措。企业管理者不仅需要鉴别并抛弃那些在绩效上差强人意、毫无生产力的活动，而且需要建立机制用以抛弃那些浪费资金与资源却毫无成果可言的活动——正如好的园丁善于修剪果树一样。

第四，"有系统的抛弃"在企业多样化上的应用。

德鲁克在《管理：使命、责任、实践》第58章专门论及"管理好企业的多样性"，其中有相当的内容是提醒企业家们不要对"多样化"跃跃欲试，而是应该专注，把一件事做好，经常发现并"抛弃不恰当的多样化"。

德鲁克认为，"不恰当的多样化"就是指那些不合适、局部合适、规模不当的，并且损害甚至摧毁企业核心力量的多样化。企业管理者的一个重要任务就是确保整个企业在管理的合一性、明确性、专注度上免受这种多样化所造成的危害。德鲁克提出，面对不合适的多样化，就应该快刀斩乱麻，想方设法摆脱它；面对局部合适的多样化，最低限度的做法是使新产品线与原有企业分离，成为完全独立的企业。对于不合适或局部合适的，做得比较成功的多样化产品，应该让它们脱离管理系统；对于不合适或局部合适的，做得很失败的多样化产品，企业应该尽快地摆脱它们，以免受其害，否则它们会消耗企业的资源，加重管理层的负担。而对那些规模不当的企业来说，管理者应该以"大"为戒。企业规模太大，管理难度也会倍增，管理者不要把"虚胖"视为"成长"，这是最危险的错误。相反，如果企业能够抛弃那些只会消耗有限资源、损害真正成长的潜力而且毫无贡献的活动，那么这种状况实际上已经说明企业正在成长了。

最后，需要补充一点，那就是在现代世界，企业经营管理的理论复杂多变，莫衷一是；企业家不知该学哪门哪派。这是实情。不仅企业家有这样的感觉，管理学研究者也是这样。因此，德鲁克提醒企业家们要在学习中反思那些毫无意义且无聊的理念，免得受教条主义所害，深陷其中，不能自拔。在《管理：使命、责任、实践》第41章中，德鲁克提出了一个很好的问题：我们需要抛弃什么？德鲁克认为思辨和理智是重要的，在组织理论与管理实践中，一些最嘈杂、最耗时的纷争纯粹是无聊的骗局。这些骗局都强调非此即彼；而德鲁克认为答案往往是"两者兼有——所占比例不同而已"。这可以被视为处理无聊论战的总原则。

这里举几个常见的管理争议话题，比如在组织结构与职务设计中是以使命为中心还是以人为中心？组织结构设计应该是层级制度组织还是自由形态组织？是否凡事必然存在一个最终答案？德鲁克认为，无论是"以工作为中心"与"以人为中心"之间的论战，还是"层级制度组织"与"自由形态组织"之间的论战，这些无聊论战反映的是传统组织理论的基本信念：一定有一种最好原则存在，一定有一个最终答案。但这种认知并不完全可靠。

时过境迁，现代人对这些传统问题争论不休，实在无聊透顶，应该避免甚至是抛弃这些争论。在德鲁克的思想中,组织结构与职务设计必须以使命为中心,但工作任务分派必须既要顾及员工利益,又要考虑实际情况的需要;职务本身是由人担任的,而工作本身是客观的、不带个人色彩的。对此,德鲁克的建议是:

凡是能让人产生绩效以及做出贡献的组织结构,都是正确答案;因为组织的目的是解放与调动人的活力,而不是匀称或调和;人的绩效就是组织的最终目标和检验标准。㊀

㊀ 德鲁克. 管理:使命、责任、实践:实践篇[M]. 陈驯,译. 北京:机械工业出版社,2019.

如何理解德鲁克的"博雅管理"

本文尝试弄清楚德鲁克先生提出"博雅管理"（management as a liberal art）的来龙去脉，主要集中分析如下两个问题：在什么情况下，德鲁克论及博雅管理？博雅管理的意义是什么？仅从文献来看，在笔者能够收集到的德鲁克的书中，至少有八次论及博雅管理。分别叙述如下。

一、认识日本

1934年6月7日，一个周六的下午，德鲁克在下班回家路上，为了躲避暴风雨而走进伯灵顿市场街。正是这个极其偶然的机会，他认真欣赏起日本政府首次送到西方展览的日本画作，深为震撼，从此他迷上日本的绘画。当然，深深吸引他的不只是日本艺术，还有日本的历史、社会与文化。1959年德鲁克首次访问日本。他是第二次世界大战后为日本经济重建做出贡献的主要人物之一，他被视为继爱德华·戴明和约瑟夫·朱兰之后的"第三位美国教师"，主要从事管理学与市场营销的教学工作。自1959年起到20世纪80年代中期，德鲁克曾经多次造访日本，从事讲学、咨询、辅导企业的工作。

1985年夏天，德鲁克应邀参加日本的一场研讨会，同年他发表了一篇重要文章，题为"Management as a Liberal Art"。这篇文章应该就是会后写成的，次年该文被收列于 1986 年出版的《管理前沿》第 27 章。

日本企业受益于德鲁克的管理思想，德鲁克本人也受益于日本文化。从管理学的角度来说，德鲁克深刻理解日本人是如何应用他们自己的价值观、传统、文化以及信仰来促进日本企业实现绩效的。当然，他也非常惊叹于日本崛起成为发达国家的速度与奇迹。日本企业家善于设定目标，特别是设定市场目标，这也让他刮目相看。德鲁克从日本企业的成功经验中总结出：现代企业必须是人与社会的组织，无论是作为学科还是实践，管理都必须关注人与社会价值。他自己对管理的理解本来就不是出于做生意或赚钱，甚至不是出于他从事过的银行业与经济分析工作，他立志成为一名作家和教师。因此，他的主要研究兴趣在于现代社会与组织结构的分析，企业咨询是他的副业。这些丰富的阅历促使他把管理锁定于企业的使命、责任与目标，管理不仅要顾及企业的绩效与成果，也要顾及企业的结构与价值观，并且促进企业员工实现个体成就。

在该篇文章的最后，德鲁克指出：管理必须是一门学科。从 1946 年的《公司的概念》到 1954 年的《管理的实践》，再到 1973 年的《管理：使命、责任与实践》，以及 1985 年的《创新与企业家精神》，德鲁克一如既往地致力于创建一门"管理学科"。他认为，管理学不是一门科学，将来也不会成为一门科学；正如医学取材于生物学、化学、物理学等诸多学科一样，管理学也取材于经济学、心理学、数学、政治理论、历史和哲学等学科。但是，与医学一样，管理学是一门独立的学科，有自己的假设、自己的目的、自己的工具、自己的衡量标准和自己的绩效目标。因此，德鲁克最后才指出："传统的'博雅'（liberal arts）一词可能是描述管理学的最好术语。"

实际上，该文讨论的大多数内容只是为文章末了提出"传统的'博雅'一词可能是描述管理学的最好术语"这句话做铺垫而已。此时的德鲁克似乎正在寻找有哪个合适的词能够用来恰当地描述"管理是一门学科"这一核心理念。日本企业的实践成功印证了他的管理理论,在东方文化处境中结出了果实。德鲁克从自己所处的欧洲古典文化教育系统中找到了可以说明管理学内涵的词语,这正是为何他说"传统的'博雅'一词可能是描述管理学的最好术语"。

二、变化中的新现实

在1989年的《管理新现实》一书中,德鲁克专门有一章内容论及"管理的社会职能与博雅技艺"。了解德鲁克的博雅管理,这篇文章很值得一品。这篇文章后被收录于《管理(原书修订版)》第2章。

其主要内容先是简单介绍了管理的源头与发展、管理与创业精神、管理的合法性,然后解释何为管理。"各个企业都必须具备对共同目标与共享价值观的奉献精神,没有这样的奉献精神就没有企业可言,不过是一群乌合之众罢了。"德鲁克还强调企业应该成为学习型与知识型组织,认为"每个企业都是一个教与学的机构";在这样的企业中,所有人的个体责任与彼此信任的人际关系被建立起来。

最后,德鲁克才论到"博雅管理"。这段不长的论述非常经典,广为引用。约瑟夫·马恰列洛在他的《跟德鲁克学:52周有效领导力教练》(*A Year with Peter Drucker: 52 Weeks of Coaching for Leadership Effectiveness*)一书中就多次引用过这段话。德鲁克从英国科学家与小说家C. P. 斯诺关于当代人类社会的两种文化即"人文文化"与"科学文化"入手,指出当代管理学既不完全属于"人文文化"也不完全属于"科学文化"。接着,德鲁克指出当代管理学的重心在行动与应用上,管理成功的检测标准是绩效与成果;在此意义上,管理是一门技术。然而,管理也是一门关于人、人的价值观、人的成长、人的职业生涯发展的学问;在此意义上,管理学是一门人文学科。

在这基础上，德鲁克才提出他的博雅管理。以下是他对 liberal 与 art 的解释。liberal 涉及人的基础知识、自我认知、智慧以及领导力，art 讲究实践与应用，甚至是技能。"博雅管理"是关乎人自身、人的价值观、人的成长、人的职业生涯发展的一门综合学问，它根植于人的精神文化土壤，要求人具有奉献与共享精神；它应该具备人文特质，关注并深刻地影响个人品质、社会结构与社群生活，甚至触及人的精神世界、人的本性以及善与恶等。

管理者需要尽可能广泛地吸收各种知识，吸纳人文学科与社会科学的洞见，包括心理学、哲学、经济学、历史学与伦理学等。故此，随着管理学在学科与实践上日益受重视，人文学科也会获得认可，产生影响力和现实意义。德鲁克对"博雅管理"的描述，讲的不仅是实践，也是管理学应该具有的海纳百川的学科气势和认识论基础。

三、知识社会中管理者是"有教养之人"

在 1993 年出版的《知识社会》一书中，最后一章题为"有教养之人"（"The Educated Person"，也有译为"知识人"的）。这里的教养，来源于受过的教育、父母言传身教的品性道德、师长的教诲和朋友间的相互学习、社会文明礼节的潜移默化，因此人人或多或少都有教养。德鲁克在这一章中讨论了不少关于博雅管理的内容。这一章的内容后被收录于《管理（原书修订版）》第 48 章。

德鲁克认为，后资本主义社会关注人生存的环境，以及人的生活、工作与学习，当知识成为社会的核心资源时，也就是在知识社会中，通过合适和文明的教育与培养，"有教养之人"成为社会的标志、社会的象征、社会的典范、社会的原型和社会的代表。这一连串的词语显然不是在展示他的词汇量，而是为了说明"有教养之人"在知识社会中的核心价值及其所扮演的决定性角色。也就是说，"有教养之人"必须成为知识社会公认的核心概念,并且这个核心概念必须成为全球共识。

博雅教育来自古典欧洲的 liberal education,即通识教育。优秀的学生都喜欢博雅教育。古典欧洲教育体系中,博雅教育曾一度深得人心,在人们的生活中意义重大,甚至可以用以界定人们的社会身份。尽管现在许多父母认为博雅教育是无用之学,甚至认为博雅教育无助于子女理解和驾驭世俗社会的复杂性,但他们的内心深处还是希望自己的子女接受名校高等的博雅教育。

在知识社会中,人们把"有教养之人"理解为有能力理解多元知识的人。在知识社会中,不存在所谓的"知识的女王",所有知识都具有相应的价值。德鲁克还引用了圣文德的经典名言:"所有知识皆可通向真理。"同时,他指出,通往真理的道路上需要有责任感的知识人以提高知识的可信度;未来社会的最大变化必定是知识的变化,不仅是知识之形态与内容的变化,而且是知识之意义的变化、知识之责任的变化,而这一切变化都与"有教养之人"息息相关,有教养的管理者在知识社会中将担当更重大的责任。

四、管理学是一门真正的博雅之学

关于"博雅管理"最经典的表述是在 1999 年 1 月 18 日,时值德鲁克 90 岁,当时德鲁克管理学院的院长杰克·肖(Jack Shaw)问彼得·德鲁克:"你认为你最重要的贡献是什么?"德鲁克给出了那段非常经典的回答:

早在 60 年前,我就认识到管理已经成为组织型社会的基本器官和功能。管理不仅是"企业管理"——尽管管理首先是在企业中引起注意的——管理是现代社会中所有机构的中枢器官。我创建了管理这门独立的学科;并且我围绕人与权力、价值观、组织结构和制度,最重要的是围绕

责任来研究这门学科，故此，我把管理学视为一门真正的博雅之学。㊀

这段精彩的话语，几乎是德鲁克关于管理学的宣言，是他的心声。这里的关键词显然是"管理学是一门真正的博雅之学"。

当代著名管理专家吉姆·柯林斯在 2007 年为德鲁克《管理（原书修订版）》写了一篇文章，题为《德鲁克的遗产》。在该文中，柯林斯写道：

尽管德鲁克强调管理在实践与经验上的重要性，但是，德鲁克从未把管理视为一门技术或琐碎之事，也从未屈从于现代学术界的趋势，去解答一些越来越与管理毫不相关却很精细的问题。作为一名管理学教授，他认为管理学不是一门科学，而是一门博雅之学，他非常自由、大胆地探索问题。……德鲁克执着地坚信：管理不是对技治主义的运用，而是像最好的医学和法律那样具有神圣使命的崇高专业。

我以为柯林斯的确理解德鲁克的想法，这段评述很能说明要点，非常精辟深刻。管理学必须是独特的学科，一定不能依附于哲学与玄学。管理学应该远离象牙塔与牛角尖，应该规避技治主义的弊病，应该走向专业并且受人尊重。

德鲁克的管理学中没有故意挑动人的欲望和邪恶念头的词汇，没有怪术奇招，没有讲权势术谋的厚黑学，也没有商海中游说离间的纵横法。相反，我们看到的是管理的有效方法、良性竞争的智慧、理性的分析判断、正直的要求、对人性的尊重、对社会责任的重视、道德公信力以及专业精神等。我们的现实更需要理性价值与理性智慧。

表 3-1 浅显易懂地展示了平庸的管理理念与德鲁克的博雅管理理念的不同。

㊀ MACIARIELLO J A. A year with Peter Drucker：52 weeks of coaching for leadership effectiveness [M]. New York：Harper Business，2003.

表 3-1

平庸的管理理念的特点或关注点	德鲁克博雅管理理念特点或关注点
权力	责任
成功	贡献
利润	绩效
提升生产力/生产率	管理好人和事
如何管控他人	先管理好自己
doing/to do 所为	being/to be 所是
占有市场	创造顾客/客户
忙于找答案	善于提问题
工具主义/技治主义	科学分析/理智判断
动手术	重诊断
恐惧感	价值观
威力与威权	受人尊重爱戴
现实与结果是驱动力	使命与愿景是驱动力
追求速度快、效率高	追求成果佳、成效好
一致性与中心化	分权制、去中心化
创业难、守业难	创新活,不创新则亡
胡萝卜加大棒的激励方式	鼓励培养员工的自觉性和责任感
"用自己人""抢占重要位置"	把对的人放在对的位置上
个人欲求优先	把个人欲求转变成对社会需要的满足
讲商业道德会约束业务经营	道德榜样具有管理效用
冒道德之风险以谋求利益	不可明知其害而为之
（自动化时代）用机器取代人	人性化地用人
……	……

结语

我们至少可以总结出如下几个要点。

第一，德鲁克每次提出博雅管理时，都广泛涉及文化传统、社会功能、人文精神、知识社会、教育教养、使命责任与价值观等重大话题，而所有这些内容的核心都是人。德鲁克认为人性的本质和生命的圆满决定了个人与社会的健康良性关系，但人的本性不是固定的，而是具有或然性、容易变化的。德鲁克曾在开始撰写《管理：使命、责任、实践》时说："我很清楚一个事实，自己是在为一门学科（管理学）奠定基础。"[一]从他的诸多作品中，笔者能够深切地感受到他具有某种非常崇高的理想与抱负。

第二，德鲁克之所以提出博雅管理，也许是为了把管理学纳入人文学科体系，以克服管理学的发展历史较短、学科涉猎范围太杂、学科主体力量的认知不足、学科基础较弱、学科公信力不够等短板，避免管理学给人留下"掌管琐碎之事""控制他人""赚钱技巧"等不良印象。如下例子或许可以说明这个问题。德鲁克的著作中涉及管理的内容很多，他的管理学所论及的学科也相当广泛，文学、历史学、社会学、政治学、经济学、哲学、艺术学、文化学等无所不包。在1997年5月22日写给友人卡罗莱娜的信中，德鲁克论及自己对小说的热衷，但他说自己"从来不读管理书，它们只会带坏写作风格。"读者能从中隐隐约约地感受到他对广泛流行的管理学的某种担忧。因此，这或许解释了为何他一生致力于把管理学视为"专业"，塑造管理学的新形象，既讲究认识论，也注重方法论。管理学是个"专业"，管理者应该成为具有专业知识的人，不仅专业，而且受到社会的敬重。管理学应该具有人文精神并且经得起客观检测与验证，也能够把信念与经验融为一体。

第三，德鲁克强调管理既是学科又是实践，因此，管理学必须走多中心的道路。尽管各学科的知识不同，但知识不分等级，管理学应该与其他现有学科平起平坐，甚至更重要、更有用——这既有益于企业、政府、大

[一] 沃兹曼，布里奇特，劳勒. 德鲁克：一位智者的人生影像[M]. 辛弘，柳亚涛，译. 北京：机械工业出版社，2024.

学、医院等组织机构的健全与实践，也可以帮助管理学登入现代学问之大雅之堂，并传承不息。管理学必须成为一门独立学科，拥有自己独特性，并且最大范围地吸收其他学科的营养。管理学不应被任何知识门类所困，不受任何学科所限，不受制于实践应用，也不受制于功利主义、技治主义以及官僚主义。德鲁克为管理学思想和管理学代言，他企图摆脱某种束缚人自由的东西，对人如此，对学科也是如此。

第四，德鲁克是在完全领悟管理理论的基础上提出了"管理是实践"的说法。在《管理：使命、责任、实践》一书1973年的序言中，德鲁克的确说过："归根到底，管理是实践。管理的本质不在于'知'而在于'行'。"当德鲁克看见很多企业、机构的管理者都在学习管理学和管理方法时，会频频点头，但这些人很少有意愿并自觉地把管理理论与知识付诸行动；只有在他们的机构或企业的管理毫无绩效、徒劳无功，甚至濒临破产时，他们才会采取行动。我想这才是德鲁克说"管理是实践"的主要原因。如果我们根本没有管理的理论基础，甚至忽略德鲁克强调的是"归根到底"，那就没有明白德鲁克所说的"管理是实践"的内涵，也就无法理解德鲁克说"管理学是真正的博雅之学"的实意。抛开理论基础来片面强调"管理是实践"，这种理解可能是本末倒置，最终是自欺欺人。

没有人会怀疑医学与法学具有很强的实践性，也不会有人否认医学与法学具有多种学科融合起来的深厚的理论基础。因此，在德鲁克的眼中，管理学应该像医学与法学那样具有高度的专业性、崇高的服务精神和高度责任感。有人说德鲁克的管理学太深刻、太严肃，不好懂；有人说德鲁克的建议不切实际，难以实践；也有人说，德鲁克不只是传授某种技巧，还提出了许多问题及独特的理解。如此云云，岂是"实践"一词能概括的？那些"摸着石头过河"的人，或许只感觉到了"管理是实践"。但并非所有组织、机构和企业一直在"摸石头"，人们在下河前丢块石头，探探深浅总是必要的。过河后走向何方、如何走？这些问题总是要考虑一下的。

这时，但凡有人想起德鲁克的管理学，我相信他们会如梦方醒！我想，这就是德鲁克所说的博雅管理。这里，我愿意转引德鲁克对北京彼得·德鲁克管理研修学院创始人邵明路先生所说的一句具有深远意义的话："你不要办一个传统的大学或商学院，而要努力营造全新的管理文化。"㊀在我个人看来，德鲁克所言的"努力营造全新的管理文化"，或许就是让管理学成为一门真正的博雅之学吧！

最后一点是关于博雅情结的。在中文语境中，"博雅"的确是个大词，又博又雅。近代的一些词典中就把 liberal art 解释为宽宏大量的、光明磊落的、丰厚慷慨的、高尚优美的士君子特质。这样的解释非常美好、到位，追求的意境也很高远。如果我们把 liberal art 视为在通识教育的基础上达到的训练有素的博雅之学，那么，管理既是实践也是学科的意图自然就清晰起来，也就是讲究理论研究与经营实践相结合。按照 20 世纪上半叶中国"文理通识"的教育理念，应打好文科通识教育的基础，促进管理者进一步认识中西方文化，使其保持独立的思想与批判的能力，培养勤恳好学、多闻多问、陶冶情操的习惯，以及勇于担当社会责任的精神。这些条件对身处全球化、知识普及、智能科技发达背景下的当代管理者来说，虽然依然困难，但并非遥不可及。就此意义而言，德鲁克管理思想中的这些独特洞见与中国文化精神有了交叉点。管理是一门实践性学科，学之有法、法行正道，只有成就个人亦能造福企业和其他组织，公平正义的社会理想方可实现。

㊀ 转引自沃兹曼，布里奇特，劳勒. 德鲁克：一位智者的人生影像［M］. 辛弘，柳亚涛，译. 北京：机械工业出版社. 2024.

再谈"创业精神"

你现在在做什么工作？从事什么职业？大多数人会回答得很清楚、很直接。但是，如果我们问别人，或者是问自己，你现在正在创业吗？估计大多数人会一时无语，而自己有时也不甚明了。因为做"事"的人多，创"业"的人少；可以做的"事"多，但能成的"业"少而又少。"办事员"很多，"创业家"很少。

能够认认真真地按照工匠精神做正确的事，并认认真真地把正确的事做到极致完好的，那就是具有创业精神的创业者了。

先说说什么不是创业精神。按照德鲁克先生的管理思想，有如下几点是我们需要认识的。首先，不是每一个新兴的小的生意实体都可以叫作创业或代表创业精神。其次，创业精神不是人格特质，而是行为；创业精神不是基于直觉，而是基于概念和理论。再者，创业精神不被局限在经济机构或经济领域，也不被限制于生意人或非生意人、政府机构或非政府机构。最后，创业精神不是毫无方法、缺乏目标的冒险，把创业精神理解为巨大的冒险行动，主要原因是企业家们不知道他们正在做的是什么，而且更糟糕的是他们缺少方法。

与以上"不是"相反，创业精神至少有如下意思。首先，对经济学家来说，创业精神是一个"形而上的经济事件"。其次，创业精神包括了人的所有活动，它是真实地存在的。再者，创业精神无论是对个体还是对机构来说，它都具有自己独特的个性。"具有创业精神"意味着能创造新的东西和不同的东西，具有自己的个性，能够改变和更新价值观。创业者或企业家能把"变化"理解成为企业的标准和健康成长的标尺。最后，创业精神不是自然成型的，也不是创造出来的，创业精神是"工作"。

审慎体现了人的美德与修养，很多企业家视审慎为保守主义作风，但在德鲁克看来，对企业人士而言，审慎是成功的创新者和具有创业精神者的必备态度，他们不是聚焦于冒险，而是定睛于机遇。德鲁克多次提到的一个例子就是麦当劳，当然这个例子现今看起来有点过时，但从历史中的个案研究来看，它依然是很好的话题。

如果创业精神只是用于推动个人事业成功，显然是不够的。按照德鲁克的想法，具有创业精神的企业、机构与社会才是现代社会文明与进步的象征。德鲁克认为，当时成功的企业中，只有少数具备创业精神，成功的企业显然不能仅仅独善其身，而是也要兼济天下。然而，现代许多企业以及社会组织机构正在为了一己私利而毁灭创业精神。有些人通过自己的职业生涯来累积财富与智慧，目的是解决社会问题，由此让自己的人生有所作为。德鲁克称这些人为社会创业者。

但是，创业精神不是人生而有之的，也不是某种创意。德鲁克认为创业精神是务实的工作，他曾经说："成功的创业者不会坐等'缪斯女神的垂青'，他们会实干。"这种说法的确把创业精神的重心从理论转向了脚踏实地的实践。如今，有相当数量的企业、组织以及社会机构，其中有些中型企业，有些是大企业，甚至是超大型企业也都具有创业精神，也成了创新者。这说明任何企业都可能成功地创新，在实践中培育创业精神，它们也必须持之以恒地为之奋斗。创业精神是可以学习、可以效法的。创业型企业应该把创业精神作为一种责任，在实践中把这种责任功能化，以取得绩效与成果，并从中增强与更新创业精神。

　　创业需要追求的是不断超越自己，而不是急于占领或盲目扩张。许多创业者会在发现市场机遇时急不可待地全面开拓，这是危险的行动。走捷径是成功学的弱点，有人因走捷径而获得成功，自然就会有人争先恐后地模仿，企业界前赴后继的故事有很多，教训极其惨痛。对此，德鲁克的建议是：商业人士应该辨识已经存在并广为认知的社会现实，同时冷静理解可能发展或出现的主要趋势。企业家要了解自己的优势，剖析自己的弱点，重新思考自己的价值观，这可以帮助企业家发现自己可能的创业机会。

　　在《下一个社会的管理》中，德鲁克提到了"创业的四大陷阱"，他认为这四个陷阱都是可预见、可避免的。我认为这是对创业家们的有益规谏。

　　第一个陷阱是创业家们容易相信自己比市场懂得多。创业家必须意识到一个事实：许多时候新的产品或新的服务并没有在他们预想成功之处大放异彩，而是在完全不同的市场中大获成功。所以，通常的情况是，创业家成功时自己并没意识到，甚至无意识地拒绝意外的成功，因为这种成功出现在他们的计划之外。换言之，创业家过分自信地认为一切都在他们的掌控之中，以致对新兴市场不敏感。

　　第二个陷阱是创业家过分相信利润是新企业最重要的部分。实际上，"利润是次要的，现金流才是最重要的"。德鲁克比喻道：成长中的身体需要进食，快速成长的企业会吞食现金。光是为了收支平衡，创业家就必须不断投资，所以创业家要避免企业出现周转不灵的困境。当一些新企业的创办人告诉德鲁克他们经营得一帆风顺时，德鲁克就会坦诚告诉他们："'现在'就是你该筹措下一笔资金的时候。"德鲁克还引述沃伦·巴菲特的话："如果他想知道一家公司的表现如何，不会听从证券分析师的意见，因为他们只谈利润，而那无关紧要。"

第三个陷阱是创业家相信自己的管理能力和生产设施的能力能承受企业成长带来的挑战。企业成长时，创业家们忙得不可开交，像陀螺一样转个不停。一般情况下，创业到了第四年，就会出现管理危机。创始人一开始会凡事亲力亲为，但他只有"助手"，没有"同事"。为了避免危机发生，创始人应该坐下来，建立一支管理团队，也就是建立公司的核心竞争力。通常情况下，创立一支团队，需要至少一年到一年半时间。

第四个陷阱是在企业经营成功时，创业家往往会开始把自己摆在企业前面，认为自己比企业更重要。如果他问自己"我想做的究竟什么？我的角色是什么？"，那么他一定提错了问题。他应该问："现阶段，我的企业需要什么？"紧接着问："我具备那些特质吗？"创业家要强烈地意识到自己必须专注在正确的事情上，而不是功成名就的自己身上。

有效研究的十条规则

前不久，有朋友提及管理学跨学科的事，我颇有同感且深以为然。实际上，从古至今，哪门学科不跨界？我的理解是，大多数学问的"底层密码"是相互融通的，在学科精细化和专业化程度越来越高的今天，所有学科都离不开"邻近学科"的支撑与相互借鉴，尤其是在通识认知与基础理论上。换言之，所谓绝对的独立学科越来越少，或者根本未曾存在过。

德鲁克自己好学善学，一生研究学问，涉猎的学科非常广泛：经济学、金融学、统计学、数学、物理学、化学、管理学、神学、艺术、心理学、语言学、政治学、社会学、社会生态学、法学、哲学、文学等。德鲁克具有把各学科融会贯通的本领，他真正地促进管理学成为一门具有人文精神的综合学科。他对各学科的内涵与认知很敏感，也有很深的心得。他听音乐大师的歌剧，便学习坚忍不拔的创作精神；他少年时有志研究刑法，却没想到罪恶与"主义"无关，而是与人性有关；他观察小学老师的教育教学方法，便可悟出好教师的基本素质；他品读克尔凯郭尔的《恐惧与战栗》，理解生存困境、终极关怀和信仰；他学习《海事法》，便领悟了管理的基本规律和重要性，了解希波克拉底誓言，便领悟了"不可明知其害而为之"的道理；他聆听凯恩斯的经济学讲座，却发现了凯恩斯的经济学对人的忽视以及经济学与管理学的差异,从此潜心钻研管理学;他随父拜访经济学家熊彼特,领悟出人生的意义在于"用生命改变他人",如此等等。

在西方,现代企业常常自己建立实验室,做市场调查、产品研发,从事理论研究、科学研究和技术研究,这些都已经有了很好的传统与实践。在从事企业咨询工作的过程中,德鲁克意识到一个事实,或者说遇到一个不可回避的问题:许多企业斥巨资兴建研究中心大楼,成立培训中心和领导力研究中心,甚至建立企业内部的商学院或研究院等,但实际上收效甚微。一些美国企业的研究经费时多时少、时增时减,但花钱本身并不能够产出研究成果。因此,1989年,德鲁克专门撰文提出"有效研究的十条规则",大致内容概括如下。

1)每一种新的产品、流程或服务从它首次实现收支平衡那日起就已经过时。这意味着新的研究和开发必须马上启动。

2)对过时的产品、流程或服务进行自我淘汰,是保证它们免受竞争对手淘汰的唯一方法。

3)企业研究要想出成果,必须把理论与实践相结合,不要把理论研究与应用研究区别对待。

4)物理学、化学、生物学、数学、经济学等学科皆可成为企业有效研究的工具。当然,这并不意味着有效的研究需要学科全才。

5)必须做如下三项努力:改进、按部就班的演进和创新。改进的目的是使已经成功的产品变得更好,改进要基于一线的反馈,就是要基于真正制造产品或提供服务的人、销售员的反馈,最重要的是用户的反馈。企业内部的科学家、工程师或产品设计师必须将一线人员的建议和意见转化为对产品、流程或服务的改进。按部就班的演进是指使用新产品、流程或服务来产生更新的产品、流程或服务。创新则是在社会、经济、人口和技术等领域系统地利用变化的机会。

6）成功的研究者应当问：如果我们成功了，那么这种成功会改善客户的生活吗？会使企业的业务与众不同吗？

7）有效的研究必须兼顾长期成果与短期成果。

8）有效的研究是独立的工作，但各环节的职能不分离。开发与研究相辅相成，制造、销售、交付以及提供服务必须一以贯之。

9）有效的研究要求有系统的抛弃，不仅要系统地抛弃过时的产品、流程和服务，而且要系统地抛弃没用的研究项目。

10）所有研究都必须接受评估和检测，包括目标的改进、按部就班的演进，企业必须每三年对其创新成果进行测评。

以上这十条规则有其时代局限性，但整体上是合理的。

我们必须意识到，企业的研发有别于大学里的纯学术研究和官僚体制中的上传下达，企业需要及时解决市场问题、产品问题、顾客问题和服务问题，最重要的是，企业研发是为了绩效、成果、创新与发展。简言之，企业的研发更倾向于实践活动，而且必须有成效、出成果。

规则是用来参考的，企业家本人比规则更加重要。企业家对待管理学理论研究应该持开放、开明的态度。优秀的企业家会鼓励公开的讨论，而讨论必须具备合适的条件以规避流弊，比如必须基于市场现实和一线反馈情况，不可意气用事；保持理智与平和的态度；以建设性的目标为指归；在实验结果与理论探索的基础上提出主张；以绩效与成果作为评估管理成效的标准，评估绩效时也应该遵守基本的道德原则。反对管理学的人十有八九不理解管理及其重要性，因此常常出现"因人废事"或"因事废人"的不良现象。

任何讨论或决策的参与者实际上都没有能力做到完全中立，无论是谁都很难做到绝对客观，因为人是有自由意志的动物。以超然冷漠的态度对待讨论与决策毫无益处，在你自己参与其中的组织内，把自己置身事外，这是不可想象的不负责任，有时候显得很虚伪。讨论和决策的参与者必须表明自己不打算掩饰自己的个人倾向与观点，并且在深思熟虑后，诚实地表达自己的真实看法。要允许任何人表达不一样的观点，或公正地支持或反对某个观点。讨论和决策的参与者必须提供充足且有效的理由说服他人相信和支持自己的想法。

如果想提出不同意见或建议，或者想要批评不正确的观点，必要的规则是要遵守的，比如按流程来讨论问题，尊重民主讨论的氛围，做必要且充足的准备等。最不能出现的行动和态度是谩骂、嘲讽、偏见、冲动，每个参与者不能带着不公正的情绪参与会议讨论，比如说很深的个人恩怨情仇。大多数优秀的企业家都会做事后复盘的工作，这是反馈分析法中的重要环节，意义重大。

一般情况下，面对重大且难解的问题时，我个人认为传统的"六议法"依然可以作为现代管理学的一种参考。

1）提议（proposal）。提出关键问题、论题、基本观点以及解决方案；提出共同点、相似点、差异性、困难以及一些基本共识。

2）附议（support）。不仅要在情感上给予支持与认可，而且要提出支持的理由并加以合适的分析。

3）评议（discussion）。就议题与观点展开评论与论证，包括可能存在的风险、不确定性以及其他的可能性。

4）异议（dissent）。必须有人提出不同意见，找出不同意见各方的主要分歧和差异点，这就是德鲁克所说的"没有不同意见不做决策"的道理。不同的可能性与更好的解决方案可能出自不同的视角、不同的人、不同的处境以及不同的文化与思维。

5）复议（review）。就提议的内容、异议观点、新的建议与意见，做进一步的综合分析。如果不能确定，可以暂时休会，分配任务于不同的人做进一步的调查研究，收集资料认真分析，确定下一步会议的时间等。

6）决议（resolution）。有的决议很好，但大多数决议并不完美，还会遭遇落实的困难，遇到难以预见的新情况。因此，决议形成后，最好规划一些必要的应急预案，并让不同的人负责管理。

在做重大决策时，企业高管们不要怕批评或异议，要听得进去不同的声音。与此同时，企业高管要拒绝含糊不清、空泛肤浅的批评，要拒绝发泄私愤的无聊论调。高管们不是所有声音都要听从，而是要理智地辨析。所有参与讨论者都必须有头脑、有良知、有责任感，不要唱高调，更不能借人短以炫己长，以免在讨论过程中出现道德危机和信任危机，给整个企业造成灾难性的影响。

最后，我建议与会决策者、参与讨论者、课题研究者都要秉持三大基本原则：在必要的事情上团结一致，在不确定的事情上开诚布公，在所有事情上持守爱心。[一]

[一] 来源于圣奥古斯丁所说的：unity in necessary things, liberty in doubtful things, charity in all things。

从"企业致命的五宗罪"说起

在对通用汽车、希尔斯百货、施乐和 IBM 等大型企业进行细致的观察分析之后，1993 年德鲁克先生撰写了一篇短文，题为《企业致命的五宗罪》("The Five Deadly Business Sins")。在此文中，他指出了导致企业败落的五个致命错误。一些企业即便侥幸没有全犯这"五宗罪"，但哪怕只犯下其中任何一宗罪，也会受重创，难堪重负。

第一宗罪是企业最容易也最经常犯下的"罪"，即对高利润率和高价格的顶礼膜拜（the worship of high profit margins and of premium pricing）。比如，20 世纪 70 年代的施乐就曾因此而几近崩盘。当年，施乐复印机在获得巨大成功之后，不断增加复印机的功能，导致复印机价格水涨船高，当然，施乐因此一时利润猛增、股价冲天。但是，施乐忘记了市场，因为对数量庞大的主流消费者而言，他们需要的只是一台功能简单的复印机。这为日本佳能公司创造了良好的商机，佳能发布了一款功能简单的复印机，投入市场后广受欢迎，并快速占领了美国市场。施乐虽然勉强存活下来了，但严重受挫。无独有偶，也是在 70 年代，通用汽车公司对高利润率的膜拜导致它对低利润但数量巨大的经济型轿车市场的发展视若无睹，这让日本汽车企业获得了发展机会并赚取了可观的利润。

因此，德鲁克指出，第一宗罪的惨痛教训是：对高价格的膜拜常常为竞争对手创造了有利可图的市场，就像施乐为佳能、通用为丰田创造市场一样；更加可怕的是，它们没有意识到高利润率和高价格并不等于高利润。利润总额等于利润率乘以营业额；最高的利润产生于能让企业获得最高的总营业额的利润率，该利润率通常使企业占有最佳的市场份额。

第二宗罪是错误地将新产品价格定在"市场可承受价格"之上（mispricing a new product by changing what the market will bear）。这种做法为竞争对手创造了一个无风险的机会。即便产品拥有专利保护，这也不是明智之举，因为在利润的诱惑下，潜在的竞争者总能找到办法绕过最强的专利保护。虽然美国人发明了传真机，并完成了其产品化的过程；但是，日本占领了全球的传真机市场——因为美国企业的定价远远高于市场可承受的价格。日本企业花了两三年的时间逐步学习如何降低成本，在美国市场上的定价比美国企业低了40%，日本企业几乎一夜之间赢得了美国市场。接着，德鲁克举了杜邦公司人造纤维的例子。杜邦在20世纪30年代注册了尼龙的专利，他们的定价策略是在全球市场上至少保持5年的绝对价格优势，竞争对手根本无法企及。这样的价格策略为下游产品制造商提供了很好的利润空间。这不仅刺激了女性丝袜和内衣市场的蓬勃发展，更有趣的是，在很多意想不到的产业（例如汽车轮胎业）中，尼龙被广泛应用。杜邦因此获得了巨大的利润总额，而且五六年内未出现竞争对手。

第三宗罪是基于成本定价或成本决定价格（cost-driven pricing）。许多美国公司的定价方法都是将总成本和一定的利润率相结合，当产品进入市场后便开始降价，然后迫不得已再投入高昂的设计费用进行产品改造与性能升级。这样做显然于事无补，因为消费者不会把制造商赚钱当成自己的事。这也是导致美国消费类电子产品和机械工具产业败落的主要原因之一。美国人的技术和产品显然不是问题，但美国人以成本定价的做法败在了日本人根据价格控制成本的思路上。实际上，更加合理的定价方法是根据价格控制成本，定价应始于市场愿意支付和可承受支付的价位。为客户创造价值，以市场为导向，这才是有效且合理的市场经济。

第四宗罪是德鲁克的一句名言：在昨日的祭坛上扼杀明日的机会（slaughtering tomorrow's opportunity on the altar of yesterday）。言外之意就是，企业很容易在自己熟悉的领域和已经获得成就的业务上得意忘形、停滞不前，从而丧失创新能力和竞争力。最典型的实例是 IBM。20 世纪 70 年代中后期，在苹果公司先后推出 Apple Ⅰ 和 Apple Ⅱ 后不久，IBM 很快就迎头赶上。然而就在 IBM 赢得了新兴 PC 市场的领导地位时，它却将这项新业务置于大型计算机这头"老现金牛"之下。公司高层实际上禁止 PC 部门向有意购买大型主机的用户销售 PC。其实，这对大型机销售毫无帮助，却令 PC 业务发育不良，而这一切正好为"IBM 兼容机"打开了销路。IBM 亲手培育的胜利果实拱手让给遍布全球的其他商家。

第五宗罪是德鲁克的另一句名言：喂饱问题，饿死机会（feeding problems and starving opportunities）。在从事企业咨询的过程中，德鲁克注意到，许多企业的业务团队或管理层中表现优秀的员工经常被企业高管派去解决业务不再产生绩效、技术过时、产品老旧等棘手问题，而很少被派去关注和开拓机会。一方面，解决问题固然必要，但解决问题只能起到止损的作用，唯有机会才能产生成果，才能促进企业成长。因忙于解决问题而搁置比问题更重要的机会，任凭机会自生自灭，实在是得不偿失。另一方面，在忙于解决问题的过程中，企业丧失了分析形势与捕捉机会的能力，最终只能坐视机会女神飘飘然逍遥而过。实际上，抓住机会和解决问题一样困难，一样耗费精力；创造机会甚至比解决问题更加重要。因此，德鲁克建议，管理者应该先将业务中遇到的机会列个清单，并确保为每个可能机会配备足够人手，然后再考虑罗列问题清单和配备所需的人手是否必要。

在这篇短文的结尾，德鲁克指出：这五宗罪是老生常谈的问题，因此，企业管理者必须抵御、避免和杜绝以上这五宗罪或五种诱惑。这很值得我们品味和反省。

在我看来，这五宗罪的核心问题可归纳为两点：前三宗罪是关于市场营销的，后两宗罪是关于创新的，这两样的缺失的确是企业的致命点。

市场营销当然涉及利润，企业当然需要利润，但如果受高利润率驱使以及受利润最大化诱惑，企业就会非常危险。最重要的是要分辨价格与价值的真正意义。按照德鲁克的基本看法，顾客表面上是在购买产品，实际上是在购买需求的满意度。也就是说，顾客购买的是他们认定的价值；而制造商和销售商只能制造和销售产品，他们不能生产价值。价格只能说明"多少钱"的问题，价值却对顾客"买还是不买"或"值得不值得买"有决定性的影响。企业只能通过理解顾客所认定的价值来决定产品与服务的价格，而价格也只是价值的一部分，许多涉及品质的考虑与评估远非价格所能表达的，比如耐久性、制造商长期且优质的服务等。

有时候，高价格本身也会真实地体现在产品与服务的价值上，比如昂贵的香水、独家定制的礼服等；但在德鲁克看来，无论如何都不宜把价值与价格混为一谈。大家都熟悉，德鲁克更加强调的是顾客认定的价值和为顾客创造价值的意义。尽管定价在经济学中并不算简单，但相比于其他更加复杂的经济学概念，价格只是个简单的入门概念和次要因素。

后来施乐公司把价格重新定义为"顾客支付影印的费用"，而不是"顾客支付复印机的费用"；也就是说，施乐公司是依据顾客影印的次数来给复印机定价。换言之，顾客想要的是影印文件而非复印机，因此顾客是为影印数量买单而非为复印机买单。客观地说，受定价政策影响的不是顾客，而是整个企业。施乐公司的案例至少可以证实一点：制造商或供应商所制定的价格结构必须与顾客的价值观念相匹配。市场的生存取决于需求，需求创造了供给，或者说需求决定供给与机会。因此，我们可以理解，正是需求塑造了市场的特性。成功的企业应该以顾客愿意支付的价格来提供商品，并且为满足顾客的需求而提供优质的服务。

从经济学家熊彼特到管理学家德鲁克，无论是组织还是企业，创新都是绝对必要的主题之一。经济学家经过数据分析认为，产品的创新会导致价格降低，这种可能性的确存在，但必须意识到，这仅仅是出于量化创新的考虑。从管理学的角度来看，创新的结果会产生新的、更好的产品，提供更加新颖便捷的服务，这对企业的长期发展来说，毫无疑问是有益的，甚至是决定性的。

企业应该聚焦于开创未来，而不是沉迷过去；企业应该聚焦于机会，而不是为问题所困。企业往往能将社会问题转化为商业机会，而最有意义的机会或许不在新技术、新产品与新服务上，而是在勇于面对和不断解决社会问题的过程中；这就是德鲁克所说的"社会创新"的意义所在。社会创新能够直接或间接地为企业创造利润，从而强化创新意识，成功的企业在很大程度上都归功于它们在社会创新上取得的突破与成就。德鲁克所理解的创新，不是某些现行业务的改进，甚至并不要求与现行业务的范围、目标、方向、技术或流程保持一致，而是应该在现有模式之外寻求创新的机会，为顾客创造新价值。

无论是企业还是组织，创新则活，不创新则亡。

问对问题 ⊖

初次阅读德鲁克的作品时，令我印象深刻的是他总能提出许多问题。当时觉得甚是新奇，但不久后我便意识到德鲁克是个提问高手：他不仅能够问对问题，而且能问得与众不同；他善于提出一些深刻而尖锐的问题；他还能捕捉不同处境并针对不同的对象而提出相应的问题。他也经常鼓励人们自问自诘，俨然是个哲学家。

德鲁克经常会问：你的事业是什么？你的事业应该是什么？你的事业将会是什么？你的使命是什么？谁是你的顾客？你的顾客的价值观是什么？你打算如何实现渴望的成果？你如何为你的顾客创造新的、与众不同的价值？如此等等。

就认识论而言，"问对问题"是理解真理和解决问题的最佳方法之一，它是一种溯本探源的方法。德鲁克曾借用19世纪医学上的"鉴别诊断法"去判断和评估现代企业的管理成效。好的管理出自正确的诊断，不良的管

⊖ 本文系作者于2021年6月29日举办的"A Day of Drucker"国际论坛预备会议——"Practicing Management as a Liberal Art"工作坊上发表的演讲全文。该工作坊由香港博雅管理学院（前称香港彼得·德鲁克管理学院）与全球彼得·德鲁克论坛联合举办。英文稿在演讲稿的基础上略有改动，中文稿为会后的译文。

理则多因为诊断错误。"问对问题"本身不是正确建议，而是最佳建议的开始，这就是为何德鲁克曾说："企业需要诊断，当诊断正确时，十有八九不用动手术。""问对问题"还意味着"学习如何学习"。明晰的洞见总是稀缺品，而合理的答案经常出自正确的问题；有益且恰当的解决方案来自合理的调查研究；重大决策必须经受得住理性的拷问；当然，制定有效的决策必须对建设性的异议进行认真细致的推敲。

关于中国人是否善于"问对问题"存在争议。一方面，有人认为中国人不善于提问，因为我们的个性倾向于含蓄、内敛；有些人甚至觉得中国人不善于挑战，缺乏批判性思维，只能听从指导。另一方面，那些深谙东方文化与哲学的人则认为：许多有知识的中国人不屑于问些浅显幼稚的问题，而是希望能提出一些关键的、深奥的问题。在我理解，这两种看法都有一定的道理，取决于我们遇见什么样的人，碰到什么样的问题。因此，"问对问题"是很好的方法，对那些不善于提问的人来说，应该鼓励他们成为好的提问者；对那些渴望与人交流的人而言，"问对问题"可以增进彼此的理解。因此，许多企业家之所以愿意接受德鲁克，是因为德鲁克说出了他们想说却难以说出来的话，德鲁克问出了他们心中想问但问不出来的问题。

作为现代管理学之父，德鲁克的管理思想是针对现代性的，也就是说，德鲁克的管理学直指现代问题及其本质。

我经常听到学者们说："21世纪是中国的世纪。"我希望如此。然而，有一个关键的问题需要思考：该如何理解并勇于面对现代性？我经常把现代性视为"智者的困惑"或"聪明人的迷茫"。现代中国企业家出自不同的社会阶层，背景各不相同，但他们都是聪明人，表现出坚忍不拔、吃苦耐劳、勤奋上进、好学等特点。他们为自己事业的生存与发展而奋斗。老套路应对不了全球化时代的变化，但是新方法目前尚未成功建立，对此他们心知肚明。企业家们的困惑不是经济上的困惑，不是如何经营生意的困惑，也不是如何赚钱的困惑；而是精神上的困惑、道德上的困惑、价值观的困惑，以及文化心态上的困惑。

文化的包容性是中国社会的特征之一，从文化现象来看，民族融合与文化交融已有千年之久。在现代处境中，社会生活多样化，管理学理论层出不穷：古典哲学与文化传统依然朝气蓬勃，现代化进程中产生的新理念也风起云涌。在这样纷繁复杂的现实中，企业家们的道路曲折艰难。他们尝试缩小自己的理念与全球理念之间的差距；他们想要在现代主义与传统哲学之间，在自身的文化与外来文化之间，在同质化与异质化之间，在个人理想与复杂的政治环境之间保持平衡……

理性地说，虽然德鲁克的管理学只是管理思想流派之一，但对我而言，它是最有益、最可实践，甚至是最尖锐的流派。即便如此，我们还是不得不承认一个事实：很难用德鲁克的管理思想取代中国企业家自己的管理哲学。因为存在对现代化、工业化以及现代工业社会的本质上的认知差异。故此，从文化与哲学角度来说，德鲁克的管理思想需要经历一个文化本土化的过程，这意味着当中国企业家从德鲁克的管理思想中借鉴和汲取营养时，他们必须处理好文化磨合问题。简言之，我愿意引用德鲁克自己曾经说过的话："只有中国人才能发展中国。"这当然也是事实，企业家中的有识之士已经意识到德鲁克的管理思想是正确的，而且很值得学习并付诸实践，只是这需要更多的时间，任重道远。

凯恩斯聪明 熊彼特智慧 德鲁克创新

德鲁克经济学方面的文章很多，其中有个特点：论及熊彼特的地方，大多会谈到凯恩斯，而论及凯恩斯的地方，也多少涉及熊彼特。

本文有两个目的，一是把德鲁克对凯恩斯与熊彼特经济学思想的评论文章做个文献梳理，这样既方便我自己做进一步研究，也能为那些对这方面有兴趣的读者做个资料备份；二是想用最简单的方式弄清楚德鲁克是如何从凯恩斯和熊彼特那里学到知识和智慧，并进行方法论上的创新，从而在经济学巨人们的肩膀上发展出现代管理学的。

德鲁克对经济学理论的评论文章散见于他的文集，诸如《管理未来》《新社会》等。这里我以他的另一部重要著作《生态愿景》为例来做些探讨。该书第二部分共收录了德鲁克具有代表性的 5 篇经济评论文章。我们先简单介绍其中 3 篇。

《美国政治的经济基础》，1968 年首发在《公共利益》杂志上，后被收录于哈佛商业出版社出版的《人与商业》一书中。

关于利润问题的评论文章《利润的幻觉》于 1975 年在《华尔街日报》首发；此文亦可见于《生态愿景》第 8 章和 1999 年出版的《现代管理宗师德鲁克文选》第二部分第 3 章。如果读者有兴趣进一步了解德鲁克关于利润的精彩看法，还可以阅读如下三篇重要文章:《生产是为了"有用"，还是为了"盈利"》㊀，以及《盈利性和业绩》和《工人对盈利的敌视》㊁。

另一名篇《经济学理论的贫困》（"The Poverty of Economic Theory"）在1987年首发于《新管理》杂志（New Management）；读者除了可以在《生态愿景》中看到此文外，还可以在《管理未来》一书中看到它。

而和本文内容直接相关的剩下两篇重要文章，我们需要多谈论一些。

1946年，在凯恩斯去世后不久，德鲁克在《弗吉尼亚评论季刊》上发表了《凯恩斯的魔法经济学》（"Keynes: Economics as a Magical System"）一文，它后来被收录于《人与商业》和《生态愿景》中。在这篇文章中，德鲁克评价凯恩斯为伟大的经济学家、亚当·斯密的合法继承人，最重要的是，凯恩斯是"两次世界大战期间最具代表性的政治思想家"，因为他的政策魔法般地"将无可否认的非理性行为变得理性"，这句话正是与这篇文章的标题相称的点睛之笔。凯恩斯对新的社会和经济现实的理论分析是有道理的，但他分析所得的结论却出现了失误，这导致他的声誉和影响力大打折扣。另外，德鲁克指出，凯恩斯的经济政策与他自己所主张的基本理论不吻合也不兼容，他的经济政策不是基于他自己的经济观察，而是受到他的政治旨趣的支配。凯恩斯经济学理论的缺点是太过聚焦于机械论、均衡论以及纯粹量化因素，导致"经济人"理念被不断激活并且被政治需要左右，德鲁克评论说："凯恩斯的经济政策是在政治领域中促使不可能再次成为可能、不理性再次成为理性的最成熟、最杰出、最高雅的尝试。"㊂

比上一篇文章更重要的是1983年德鲁克在《福布斯》上发表的《熊彼特与凯恩斯》（"Schumpeter and Keynes"）一文。值得一提的是，这篇

㊀ 收录于1946年出版的 Concept of the Corporation（《公司的概念》）。
㊁ 收录于1950年出版的 The New Society（《新社会》）。
㊂ 引自1993年出版的 The Ecological Vision: Reflections on the American Condition（《生态愿景》）。

文章除了被收录于《生态愿景》之外，还被列入《现代管理宗师德鲁克文选》第 5 章，只不过题目修改为"现代的先知：熊彼特还是凯恩斯？"（"Modern Prophets：Schumpeter or Keynes？"），把 and 改为 or 真是非常值得品味。正是在这篇文章中，德鲁克认为熊彼特在第一次世界大战后就已经成为"经济周期循环理论"的奠基人之一；从 1918 年到 1950 年初，熊彼特已经是名副其实的政治经济学家了。在 1942 年出版的里程碑式的著作《资本主义、社会主义与民主》中，熊彼特指出，资本主义越成功就越不容易被人接受，资本主义将会被自身的成功摧毁，并且会催生出新的阶级，他还预测通货膨胀也会破坏民主和资本主义。德鲁克相信，在此书出版后的四十年间，历史事实已经证明了熊彼特的确是"重要的先知"。也正是在这篇文章的结尾，德鲁克用"普罗泰戈拉聪明，苏格拉底智慧"为隐喻，来形容 20 世纪这两位杰出的经济学家："在两次世界大战期间的那些岁月里，没有人比凯恩斯更聪明、更耀眼；相反，熊彼特显得平凡淡泊，但他更智慧。聪明赢得一时，但智慧恒常持久。"

除了以上列出的这五篇著名文章之外，德鲁克还有许多论及世界经济变化、投资贸易、跨国公司、经济模式的文章，尤其是他从 20 世纪 70 年代到 21 世纪初对世界经济发展变化的真知灼见，分散于他的许多著作，这里恕不赘述。

我们有必要把凯恩斯与熊彼特这两位 20 世纪经济学家的主要观点做些比较，特别是参考德鲁克对他们的分析与评论。

首先说说凯恩斯与熊彼特的相似性。两人都出生于 1883 年，凯恩斯出生在英格兰的剑桥，熊彼特出生于奥地利的边远小镇。凯恩斯是剑桥大学教授，熊彼特就职于哈佛大学，两位都是 20 世纪最伟大的经济学家，贡献和影响力都很大，广受尊敬。两人不是彼此对抗的敌手，却不断相互挑战各自的理论假设。两人都著作等身，有名著传世，学术上相互成就和评断，凯恩斯认为熊彼特是自己尊敬的少数几位经济学家之一，熊彼特则向学生推荐凯恩斯的著作及其货币理论。两位经济学家在政治观点上貌似对立，但也很难说清楚两者谁更保守，谁更激进，公平的说法是他们都有各自的保守和激进。但相比之下，凯恩斯的政治立场更倾向于新保守主义，而熊彼特既是"马克思的学生"又是"历史的学生"，他尊马克思为最伟大的经济学家，因为马克思问对了问题，熊彼特相信"问对问题"比给出正确的答案更加重要。

德鲁克对这两位经济学家之间的差异性的评论主要集中在经济理论上。总体上说，两人的经济理论存在差异，因为两人立足的经济现实不同，关注的问题不同，对经济学的定义也有所不同。

凯恩斯的经济学基础是李嘉图于1810年创立并主导了19世纪经济学的"均衡经济学"，后者主要分析"一个封闭而静态的系统"，其目标是"保持经济的平衡和静态"。李嘉图认为，经济学所要处理的主要是如下两种关系：一是以商品、服务为主的实体经济与以货币、信贷为主的符号经济之间的关系；二是个人、企业与民族国家的宏观经济之间的关系。凯恩斯的看法颠覆了过去的观点，他主张货币与信贷才是实体经济，而商品与服务依赖于货币与信贷，是货币与信贷的影子；正是货币与信贷促使"科学的经济学家"即"经济学之王"成为可能，他们能够通过操纵简单的货币工具来实现经济的繁荣稳定和长期均衡；国家的宏观经济成为主导经济的关键力量，而个人和企业发挥不了太大的经济作用。1936年凯恩斯出版《就业、利息和货币通论》，更是美誉天下，该书可与亚当·斯密的《国富论》和马克思的《资本论》相提并论。直到20世纪60年代，凯恩斯的经济学依然在许多国家占有重要的地位。

与凯恩斯相反，1911年，年仅28岁的熊彼特在他的博士论文《经济发展理论》中提出了一个重要观点：经济学的核心问题不是均衡，而是结构变化。也就是说，现代经济不是一个封闭而静态的系统，而是一直处于动态失衡的状态；因此，动态失衡才是经济唯一的确定状态，经济一直处于活动、成长、变化之中；现代经济具有生物学性质而非机械论特质。因此，经济学的真正主题是创新，而不是保持静止和均衡。同时，与凯恩斯强调货币与信贷为主导经济的观点相反，熊彼特提出，如果货币与信贷成为主导经济的关键力量，就等于为暴政敞开了大门，这是经济学家"纯粹的狂妄自大"。相比于凯恩斯，熊彼特对政客的兴趣、野心和自律能力更加怀疑。在基本经济理论上，德鲁克认为凯恩斯的经济理论只适用于特殊状况而且极为狭隘，而熊彼特在 20 世纪 30 年代就证明了凯恩斯的错误，熊彼特的经济理论非凯恩斯所能比。

在创新理论上，凯恩斯主张均衡是测评经济的指标，货币和财政政策是现代经济的驱动力量，而技术具有外在性，因此创新本身不属于经济学内容，而是发生在经济体系之外，创新应该归入"外部灾变"之列，犹如地震、战争等。这些观点与熊彼特的理论刚好对立。法国经济学家让-巴蒂斯特·萨伊创造 entrepreneur（创业家）一词，就是为了说明创业家是一群具有颠覆和破坏能力的人。而熊彼特是最认真看待创业精神（或称企业家精神）的现代经济学家。他主张创新才是经济的本质，是现代经济最确定的特征；创新是"有系统的抛弃"，是有系统地把资源从旧的、过时的地方向新的、更有生产力的方向转移，这需要具有创业精神的创业家才能做到。熊彼特提出的"创造性的破坏"是经济的驱动力量，企业为了获得新的、更好的产品，必须淘汰旧的、过时的、不再有生产力的产品，纠正过往的错误和失败。如果企业无法摆脱无用的垃圾，终将把自己毒死。德鲁克曾用一句古老的医学谚语来表达创新的意义："只要病人有排泄，就有生机；但若肠子和膀胱停止作用，大限就不远了。"㊀ 在创新理论上，德鲁克显然是熊彼特的忠实跟随者。

关于经济驱动力的问题，也就是人们常说的究竟是消费驱动还是储蓄

㊀ 引自 1992 年出版的 *Managing for the Future：The 1990s and Beyond*（《管理未来》）。

驱动，凯恩斯认为，货币流通速度（也就是个人花钱的速度）是一种社会习惯，是一个常数。凯恩斯学派、货币学派和供给学派彼时都认为"过度储蓄"是一种始终存在的危险行为，会造成消费不足甚至经济大萧条。在消费驱动型经济中，必要的生产性投资将会自然发展，消费会创造对于新的有利可图的生产以及产能的需求，因此，培养和促进消费会自动产生利润并促进高资本的形成。[一]1929 年，凯恩斯学派提倡政府应该对经济有所作为，凯恩斯提出"无论你遇到什么难题，只要创造更多的购买力就行了"；而货币学派的经济学家则扬言"不必做什么，只要确保货币供给成长即可"；供给学派则干脆强调"只要减税即可"。[二]这些论调同出一辙。凯恩斯还认为，只要政府能够通过货币、信贷和利率来全面控制好宏观经济环境的温度和压力，个人和企业就会自动地如期做出反应。在 20 世纪上半叶的一段时间中，主流经济政策大都以凯恩斯的思想为基础，在凯恩斯学派的影响下，经济理论仍然假定，主权国家的政府机构是经济政策和经济生活最有效的支配单位。这就是人们常说的一个问题：经济发展由政治需要主导还是经济理论主导？毫无疑问，凯恩斯主张前者，而熊彼特认同后者。

同一时期，熊彼特已经注意到凯恩斯学派这些说法的严重缺陷。他指出，从古至今在经济学历史上从未有过度储蓄的记载，也没有任何证据支持凯恩斯所宣称的观点——过度储蓄造成经济大萧条。[三]熊彼特所说的严格意义上的储蓄"不是来自节省而是来自基金，这些基金本身正是成功创新的结果"[四]。熊彼特认为企业除了创新者的短期利润以外，没有任何利润可言，创新者的利润一消失，即一旦新产品在市场上面临竞争，新产品就

[一] 参见 1992 年出版的 *Managing for the Future：The 1990s and Beyond*（《管理未来》）第 9 章。
[二] 参见 1992 年出版的 *Managing for the Future：The 1990s and Beyond*（《管理未来》）第 2 章。
[三] 同[一]。
[四] 熊彼特. 经济发展理论 [M]. 王永胜，译. 上海：立信会计出版社，2017.

无法获利，只会耗费成本。[一]

德鲁克显然支持熊彼特的看法。他自己对货币政策、通货膨胀、政治经济学、金融走向、市场供需以及财政赌局等有深入的研究。他认为凯恩斯的观点经不起市场现实和企业实践的检验，而且常被证明有误，因为现实生活中，是个人能力而不是政府能力控制了金钱的支出速度；消费者也不一定会遵循教科书的指示来增加支出和创造工作机会，相反他们会把钱存起来。[二]德鲁克在《旁观者》中曾讲述他的奶奶所讲过的一句很值得玩味的话："如果钱还是钱，一定有价值的标准，若这个标准由政府任意操控，钱就没有价值了。"这显然是大实在话。

德鲁克分析道，在消费驱动方面，消费驱动型经济在英语国家中取得成功的主要原因是它完全符合第二次世界大战后的政治心态，人们以为惩罚储蓄就等同于向富人课收重税，促进消费就是散播财富。因此，从政治的角度来说，凯恩斯本人几乎就是现代版的新保守主义者；凯恩斯本人对当时的进步主义者极端鄙视，但进步主义者却接受并迷信他的理论，主要原因是这些理论能促使他们的政治主张合法化。[三]以英美为例，20世纪30年代中后期，德鲁克在伦敦工作时，老板曾对他说："德鲁克先生，永远不要忘记，世界上最富裕的国家中，每20个家庭中只有一家的存款会超过替一家之主办后事所需的丧葬费。"到了80年代，所有发达国家中至少有一半的家庭存下了比丧葬费更多的钱；因为大多数人一旦年逾半百，花的钱会比赚的钱少。美国的储蓄率在世界上差不多垫底，但在1983年到1987年间，共同基金的销售额蓬勃发展，实际上超过了官方的总储蓄额，而这一切并未影响其他形式的储蓄。如今，发达国家的经济正在变得更加

[一] 参见1992年出版的 *Managing for the Future：The 1990s and Beyond*（《管理未来》）第23章。

[二] 参见1992年出版的 *Managing for the Future：The 1990s and Beyond*（《管理未来》）中的访谈录"关注后商业社会"。

[三] 参见1992年出版的 *Managing for the Future：The 1990s and Beyond*（《管理未来》）第9章。

知识密集化，资本和劳动力的密集程度下降，小额储蓄账户和大型退休基金积累了庞大的资金。

因此，德鲁克认为，虽然"凯恩斯是经济思想的最后一位伟大的集大成者"，但"新的现实已经扭转了他的理论"。[一]凯恩斯的观点已经过时了，他的经济理论无法解释当代世界已经发生和正在发生的主要经济事件。20世纪30年代中期，美国企业家们开始学习如何在全国视野下思考企业的发展，但少有企业敢于在全国运作经营。1937年德鲁克首次抵达美国时，美国才刚成为一个全国市场。然而，从60年代起，变化速度惊人，世界上逐步形成了四种不同的经济，即国家经济、区域经济、以自主货币信贷和投资为主的世界经济，以及将世界视为一个市场的跨国企业经济。1992年成立的欧洲经济共同体具有象征意义，所有企业集团原则上都享有同等机会，它不仅为较小的经济体提供了为达到竞争规模所需的更大市场，而且可以部署超越贸易保护主义以达到自由贸易的有效政策。因此，互惠原则正迅速兴起，成为世界经济的新指导原则，并且可以防止世界经济陷入极端贸易保护主义。古典经济理论相信"投资跟着贸易走"，这个观点在19世纪是合理的，但在20世纪，情况恰好相反，因为在新崛起的世界经济秩序中，投资的成长速度远比贸易速度快。因此，一方面，没有经济理论，就难以形成有效的经济政策，国家对经济的宏观调控以及政府管理商业周期和经济条件的基础就会被弱化；另一方面，德鲁克强调，未来任何有效的经济理论都必须将与货币相关的宏观经济、与消费相关的微观经济，以及创业精神与创新驱动等一起纳入考虑。

从凯恩斯的国家宏观调控经济理论与熊彼特的动态创新经济理论，可以引出另一个简单的话题，即计划经济与市场经济的区别，这是20世纪争

[一] 参见1992年出版的 *Managing for the Future: The 1990s and Beyond*（《管理未来》）中的访谈录"关注后商业社会"。

论最多的两大经济模式。德鲁克对此有过深刻的分析。㊀以苏联为例，苏联计划经济的本质是权力，它完全依赖计划者的权力，排斥和消除一切形式的自由市场和市场竞争，因此它不可能允许使用外在独立的标准来评估管理能力和绩效。计划经济由最高层制定决策，计划的决策者详细规定生产制造的项目、数量、外观、价格、雇用人数、员工薪资、奖金、职称和晋升等所有具体而微的事项。但计划的执行者很少或根本没有参与计划决策过程，甚至没被征询过意见，他们可能是忠实的执行者，也可能成为计划的破坏者。计划的执行者因不知决策者的真实意图或因害怕在政治上犯错而不敢有作为，所以他们通过不断开会来传达会议精神，却没有落实，也就不用负责任。这样容易造成决策者与执行者之间相互欺骗和隐瞒，滋生各种腐败现象，最终导致经济体无法正常健康地运作。

而市场经济以客户为中心，以市场需求为导向，市场经济的优势是决策的制定必须与市场、顾客紧密联系。销售人员需要做市场调研，拜访潜在客户，售后人员和研发人员需要不断地修正生产线，完善产品与服务；除此之外，企业要接收反馈，汲取有效信息以不断创新，还要贡献社会和承担社会责任等。

德鲁克讲过一个关于市场经济的意义和管理文化的必要性的故事，让我印象深刻。1990年春天，一位美国营销主管回到她阔别22年的捷克首都布拉格，布拉格政府请她为当地五家大企业的高管举办一场营销讲座。她首先向这些高管介绍她的公司的运作方式，但他们没能听懂她所讲的内容。她只好停下来，问他们："你们将竞争市场定义为：尽量提高价格以使每个竞争对手都能获得丰厚的利润，是吗？"他们所有人都回答说："完全正确。在市场经济中，企业必须营利（make a profit）。"但她解释说："不对，在市场经济中，企业必须赢利（earn a profit）。"结果他们一头雾水。

㊀ 参见1992年出版的 *Managing for the Future：The 1990s and Beyond*（《管理未来》）。

在这个故事中，德鲁克认为，捷克的企业高管们想要自由，想要市场经济带来的收入和商品；但他们未必知晓"在市场经济中，没有单纯的'利润'，只有'利润和亏损'；没有单纯的'报酬'，只有'风险和报酬'；自由不是不受约束，它还意味着自律和责任"。[一]

实际上，市场经济是采用市场方法来发展经济，不一定与政治制度相关。德鲁克认为把市场经济视为"资本主义"是一种误解。在他看来，市场方法也可以为"社会主义"所用，因为市场方法关注的不是所有权的归属问题，而是管理层的独立性和责任归属问题，以及是否产生成果并以成果为基础进行资源分配。比如，人们普遍觉得美国经济是资本主义的，因为所有权是私有的；但德鲁克认为这是一种误解。他指出：

> 美国的大型企业尚未国有化，但大部分已经社会化。美国大型企业的所有权掌握在人民手中，也就是掌握在作为中产阶级和员工阶层代理机构的养老基金与共同基金手中。按照传统的定义，美国至少是混合型经济但是美国的企业主要是自治的，资源是根据成果分配的，因此美国经济仍然是市场经济。[二]

还有一个小问题值得一提，即企业"追求短期利润最大化"的弊病。关于德鲁克对利润问题的看法以及对利润最大化的批评论述，可参见第四章的《让德鲁克感到后悔的两件事》一文。这里需要补充德鲁克提出的与此话题相对的另一个重要观点：企业不能把"短期利润最大化"作为绩效与成果的定义，更不能把它视为企业的发展目标；相反，企业应该注重"创造财富的能力最大化"。

我们用两个例子来说明。一个是经济理论上的例子，德鲁克引用了美国货币学派的代表人物、最杰出的经济学家之一米尔顿·弗里德曼的观点：

[一] 参见 1992 年出版的 *Managing for the Future: The 1990s and Beyond*（《管理未来》）第 19 章。

[二] 引自 1977 年出版的 *An Introductory View of Management*（《认识管理》）第 11 章。

如果企业只关心经营成果，只追求利润最大化，这是对社会不负责任的表现，并会对经济造成损害。㊀ 另一个是实践性的例子。从 20 世纪 40 年代末开始，德国与日本的成功企业都不会将增加企业利益相关者的短期利润作为绩效目标，而是致力于"创造财富的能力最大化"。这种做法旨在有效地把短期成果和长期成果整合在一起，并将企业各个营运层面的绩效、财务需求和财务成果联系起来。尽管有人批评"创造财富的能力最大化"的说法含糊不清，不利于企业明确决策，但德鲁克认为，到了 20 世纪 80 年代，"经过 40 年来的努力，这个说法变得清晰起来"，而且"创造财富的能力最大化"有助于定义企业管理者与企业之间的关系；当企业管理层都将焦点集中在此类成果上时，管理层的责任感会增强，这有益于企业长期稳定的发展。㊁

熊彼特是创新理论之父，而德鲁克是个创新者。德鲁克从凯恩斯身上看到了创新的必要性，从熊彼特身上学到了创新的理念、方法和远见。凯恩斯的遗憾是他直到 1946 年去世也未能察觉全球经济可能出现的新形态（比如互补型贸易、竞争型贸易和对抗型贸易的出现），而当时凯恩斯学派的影响力已经如日中天。据说凯恩斯去世前已经承认他的经济理论不再奏效，但为时已晚，他的后继者实际上也没有推崇其经济理论的正确性，而只是继续维系其经济理论的基本运作方法。㊂

德鲁克强调经济理论创新的重要性，不仅是因为凯恩斯经济理论的局限性让德鲁克如梦初醒，而且因为他在求学和工作中积累了对经济形势变化的敏感意识。世界经济无时不在变化，因此经济理论也必须不断创新。每当新的主要经济力量出现时，新的经济整合形式就会接踵而至。比如

㊀ 参见 1992 年出版的 *Managing for the Future：The 1990s and Beyond*（《管理未来》）第 14 章。
㊁ 参见 1992 年出版的 *Managing for the Future：The 1990s and Beyond*（《管理未来》）第 30 章。
㊂ 参见 1992 年出版的 *Managing for the Future：The 1990s and Beyond*（《管理未来》）中的访谈录"关注后商业社会"。

19世纪中叶，当美国与德国跃居世界经济强国时，跨国公司出现了，亚当·斯密和李嘉图所传授的经济理论宣告退出历史舞台。[一]熊彼特在1911年宣告他与传统的经济学理论分道扬镳，并提出"动态失衡"才是一个健康经济的标准和经济理论的核心现实，这对当时的企业认知理论和经济思维逻辑创新意义重大。熊彼特的创新思想对20世纪贡献巨大，特别是在经济理论和经济政策领域，比如他主张"创造性的破坏"，探讨"管理型经济"和"创业型经济"的发展过程。德鲁克在日本经济和美国经济的发展过程中找到了验证经济循环的规律，并指出"不创新的风险远大于创新的风险"，不创新则亡！

除了经济理论创新外，德鲁克还强调技术创新和社会创新的重要性。技术创新是人类重要且最容易感知的进步，在1680～1980年这三百年里，科技进步迅猛，技术创新最为活跃。与技术创新取得的成就相比，管理创新、制度创新和社会创新的成就相对迟缓甚至滞后。发展中国家只引进技术，或者只强调技术创新而没有社会创新，这是远远不够的；因此德鲁克更加注重社会创新和管理创新。无论在理论上还是在实践上，所有企业、非营利机构和其他组织都需要创新，教会、医院和大学也不例外。实际上，德鲁克的梦想就是建立一个具有创业精神的社会。

知识社会的提法非常独特，而且具有前瞻性。德鲁克认为，在21世纪的头20年，发达国家将率先进入知识社会。从20世纪中期计算机兴起至今，人类的生活、劳动和工作方式发生了巨变。第二次世界大战后，蓝领工人成为社会阶层中的主导力量，但从90年代开始，世界经济发展变得不再依赖劳动力密集，也不依赖原材料密集，甚至不依赖能源密集，而是依赖知识密集；因此，德鲁克相信知识已经成为关键因素。知识社会要求所有人都具备读写能力和一些基本技能和知识，比如计算机技能以及政

[一] 参见1992年出版的 *Managing for the Future：The 1990s and Beyond*（《管理未来》）第1章。

治、社会和历史制度的知识等。于是，终身学习便成为知识社会的主要特征，不仅要学习知识，还必须学习如何创新。

在知识社会中，企业经营管理者的关键需求是创新和创业精神，将创新和创业精神系统化就是最典型的知识工作。企业必须分辨数据、信息和知识之间的差别，必须决定自家业务所需的有效信息，否则它将淹没在无穷无尽的数据中。人们把创新理解为新方法，而德鲁克认为"创新更是看待世界的一种新观点"，创新者愿意"承担风险来创造新秩序"。创新者还善于把任何变化视为机遇，"创新是有目的、有方向和有组织的变革。我们现在常讲的创新，是系统地、有组织地'跃向未知的世界'，目的是培育新的观察能力、新的视野，赋予我们新的行动力量"。㊀

最后，我尝试提出大家关心的问题：德鲁克从凯恩斯和熊彼特这两位大师身上学到的创新的关键点是什么？我觉得是从经济学中看到管理学的必要性。从经济学到管理学，这本身就是 20 世纪最伟大的创新之一！按照德鲁克自己的说法："管理学可能是本世纪最重要的创新。"经济学继续发展，但从 20 世纪后半叶开始，人类多了一门学科——管理学。经济学因人类贫困而诞生，因而被视为"沉闷科学"；而在德鲁克那里，现代管理学因社会生态混乱而产生，因而可被视为"活泼学科"。这就是为何我把本文标题定为"凯恩斯聪明，熊彼特智慧，德鲁克创新"。德鲁克总结他自己一生的贡献时所说的话可以为证："我创建了管理这门独立的学科……我把管理学视为一门真正的博雅之学。"如今，全世界都知道，现代管理学已经成为一门独立学科，登堂入室于大学。经济学或许离得开管理学，但管理学可离不开经济学。不要忘记，我们所敬重的"现代管理学之父"可是学经济和金融出身的！

㊀ 引自 1957 年出版的 *Landmarks of Tomorrow*（《已经发生的未来》）。

第四章 领导力与责任伦理

让德鲁克感到后悔的两件事

德鲁克先生一生著作等身,思想深厚,在现代管理学上贡献很大,同时他还广涉其他学科领域,造诣颇深,诸如社会生态学、政治学、经济学甚至宗教学等。本文谈论德鲁克先生自认为后悔莫及的两件事,他非常坦荡和真诚,令人钦佩;当然,我谈论这些往事,无意诋毁先生的英名,更不是揭他的短,而是想从他的经历中学习知识和智慧。

一、预测股市

德鲁克年轻时学习经济学和金融专业,1928 年,他发表过一篇经济学的学术论文,论及巴拿马运河在世界贸易系统中所扮演的角色。1929 年,德鲁克完成了他在法兰克福大学主修的法律课程和兼修的统计学课程,并受邀出任《法兰克福纪事报》的商业新闻编辑,撰写金融评论专文。他自己解释说,这是因为第一次世界大战中欧洲大陆 35 岁左右的男人伤亡太多而造成了人才紧缺,他是幸运儿。其实,这种情况在 20 世纪世界大战后的大多数国家是普遍现象。就在他担任商业新闻编辑期间,1929 年 9 月,年轻的德鲁克发表了一篇分析纽约股市的文章,在该文中,他大胆预测一个月后纽约股市将会上涨。

很不幸，此预测失败。1929年10月华尔街股市大崩溃，20世纪上半叶长达四年之久的最严重的经济危机爆发了，史称"经济大萧条"。从此以后，德鲁克再也没有预测过股市的前景，这次预测也成了他一生中做的最后一次股市预测，他对金融市场的反复无常和不可预测性有了更加深刻的体会。

在《生态愿景》的后记《社会生态学家的反思》中，德鲁克依然清晰地记得这件事，他反思说：

1929年，我当时不到20岁，发表了一篇计量经济学的文章……我从假设出发，以完美的数学模型推导出一个荒谬的结论，坚信纽约股市只有一个走向，那就是只涨不跌。这篇文章发表在当时著名的经济类期刊上，几个星期后我认为不可能的事情就发生了，1929年美国纽约股市崩盘了……这是我写的最后一篇预测性的文章。

幸运的是，股市预测的失败并没有影响德鲁克的进步和发展，在他人生的重要关头，他遇到了"第三位人生导师"——上司埃里克·东布罗夫斯基（Erich Dombrowski）。德鲁克从他那里学到了准时和严谨的工作风格、时间管理的必要性，以及专业新闻记者所必备的功夫：尽可能涉猎各种知识；带领团队设立目标和检验工作绩效；扬长避短以求事半功倍。德鲁克学会了严格履行事务后，东布罗夫斯基就让德鲁克承担更多的职责，他便由此理解了"授权"的深刻内涵。

德鲁克从股市预测事件中总结了几个教训。

第一，所有预测存在的最大问题是，无法预测或没有预测到的事情总是比可预测或预测到的事情更重要。

第二，预测未来本身是一件很无聊的事。

第三，金融市场是看不见的、不可预测的。

德鲁克最终找到了自我认知和生涯定位，即预测未来不是社会生态学家应该做的事情。即便是在德鲁克功成名就之后，无论其他人如何推崇和标榜他为"未来学家"或"未来主义者"，德鲁克总是非常明确地回答说："我肯定不是一个未来学家。"

智慧的管理者知道如何避免在同样的地方摔倒两次。这里我举个非常生动的实例。1957年10月17~18日，德鲁克参加在底特律举办的管理学学会第四次国际会议，他发表了一篇论文，主题是"长期规划"。[一] 在这篇文章中，读者可以看出德鲁克的审慎小心，从企业经营管理的角度来说，他非常强调长期规划的必要性与重要性，他耐心解释了长期规划的意义与实质，并指出：

长期规划是指系统地、持续地为企业当前经营做出风险决策的过程，要求对所决策的未来拥有尽可能完善的知识；要系统地组织好执行这些决策所需的努力，并通过有组织、系统的搜集反馈对这些决策成果进行评估。

而后，德鲁克话锋一转，严肃地指出：长期规划之所以必要且重要，正是因为我们无法预测未来，长期规划不是预测未来，也不是谋划未来。他认为尝试预测未来是愚蠢的，因为：

人类既不能预知未来，也不能控制未来。除了最短期的预测外，如果还有人傻傻以为我们有能力预知未来，那就请他看看昨天报纸的标题，然后自问，十年前的他能够预测其中任何新闻吗？

大家都非常熟悉德鲁克曾经讲过的那句名言：预测未来的最好方法就是去创造未来（the best way to predict the future is to create it）。[二] 我想，

[一] 这篇文章修改后刊登于1959年4月的《管理学》期刊第5卷第3期，后收录于他的《技术与管理》第8章。

[二] EDERSHEIM E H. The definitive Drucker: challenges for tomorrow's executives—— final advice from the father of modern management [M]. New York: McGraw Hill, 2007.

这就是"吃一堑长一智"的道理，那些存有侥幸心理，认为"万一被我说中了呢"是很不明智的。实际上，最聪明的人都会从错误中汲取教训，免得重蹈覆辙。

二、"利润中心"

与年轻时预测纽约股市失败的事情相比，德鲁克所创造的"利润中心"（profit center）一词，可谓让他后悔不已。在他的一些著作中，他不断为此深表悔意。

1993 年，德鲁克在论及社会组织时就曾指出"利润中心"用词不当，并且自嘲说："天哪，那是我自己多年前首创的。"[一]

1997 年，德鲁克在一篇题为《新千年的首席执行官》的文章中承认："我事业生涯中犯过的最大错误之一，是在 1945 年左右创造了'利润中心'这个词。"[二]众所周知，1943 年 1 月至 1944 年 7 月，德鲁克在通用汽车公司进行了长达 18 个月的调研；他在调研过程中积累了很多关于企业经营管理的经验和案例，并在此基础上出版了《公司的概念》一书。这样看来，他创造的"利润中心"一词可能与他的调研不无关系，至少在时间上是吻合的。

1998 年，德鲁克在《从电脑素养到信息素养》一文中，再次为"利润中心"一词感到后悔，他说："很多年前，我新创了'利润中心'这个词。现在我为此感到非常惭愧。"[三]

到底"利润中心"这一表达错在哪里，以至于德鲁克为此感到如此后悔呢？

我想借此集中分析如下几个方面的议题：一是利润与成本的关系；二

[一] 参见 1993 年出版的 *Post-Capitalist Society*（《知识社会》）。
[二] 参见 2001 年出版的 *Managing in the Next Society*（《下一个社会的管理》）第 6 章。
[三] 参见 2001 年出版的 *Managing in the Next Society*（《下一个社会的管理》）第 3 章。

是如何理解利润的波动与变化；三是警惕"利润最大化"的口号和陷阱；四是关于利润动机与利润道德的问题；五是如何理解利润与利润率；六是德鲁克对熊彼特的古典经济学理论的认同与应用。下面我分别谈论这六个议题。

第一个议题是利润与成本的关系。没有企业家不谈成本、不谈利润、不谈收益。这很正常，也没有什么错误。但德鲁克对利润与成本有与众不同的看法，他认为，"企业内部没有利润中心，只有成本中心"，因为"利润来自外部"，因此"真正的利润中心在企业外部"。㊀ 德鲁克还指出，"关于利润的根本事实是：没有利润，只有成本"。这句惊世之语出自德鲁克1975 年发表于《华尔街日报》的《利润的幻觉》一文。在 1993 年出版的《知识社会》第 3 章中论及"劳动力、资本以及它们的未来"时，德鲁克也说了相同的话："我们现在知道，在现代经济即变化和创新的经济中，没有'利润'这种东西，只有'成本'，即过去的成本和不确定的未来的成本。"

德鲁克认为，在企业财务报表中反映出来的"利润"实际上都是"真实的成本"，包括三个方面。一是资本成本，包括劳动力、物质资源以及资本。二是经济活动风险成本，比如产品淘汰、工序落后、设备老化、市场变化、技术更新，甚至是创新机会出现时都会发生此成本。三是未来的需求成本，指未来的工作、失业保险金及退休养老金。一言以蔽之，所有企业的运营都需要面对业务经营成本和维持运营的成本、劳动力与原材料成本、资本成本、现在的工作成本、将来的工作成本和养老金成本。只有在经济发展的情况下，企业才能获取貌似可观的利润。而这些成本是相互重叠的，任何企业都必须有能力支付这些成本；否则，企业即便貌似运营正常，实则处于亏损状态。因此，所有企业都必须努力赚取足够的利润以支付所有真正的成本，这就是商业领域特别的经济责任。企业最大的危机

㊀ 类似的论述散见于德鲁克的许多著作，比如《知识社会》《下一个社会的管理》。

是对利润与成本有盲目、不理智的认识并滥用概念。德鲁克指出："在动态的工业经济中，危险在于利润可能太低而不足以承受创新、成长与扩张的风险，甚至可以说世上也许没有利润这一回事，有的只是对未来成本的储备。"㊀

第二个议题是如何理解利润的波动与变化。 问题的核心在于深刻理解工业社会中企业外部环境的变化导致的利润波动，也就是顾客与市场的不稳定性和不确定性。正如上文所提及的那样，按照德鲁克的观点，企业的利润来自外部，只有顾客为产品和服务买单时，企业才有利润可言。获取利润的关键点不仅是好的产品和优质的服务，更重要的是顾客和市场。可是，问题在于企业对外界知之甚少，绝大多数人都不是你的顾客，绝大部分市场都不是你的市场。德鲁克举例说，如果有一家大型企业能够占领一类产品或服务的30%的市场份额，那它就堪称业界巨擘了；即便如此，其他70%的顾客和市场也并没有关注这个企业的产品或服务。这个企业应该把目光转向外部，因为"非顾客"与"非市场"的重要性在于它们能够帮助这个企业评估可能发生的变化、出现的机会以及对这个企业可能造成的影响。在德鲁克看来，所有企业都必须建立一套系统，有效地获取并理智地分析外部信息，把外部信息提供给决策者。

除了看不见的顾客和市场之外，利润的波动与不确定性还体现在现金流上。德鲁克认为现金流比利润更重要，企业要多关注现金流，而不是紧盯着利润，如下这些话是他答记者问时说的，很值得品味：

创业者坚信，利润对新企业来说至关重要。实际上，利润是次要的，现金流才是最重要的。身体成长需要进食，快速成长的企业会吞食现金。光是为了平衡收支，你就必须不断投资，这完全是预料之中的事，因此，必须避免企业陷入周转不灵的困境。当新企业创办人告诉我，他们经营得

㊀ 引自1970年出版的 *Technology, Management and Society*（《技术与管理》）。

有多顺利时，我只告诉他们："现在"就是你该筹措下一笔资金的时候。因为这句话的提醒而获救的新企业，多到我记不清。如果你有半年乃至一年的时间筹措下一笔资金，那我相信这不仅可以办到，而且融资还会优惠些。记者问：你为什么认为创业者很难理解现金流的概念？德鲁克说："不是只有他们不理解。沃伦·巴菲特说过：如果他想知道一家公司的表现如何，不会听证券分析师的意见，因为他们只谈利润，而那无关紧要。巴菲特会听银行信用分析师怎么说，这些人谈的是现金流。"㊀

第三个议题与利润最大化有关。毫无疑问，德鲁克对"利润最大化"的说法提出了严厉的批评。在《管理：使命、责任、实践》中，他指出："利润最大化"的说法，实际上就是民间流传的"贱买贵卖"，"是个毫无意义、模糊不清的概念"，而且在人们"不知道也不理解"的情况下暗示某种急功近利的个人目的。德鲁克引用当代经济学家乔尔·迪安（Joel Dean）对"利润最大化"的解释：

> 经济理论制造了一个基本假设："利润最大化"是每一家公司的基本目标。但近年来，"利润最大化"已经被理论家们赋予了更广泛的含义：指向长期利益攫取，指向管理层的收益，而不是股东的合法所得；甚至包括许多非金融收益，比如增加了为高度紧张的高管们提供的休闲服务，增加了促进公司内部领导层和谐关系的项目，以及出于一些特别考虑的收益，诸如抑制竞争、维护管理层的控制力、克制薪酬要求，以及预防反垄断诉讼等。"利润最大化"已经成为一种综合泛指而且模糊不清的概念，以至于它似乎包含了许多人的生活目的。……理论家们认为，这种趋势反映出一个正在成长的现实：许多公司，尤其是那些大型公司，并不按照"边际成本和收益"的定义来理解和实行"利润最大化"原则。

㊀ 引自 2001 年出版的 *Managing in the Next Society*（《下一个社会的管理》）。

德鲁克还指出:"利润最大化"的概念不仅不切题,而且是祸害。这里所指的"祸害",至少可以概括为如下五点。

一是"利润最大化"容易造成社会对利润本质的严重误解。

二是"利润最大化"导致人们敌视利润,把利润视为工业社会最危险的顽疾,甚至认为"利润最大化"暗示着利益集中于某些个人和某些利益集团,从而导致更大的贫富分化。

三是"利润最大化"容易造成公共决策失误,因为它误导了人们对企业的本质、职能和目标的理解;换言之,利润最大化不能使公共政策制定者和企业界人士准确和理性地评估自己,从而造成政府和企业双方对利润的角色和功能产生误解,以至于误判经济的正常发展方向。

四是人们误以为在企业的利润与企业的社会贡献能力之间存在矛盾,而"利润最大化"正是造成这个误会的罪魁祸首。

最后,"利润最大化"会有意无意地把利润率虚构为"神话",事实上,研究者已经证实利润率并没有那么重要。㊀

在《技术与管理》一书中,德鲁克更加明确地指出:

"利润最大化"是个错误的概念,不管用以解释短期或长期的利润,或是两者的平衡综合。要问的问题应该是:"公司所需的最低利润是多少?"而不是"公司可以赚取的最大利润有多高?"

实际上,德鲁克说的企业所需的"最低利润",就是指能让企业足以维持基本运营、足以承担未来的风险、足以保持企业资源的创造力不受损伤的正常利润。最低利润的要求必须为企业的经济活动和决策负责,企业

㊀ 德鲁克. 管理:使命、责任、实践:使命篇[M]. 陈驯,译. 北京:机械工业出版社,2019. 关于利润率的实际重要性,德鲁克引用了约翰·加尔布雷思的著作《新工业国》中证实的结论。关于宏观经济与微观经济以及政府与企业在"利润最大化"问题上的冲突,可参见 1970 年出版的 *Technology, Management and Society*(《技术与管理》)。

的管理层需要建立适当的最低利润目标，并制定评估标准用以衡量利润绩效。任何企业都不能追求也无法做到利润最大化；但任何企业都必须努力实现充足的利润以降低企业经济活动的风险和避免亏损。如此说来，企业保持最低利润才是合乎经济逻辑的硬道理。

第四个议题关于利润动机与利润道德。讨论利润问题，不得不涉及利润动机和利润道德。在1946年，德鲁克在《公司的概念》中就已经论及企业到底是为何生产，究竟是"为使用而生产"还是"为利润而生产"。在论及"管理需要正当性"时，德鲁克严厉地指出："利润最大化"与"利润动机"的说法不仅是反社会的，而且是不道德的。㊀

当然，企业家、经济学家以及社会生态学家的看法不一，各自有理。从原始的商业行为和经济行动来看，生产产品是为了交换，交换是因为彼此有使用的需求，而利润是市场竞争的产物，是交易者对货物价值的风险判断，人类从一开始就不是为"利润"去生产产品。

商业的危机与邪恶远没有政治的危机与邪恶来得严重且令人厌恶；即便如此，基于长久以来人们对重商主义的特殊情绪，人们对利润的态度比较复杂而暧昧，"利润一词在世界大多数地方（包括美国大部分地区）都是脏字"㊁；"利润动机"常被人们指责为不自然甚至是反社会的。德鲁克在《管理：使命、责任、实践》一书中，对利润动机有过清晰的描述，我们拣选一段：

混乱的根源是错误的信仰——个人动机，即所谓的商人的利润动机……虽然所谓的"利润动机"的存在很值得怀疑，但利润动机确实是古典经济学家发明的，主要用来解释那些静态平衡理论无法解释的经济现

㊀ 参见德鲁克. 管理：使命、责任、实践：使命篇 [M]. 陈驯，译. 北京：机械工业出版社，2019.

㊁ 引自1957年出版的 *Landmarks of Tomorrow*（《已经发生的未来》）。

实。迄今为止尚无证据表明利润动机的存在……无论利润动机是否存在，利润动机的说法都与理解企业行为、利润和利润率毫不相关。……利润动机和利润最大化与企业职能、企业目标以及企业管理工作……风马牛不相及。

德鲁克的观点和立场都是清楚的：利润动机是否存在需要进一步证实，但从实质上讲，利润动机的说法与企业行为、利润本身、企业的目标、功能以及企业的管理并无直接关系。在我理解，利润动机问题的关键争论点与人们对商业利润的态度及其对商业道德的认知有关。

优秀的企业经营者和管理者应该理智地、积极地看待利润，把利润的道德缺陷转变成商业的道德使命，给利润的本质赋予道德力量。而从经济学的角度来说，在大多数商业人士看来，利润是符合道义原则的，不一定不道德。但作为一位熊彼特的忠实追随者，德鲁克指出：

当人们从不变的、独立的、封闭的经济公理转向熊彼特那种动态的、增长的、活动的以及变化的经济时，我们称为"利润"的东西就不再是不合道义的了；相反，它会成为一种道德使命。㊀

企业经营者和管理者们要么把利润归于自己，要么把利润回馈社会；实际上，利己与利他、企业利润与社会责任之间不存在必然的矛盾。企业努力赚取足够的利润来支付必要的、真正的成本，也就是用利润去支付成本，这就是企业的经济责任与社会责任，也是商业领域独特的社会经济责任。

第五个议题是如何理解利润与利润率。无论如何，把德鲁克视为反对利润和利润率的代表，显然是个误解。德鲁克不仅没有反对利润和利润

㊀ 德鲁克. 管理的新角色：社会生态学视野下的美国 [M]. 王灏, 译. 北京：华夏出版社, 2011.

率,而且非常理智和透彻地认识了它们,且比许多人看得深刻。

我们来分享几段德鲁克对利润与利润率的基本看法。

一是利润与利润率都很重要。在《管理:使命、责任、实践》第6章中,德鲁克说:利润不是原因,而是结果——利润是企业绩效在市场营销、创新和生产力等方面所结的"果"。利润是必要成果,利润为基本的经济正常运行提供保障。在第9章中,他又说道:"利润是需要的,也是有限的";"利润是企业存活的条件";"利润率是存在的,但利润率具有局限性"。利润与利润率都是至关重要的,它们对社会的重要性远超对企业的重要性;对商业企业而言,利润与利润率的需求是客观的;即便是让对利润毫无兴趣的天使长来经营管理商业企业,他也会很在意利润和利润率的。㊀

二是利润与利润率是经济活动的必要条件。德鲁克说:

人们普遍认为,总有办法可以不讲利润而推动经济。这是无稽之谈。利润对经济活动,尤其对高级经济活动,属绝对必要的条件。因为这类活动的本质,是为未来投入现有的稀少资源,去创造并承担高风险,因而其结果具高度不确定性。为给予未来的风险以保障,就必须有利润,否则风险有可能变成亏损,破坏经济资本以及经济创造财富的能力。利润当然也是未来扩张所需要的额外资金的来源;既然如此,那它也是经济发展中另一种真正的成本。㊁

三是利润与利润率是经济行为的客观标准,与政治体制无关。德鲁克说:

利润和利润率是经济行为的客观标准。它们与特定社会或特定制度的信念无关,但它们适用于任何有组织的社会。从本质上讲,利润和利润率只不过是使用经济术语对能量守恒定律的重新表述。㊂

㊀ 参见1970年出版的 *Technology, Management and Society*(《技术与管理》)。
㊁ 引自1957年出版的 *Landmarks of Tomorrow*(《已经发生的未来》)。
㊂ 引自1946年出版的 *Concept of the Corporation*(《公司的概念》)。

利润并非资本主义所特有，任何政治制度下的经济都需要利润。利润是任何经济体制下的首要必备条件，是一切经济活动的基础。

四是"利润是必然的风险溢价"①。所有企业都要承担风险而存活，其必要条件是利润率，企业不仅要承担风险，而且会制造风险。因此，对企业而言，"风险是真实的成本"；"除非我们为风险做准备，否则我们将会减损生产能力；正因为如此，相对于我们必须承担及创造的风险，最起码的利润乃是存活的绝对必要条件，不仅是为了企业，也是为了社会"。②

五是利润的合理分配是政治问题。利润不是"企业家分到的那一份"，也不是"某个生产要素"的回报；利润是企业的需求，没有利润企业就无法存活；但是，如何分配利润，得多得少，这是很大的政治问题，与企业需求和经济行为无关。③

以上总结的这五点可以被视为德鲁克对利润与利润率的深刻洞见，读者自当细心体会。

第六个需要探讨的议题是：德鲁克对利润的这些深刻洞见的思想源头在哪里？ 我觉得是德鲁克本人对熊彼特古典经济学理论的认同与应用。德鲁克在年轻时曾主修金融经济，欧洲古典经济学他并不陌生，他对利润的看法的基础是熊彼特的经济学思想。这里我有必要说明熊彼特对利润问题的基本洞见。熊彼特在其《经济发展理论》一书中详细谈论了有关利润的话题，特别是在第四章中论及"企业家利润"④。熊彼特倡导"创新的利润"理念，这对德鲁克的管理思想影响不小。读者可阅读德鲁克的《创新与企业家精神》《生态愿景》《管理：使命、责任、实践》以及《下一个社会的

---

① 参见 1946 年出版的 *Concept of the Corporation*（《公司的概念》）。
② 引自 1970 年出版的 *Technology, Management and Society*（《技术与管理》）。
③ 参见 1970 年出版的 *Technology, Management and Society*（《技术与管理》）。
④ 也可译为"企业家创造的利润"，这里尊重原译，见熊彼特. 经济发展理论［M］. 王永胜，译. 上海：立信会计出版社，2017.

管理》中的相关章节和内容，便可见一斑。

首先，说说熊彼特对利润的基本解释。熊彼特认为利润指超出成本的剩余，利润是企业正常运作中收入与支出的差额。收入指在循环流动的经济过程中企业获取的总收入；而支出指企业家在生产中必须直接支付和间接支付的总成本，包括劳动工资、土地租金以及风险保险金，生产设备损耗以及资本的利息。

其次，哪些东西不是利润？熊彼特认为：

1）企业利润不是指简单的资本回报。

2）利润不是工资，不能把劳动者的工资视为企业利润，而且应该从经济学角度把利润和工资区分开来。因为工资是价格要素之一，而利润不是；支付工资是生产过程之一，而利润不是。

3）利润不是剥削，依靠垄断与剥削获取的收入不能视为正常利润。

4）均衡风险的生产不会产生利润，风险准备金也不是生产者获取利润的来源。

5）资本利息不能被排除于成本之外，因为利息是当前购买力相对于未来购买力的溢价，利息依附于货币而不是依附于商品。

6）利润不可能是永久性的，而是暂时性的。

7）收入的度量可以确定，但利润无法清晰确定，因此不能把利润精准地度量成经济行动的数量。

最后，熊彼特认为，时至今日，没有任何产品能够表明其价值会超出其中所包含的劳动服务和土地服务的总价值；生产虽然还在源源不断地进行，但实质上很难产生利润。在循环流动的经济过程中，当企业的总收入多到足以与支出相抵消时，生产者既没有获得利润也没有遭受损失，他们的收入实际上是"管理收入"。在此意义上说，利润是企业家对生产所做贡献的相应的价值表达。企业家的经济行动和社会行动创造了大量财富，而人们往往相信利润是财富积累的来源。因此，企业家必须在不断发展和创新中创造和积累财富，没有发展和创新，企业就无利润可言。

1983年，德鲁克在《福布斯》上发表评论文章《熊彼特与凯恩斯》，该文后被收录于《生态愿景》第9章。在该文中，德鲁克指出，熊彼特强调利润应该履行经济职能，在动态、变化和创新的经济体系中，利润并不是马克思所说的剩余价值，也不能把企业获取利润视为"窃取工人的剩余价值"；相反，企业创造的利润是工人工作与劳动收入的唯一来源。

在熊彼特的经济学中，利润是真正的成本，是绝对必要的经营成本，经济发展越快，企业所需成本就越多。他总是提出问题，诸如"企业有足够的利润吗？有足够的资本积累来提供将来的成本、维持业务运行的成本以及'创造性的破坏'的成本吗？"[一] 对德鲁克而言，熊彼特所提倡的"创新""有系统的抛弃"与"创造性的破坏"等理念，是用以解释利润及其来源的重要理论依据。因此，德鲁克认同利润的波动性与不确定性，强调"不创新则亡"的道理。

还有，正如前文提及的，德鲁克关于"利润的道德使命"的看法，应该与熊彼特动态经济学理论有关。如果确信利润是真正的成本，利润是企业维持经济活动的动力与创造就业的方式；那么，企业因其利润和利润率的存在而对员工、经济和社会都负有责任，利润非但不坏，控制得好则可发挥道德的良性作用。

至于利润的功能问题，德鲁克在《管理：使命、责任、实践》第6章"如何理解企业的实质"中有过较为翔实的交代。这里总结起来有如下几点。利润是必要成果，利润为基本的经济功能提供保障。利润用以检测绩效，而且是唯一有效的检测工具。利润是风险的"保险费"。经济活动之所以称为"活动"，是因为它聚焦于未来；而对于未来，我们能够确定的只有未来的不确定性和风险。只有利润才能为未来的工作提供资本，为

[一] 德鲁克. 管理的新角色：社会生态学视野下的美国［M］. 王灏, 译. 北京：华夏出版社, 2011.

未来更多、更好的工作提供资本。利润可以为社会的经济满足和服务提供保障，从医疗保健到国防，从教育到戏剧，等等。所有开支和投资都来自经济活动的盈余，即利润。利润不是企业责任的全部，它是企业的首要责任。不能产生充足利润的企业是不可靠的、难当重任的。

值得强调的是，德鲁克希望企业家不要误解利润功能的实意，没有必要为赚取利润而心怀愧疚，因为利润本身是经济和社会的必然产物。相反，企业家应该为自己没能成功地遵循经济和社会要求来创造利润并推动经济发展和社会进步而觉得愧疚；企业家应该省察自己的利润动机和利润最大化的欲望，规避自己沦为不正当、不公道的利润榨取者。

总的来说，利润是绝对必要的，但绝不可对利润最大化顶礼膜拜并且执迷不悟。

德鲁克的谦逊领导力

1996 年，德鲁克在其位于加州克莱蒙特的办公室接受《Inc.》杂志总编辑乔治·金德伦（George Gendron）的专访，主题为"哪个国家或地区的创业精神最优秀"[一]。这篇精彩的专访，我阅读了好几遍，很受感动，难以释怀。

专访的内容节选如下：

问：你同意"我们美国企业是创业精神的最佳实践者，我们遥遥领先于其他国家和地区"的说法吗？

答：**绝对不同意**！这是一种错觉，而且是个危险的错觉。我们创立的新企业和失败的新企业的数量可能是最多的，仅此而已。我们甚至连**第二名都谈不上**。

问：那谁是第一名？

答：韩国当之无愧。不到 40 年前，韩国根本没有工业可言。日据时期，日本不允许韩国有任何工业，也禁止任何高等教育，所以，韩国几乎

[一] 专访文章由德鲁克本人定稿后发表于当年的《Inc.》杂志特刊上，后被收录于《下一个社会的管理》第 7 章。

没有人受过高等教育。朝鲜战争结束时，韩国经济在战争中遭到了严重破坏。而今天，韩国有二十多个产业跻身世界一流水平，甚至在造船业和其他一些领域成为世界领导者。

问：如果韩国排名第一，而我们又不是第二，那么谁是？

答：中国台湾地区没有落后韩国太多。1950年，中国台湾地区和韩国一样，还没有工业化；但今天它是包括芯片在内的许多高科技领域的全球领导者。而且，不要忘记中国在其沿海地区设立了一家又一家新企业。

问：好吧，第三名仍然可敬，不是吗？

答：美国的纪录不比日本或德国好。日本拥有比美国更多的世界级公司，这些公司在40年前可能还不存在或只是家庭作坊，日本的索尼、本田、雅马哈、京瓷、松下就是这类例子。德国从第二次世界大战的灰烬中重生、崛起，达到现今的地位，成为世界第三大经济体，人均制成品出口额排名世界第一……

问：你刚才说，美国的创业精神遥遥领先，这样的"错觉"是危险的。这话如何理解？

答：美国根本没有真正拥有创业优势，但比起一般人普遍相信这件事是真的，更让我不安的是，这种想法会催眠我们，产生危险的自满心理，这和我们在20世纪70年代初期对管理的自满状态没有什么不同。如今日本人的大规模生产能力和服务顾客的水平就要超过美国了，但我们仍然深信美国的管理至高无上。我担心我们对创业和创新的自满，会让我们再次被超越，不仅被日本超越，也被韩国超越。

专访文章后面的内容论及创新，读者可以品读，恕我不再列举。读完这篇访谈文章，相信各位会有自己的见解。我来谈谈我的个人体会。

这几段问答确实让我非常惊讶。在20世纪的最后20年，美国在半导体技术、通信技术、互联网、基因工程等领域的发展如日中天，一些成立已久的企业，如通用电气、IBM、宝洁、吉列、可口可乐、麦当劳、沃尔玛、万豪，也通过管理创新重新成为行业引领者，难道美国不是最具有创业精神的国家吗？可是，德鲁克直截了当地回答金德伦：这个说法是"危险的错觉"！如果对1996年之前的世界企业的创业精神进行排序，他认为韩国第一、中国台湾地区第二、日本和德国第三，而美国企业的创业精神不比这些国家和地区好。

精彩之处在于德鲁克最后谦逊地提出了他的想法，或者说是两个担忧：一是他担心美国人因自以为是而产生"危险的自满心理"，导致"自我催眠"；二是他担心一些人对创业和创新的自满会导致美国企业再次被其他地区的企业赶超。我们可以相信，按照德鲁克的学识和视野，他所说的、所判断的应该是有根据的；但大家必须注意到，德鲁克眼里看到的全是他者的优点，这一点非常了不起。对照今天的美国，再品味德鲁克20多年前所说的话，我们会肃然起敬，不得不敬佩他的先见之明。

看待任何发展进步都必须尽可能保持理性和客观。无论如何，我们这个时代科学技术的发展都是惊心动魄的，同时科技发展的竞争也极其激烈。美国发展的同时，世界各国（地区）也都在突飞猛进。人们通常会讲"再让我们发展20年"，这种话听起来很励志，但实际上没什么意义；因为你发展进步的时候，大家都在发展进步。没有人能使另一个人的时间停下，好让自己赶上；同理，也没有一个国家（地区）能让另一个国家（地区）停下来等自己发展。时间对所有国家（地区）、所有人都是公平的。人一旦发展了、进步了，就会蠢蠢欲动，好比一个人学了些功夫，总想找人练练的感觉；但是，人往往只知道自己发展进步了，却没看到其他人的发展进步，而别人甚至可能发展进步得更快、更好。当亚洲崛起时，亚洲人会觉得欧洲落后了，美国被淘汰了，西方衰败了。这种思想和论调有害无益，正是德鲁克所指出的错觉和自满心理导致的"自我催眠"。客观与谦逊一直是德鲁克的品格，在20世纪60年代，他就明确说过："说

美国引领潮流是不对的，这只是报纸鼓吹的迷思。全球市场才是潮流的引领者。"⊖

最后，这几段问答最让我惊叹不已的是，我看到了德鲁克作为旁观者的理智、责任与清醒；我看到了一个正直的、说真话的"守望者"德鲁克，他为美国企业的发展进步守望一份警觉与机敏；换句话说，他在替美国企业操心，替美国企业保持谦逊，因为在他看来，美国企业的管理创新和创业精神还远远不够。我看到了一位拥有谦逊的美德、谦卑的态度、谦虚的能力、责任感和前瞻性，而且充满忧患意识的德鲁克。

德鲁克的谦逊领导力表现在：客观地评价事实、看待自己，积极地学习他人优点，心中常怀忧患意识，时刻保持理智清醒。在谦逊领导力上，国家与个人须遵循的道理一样：强大而不折腾、不嘚瑟，强大而不霸道、不凌弱，真强大而非虚假繁荣，强大而从不自欺。这样的强大才令人敬佩、令世界尊重。

⊖ 引自 1970 年出版的 *Technology, Management and Society*（《技术与管理》）。

管理就是领导力 ⊖

大约五年前,我们一些朋友在一起讨论管理学和领导力的话题。有一位朋友突然提了一个问题:为什么德鲁克不谈领导力?大家一时发蒙。从他的眼神中,可以看出他似乎很确定德鲁克是不谈领导力的,所以他的核心问题是"为什么不谈?"。这个问题一直萦绕在我的脑海中,今天借此机会探讨一下。

一、德鲁克真的不谈领导力吗

德鲁克在通用汽车公司进行调研的基础上出版了《公司的概念》一书。该书的第 2 章第 1 节中有相当多的内容论及"领导问题",第 5 节中有一段内容论及"培养领导人"。从这两部分内容中可以看出,德鲁克关于领导力的看法非常尖锐,见解独到,这应当是他从对通用公司的管理实践的调研中总结出来的。在此大致指出如下几个要点。

1)公司能否生存发展和成功运作,取决于能否解决好这三个相互依存的问题:领导力问题、基本政策问题、行为与决策的客观标准问题。此

⊖ 本文写于 2020 年,谨以此文纪念彼得·德鲁克(1909—2005)诞辰 111 周年。

三者中，领导力问题是决定性的问题。

2）公司不能依赖某位天才或超人来管理，一手遮天式管理的公司是无法持久的。如果没有强有力的、自治的且自愿承担责任的分权领导机制，任何机构都无法正常运作。因此，公司的权力分配势在必行。

3）与其他机构相比，现代企业的领导力问题更重要、难度更大。

4）工业社会所遭遇的最艰难的领导力问题，是在专业人士与受过普遍教育的人之间很难取得平衡。因此，"工厂自治社区"的做法可以尝试。

5）领导层的效率问题是现代企业最大的问题之一。没有能干、负责任且具有事业心的领导层，领导层没有主动的意愿与能力，再好的公司也很难维持高效率。

《公司的概念》出版一年后，即1947年7月，德鲁克在《哈泼斯》杂志上发表了《亨利·福特的成败》一文。他指出，从20世纪30年代初到1947年的15年间，领导力成了管理领域最吸引人的关键词和最受热议的话题；但是，当人们把注意力都集中在领导力上面时，人们就离失败不远了。因此，他说出了那句让许多人倍感困惑的话——"管理就是领导力"⊖。

1954年，德鲁克出版了另一部管理学著作《管理的实践》，书中第13章专论"组织的精神"，其中就有一段文字专门阐述何为领导力。在我个人看来，相关内容的篇幅虽短，但已把组织的整体精神与个人领导力的关系讲透彻了，这也是德鲁克对领导力提出自己独特见解的关键篇章之一，应该奉为领导力箴言。我把要点总结如下。

1）很多人都熟悉德鲁克把组织的目的定义为"让平凡人做不平凡的

⊖ EDERSHEIM E H. The definitive Drucker: challenges for tomorrow's executives——final advice from the father of modern management [M]. New York: McGraw Hill, 2007.

事"[一]（making common men do uncommon things），但很少有人注意到他还讲到更加关键的一句话——"让平凡人变成不平凡的人"（making common men into uncommon men）。前一句讲组织目的，后一句讲领导力；前一句讲做事，后一句讲成人。

2）德鲁克强调领导力极其重要，领导层具有无可替代的作用。但领导力不是被造出来的，也不是被提拔出来的；领导力不是教出来的，也不是学出来的。

3）领导力需要天资，领导力还需要基本态度。如果只强调领导力是组织精神的唯一关键要素，往往意味着不讲行动，也不讲成果。如果没有行动、不产生成果，那么要领导者、领导层和领导力有何用？

4）更为关键的是，德鲁克强调组织的整体精神远比个人领导力重要得多，"专注于领导力很容易导致管理层对整体组织精神无善可陈"[二]。这是绝妙之语，发人深省！

显然，在德鲁克眼中，管理与领导力的关系没那么复杂，二者是合一的，但他对管理的强调明显甚于对领导力的强调。他并不认为有了管理就能创造出优秀的领导者，相反，他是在强调管理的意义在于为优秀的领导者创造条件，促使人的领导潜力得以正常而有效地发挥。当然，管理不当、管理失误和过度管理都可能扼杀潜在的领导力。

通过梳理德鲁克早期作品中对领导力的基本看法，我个人以为那些说德鲁克不谈领导力的说法是错误的，至少是有偏颇的。德鲁克不是不谈，而是慎重、理智地谈论领导力。在经历20世纪两次世界大战后，他

[一] 德鲁克还说过"组织的不同之处在于它们是否能让平凡人做不平凡的事"（what differentiates organizations is whether they can make common people perform uncommon things）。转引自 EDERSHEIM E H.The definitive Drucker: challenges for tomorrow's executives——final advice from the father of modern management [M]. New York：McGraw Hill, 2007.

[二] 引自1954年出版的 *The Practice of Management*（《管理的实践》）第13章。

对个人领袖魅力感到绝望,对人性中的邪恶部分深恶痛绝,对所谓的"领导力"也颇感失望。他甚至明确表示自己"不是一个能对邪恶保持天真的人"。当他看见企业界也趋之若鹜地效法政治领导力时,他转向强调管理的真实意义。

二、关于领导力的六句名言

德鲁克会根据不同的对象、不同的企业、不同的情形、不同的问题给出不同的教导,因此,我们在理解德鲁克的领导力观点时,一定要注意他讲话的语境,而不能单独拎出来一句话就加以发挥。德鲁克讲过许多关于领导力的话,我挑选六句在此分享,但必须指出不是只有这几句。

第一句是德鲁克在论及组织精神时,讲的那句关于领导力的深得人心的话:"领导力能把一个人的眼界愿景提升得更加高远,把一个人的绩效提升到更高水平,把一个人的人格品质铸造得超凡脱俗。"关于这句话,我必须指出两点。第一,这句话不是对领导力进行定义,而像是在描绘领导力的三大境界:眼界高远、绩效优异和人品美好。第二,在这句话之前,德鲁克还说了一句话:"领导力不是指有吸引力的个性,那东西可能会蛊惑人心。领导力也不是'交朋友和影响别人',那是推销能力。"这句话也很重要,因为德鲁克并不是一下子就说"三大境界",而是先指出领导力不是什么。

第二句是1958年德鲁克针对企业内部的高管说的关于领导力的话:"你不仅要用同情心,还要用现实的态度与行为来解决问题,你的组织上下会以此来评断你。这就是企业内部的领导力。"1965年,德鲁克在《已

㊀ KANTER R M.Drucker: the unsolved puzzle [J]. New Management, 1985, 2(1): 10–13.
㊁ 引自1954年出版的 *The Practice of Management*(《管理的实践》)第13章。也可见于德鲁克. 管理:使命、责任、实践:使命篇[M]. 陈驯,译. 北京:机械工业出版社,2019.
㊂ 引自1970年出版的 *Technology, Management and Society*(《技术与管理》)。

经发生的未来》中强调"榜样领导力"。

第三句是广为流行且深入人心的"管理是'把事做对',领导力是'做对的事'"。此句话可能德鲁克在不同场合下说过,文本中尚未见到,而大家最经常听到的是:"效率是把事做对,成效是做对的事"。但根据德鲁克的管理思想以及他对领导力的深刻认识,"management is doing things right; leadership is doing the right things"的说法不是没有道理。卓有成效的领导者都具有某种独特的人格品质,因为每一个人都是独特的个体,从本体论的整体意义上讲,没有人不是独一无二的。但是,真正具有领导力的领导者,一定要做正确的事,这是关键且根本的要求。换言之,不做正确事,非领导力也。德鲁克经常举的例子是:艾森豪威尔、马歇尔和杜鲁门是颇有成效的领导者,但他们平淡得像"死鱼"一般;林肯是一个骨瘦如柴、笨拙粗野的人,毫无个人领袖魅力可言;但他们的共同点是都选择做正确的事。他们被人纪念和崇敬,的确不是因为他们的个人魅力,而是因为他们做了正确的事。在第二次世界大战期间,痛苦、受挫、几乎崩溃的丘吉尔,的确没有什么领袖魅力,但重要的是,历史的最终结果证明他做了正确的事。[一]

第四句是 1988 年德鲁克所写的专论领导力的文章的标题——"领导力:认真做事,戒躁祛蛮"(leadership: more doing than dash)[二]。文中强调了管理者的角色、领导力的重要性以及哪些东西不能算为领导力,比如前文提及的个人领袖魅力就不是领导力。

第五句为"领导力的本质是绩效"。它与第四句出自同一篇文章。德鲁克指出,风靡一时的领导力与事实不符,实际的领导力与时下吹捧的现状出入太大;领导力只是手段,企业想要达成什么样的目的才是领导力的关键问题。于是他提出"领导力的本质是绩效"。领导力不是人吹捧出来

[一][二] 参见 1992 年出版的 *Managing for the Future: The 1990s and Beyond*(《管理未来》)第 15 章。

的能力,"领导力取决于能将市场或客户价值与生产商或供应商的特殊能力相融合的核心竞争力"①。当有人质疑他在商界和学术界的影响力时,德鲁克强调了"管理是实践"的意义,他说:"商学院的任务不是追求'学术成就',而是追求'专业领导力'。"②

事实上,德鲁克一直注重把管理者的角色与领导力和企业整体绩效紧密联系在一起,在《知识社会》中,德鲁克深入探讨了管理者的角色扮演,由此就可见一斑。德鲁克是在20世纪40年代中期开始研究管理学的。那时,人们把管理者定义为"为下属的工作负责的人";也就是说,大家都认为管理者就是上司或上级。管理者意味着拥有权力。而这"权力"就是大多数人误以为的"领导力",现在还有许多人持这种观点。这是二战后,企业家按照军队逻辑来管理企业,上级负责发号施令,下属顺服遵行的结果。

20世纪50年代之后,管理者的定义发生了一些变化,至少在西方企业界,人们把管理者视为"为他人的绩效负责的人"。原因复杂,但有三个主要原因:一是工会在全世界蓬勃发展,二是劳动权利保障立法,三是管理者的自我定位和服务意识加强。管理者为自己、他人、团队和整个企业的绩效负责。这里所提及的第五句话——"领导力的本质是绩效",正好体现出这个时期企业界对管理者和领导力的理解。

第六句是"在知识社会中,领导力对任何个人开放"③。这显然是20世纪90年代的话。到了90年代,德鲁克提出管理者应该是"为知识应用与知识绩效负责的人"。他的这种认识主要来自他对人类知识结构的深刻洞

---

① 引自2008年出版的 Management(Revised Edition)(《管理(原书修订版)》)。
② KANTER R M. Drucker: the unsolved puzzle [J]. New Management, 1985, 2(1): 10-13.
③ "In the knowledge society, leadership is open to any individual",见于ROSENSTEIN B.Living in more than one world: how Peter Drucker's wisdom can inspire and transform your life [M]. Oakland: Berrett-Koehler Publishers, 2008.

察。他认为传统的以土地、劳动力、资本为三大资源的观念逐渐过时，知识为主要资源的时代正在来到，因为世界已经从工业革命、生产力革命进入管理革命的时期。换言之，知识已经取代经济学家所说的土地、劳动力、资本，成为主要的经济资源。因此，人们需要的不仅是"把知识应用于劳动"、"把知识应用于工作"，而且是"把知识应用于知识"。

知识社会是德鲁克社会生态学的重要论点。这里有一个误解必须先澄清一下：从 20 世纪 60 年代初就开始出现知识社会的相关概念，但不是所有相关概念都是德鲁克创造的。他自己在《下一个社会的管理》中说过："知识产业"一词是普林斯顿大学经济学家弗里茨·马克卢普提出的，而"知识工作"与"知识工作者"这两个词是德鲁克提出的。

德鲁克曾在 1992 年《哈佛商业评论》上的一篇文章中预测：21 世纪头二十年，发达国家将率先发展为知识社会。从今天的人工智能和信息化社会的发展程度来看，这个预测并不是没有道理；因为现如今，知识的确已经成为最重要的资源。他指出，知识社会有下列三大特征。第一，知识无边界，因为知识的传播比资金的流通更容易。第二，向上流动，人们因为受正规教育而更加容易更上一层楼。第三，失败和成功的可能性并存，任何人都能取得生产资料，也就是取得就业所需的知识，但不是每个人都能成为赢家。知识革命从根本上改变了社会结构，创造出新的社会动力、经济动力，甚至创造出新的政治。[一]

知识工作者被广泛用来描述有丰富理论知识并且能把知识转化为应用的人，比如医生、律师、教师、会计师、化学工程师。知识工作者还包括"知识技术人员"和"专业人士"，比如计算机技术人员、软件设计师、临床实验室分析师、制造业技术人员。这些人将成为 21 世纪的经济、社会、政治的主导力量。知识工作者认为自己是专业人士，不是受雇员工，应该

[一] 参见 2002 年出版的 *Managing in the Next Society*（《下一个社会的管理》）。

与所有人平起平坐。知识社会是由资历较深者和资历尚浅者构成的社会，但绝不是上司和下属组成的隶属关系社会。

顺着这个逻辑，我们经常听到的德鲁克的那句话："我们每个人都是一个 CEO"——是有道理的。个人对创新与创业精神的追求，唯有在知识社会的自由建构中才能实现。在 1999 年 3～4 月《哈佛商业评论》发表的《自我管理》（"Managing Oneself"）一文中，德鲁克说过相似的话："CEO 有自己的工作要做……每个知识工作者都必须像 CEO 一样思考和行动。"㊀

三、领导力的关键元素

上文已经清楚说明，德鲁克并不支持把领导力建立在光芒四射的个人领袖魅力和一呼百应的威权基础之上，领导力在于实践组织精神、提高整体绩效、促进所有人的工作生产力发展，以及促使大家实现人生价值、获得成就感和生命意义。德鲁克论及领导力的关键元素，可以总结为如下四个词：**工作、责任、信任、正直**。

领导力是勤奋工作。前文提及的"领导力：认真做事，戒躁祛蛮"也是这个意思。管理是工作，领导是工作，卓有成效的领导者都身体力行、勤奋工作，我称之为"具有理智的工作激情"。德鲁克对领导者的工作有过认真的思考和界定，他认为领导者的工作包括如下几点。一是对组织的使命深思熟虑、认真界定并予以确认，要求使命绝对清晰可见。二是要设立目标，确定优先事项，设定并维持标准。三是要有自知之明，学会做有条件的让步和妥协，因为所有领导者都会痛苦地意识到自己无法控制宇宙，从而做事留有余地。四是要对正确且可取的事做分析判断。

2004 年 8 月温暖的一天，伊丽莎白·哈斯·埃德莎姆向德鲁克请教如何培养一个好的领导者，德鲁克回答说："任何处于领导地位的人能做的最

㊀ 转引自 EDERSHEIM E H.The definitive Drucker: challenges for tomorrow's executives——final advice from the father of modern management［M］. New York: McGraw Hill, 2007.

重要的事情，就是问问自己需要做什么，并将需要做的事情铭记在心。你问我为什么这么多领导者都失败了，有两个原因。一是他们按照自己想要的去做，而不是按照组织需要的去做。二是他们花费大量的时间和精力让别人理解自己。"然后，埃德莎姆又问德鲁克：领导者如何确定自己知道需要做什么？德鲁克强调两个重要事情：多问多听。[一]这个故事说明了一个道理：培养领导力需要多做、多问、多听。

领导力是责任担当。领导意味着责任，而不是头衔和特权。一个有效的领导者知道他最终是要负责任的。领导者在有限的条件下所做的妥协保证必须与企业的使命、目标相吻合。卓越的领导者拥有追随者，而不是虚伪的趋炎附势者。领导者勇于担责，要责无旁贷；勇于负责的领导者不怕同事和部属的实力比他强，反而以他们的杰出为荣，将他们的成就视为自己的骄傲，而非自己的威胁。

优秀的领导者身边都会聚了一些能力强、独立且自信的同事，但他知道评估用人的风险，比如有能力的人往往野心勃勃、雄心万丈，但与使用平庸小人相比，善用有野心的人风险更小。不负责任的领导者会认为身边的人越平庸、越无能，他就越安全，越觉得自己很有领导力。

领导力讲究信任，优秀的领导者值得人们信任，也容易建立人际互信关系。德鲁克说："领导力是信任的成果……领导力意味着成就正确的事情。没有两个领导者是一样的。有的善于交际，有的则冷漠离群，有的善于展示魅力，有的则木讷无语。有的善于沟通，有的擅长赞美，有的从来不表扬他人。尽管如此，优秀的领导者有两个相同特质：他们能够做成事，而且你可以信赖他们。"[二]

[一] 参见 EDERSHEIM E H.The definitive Drucker：challenges for tomorrow's executives——final advice from the father of modern management [M]．New York：McGraw Hill, 2007.

[二] 转引自马恰列洛．卓有成效的领导者：德鲁克52周教练指南[M]．德鲁克研究室，译．北京：机械工业出版社，2016．

培育和增强组织成员的归属感、向心力，不仅要用金钱来激励，提供公平的晋升机会，更要培育成员的道德、知识、意愿、能力、责任担当以及人际互信关系。有效的领导力意味着获取信任和建立信任关系。领导者赢得信任，就是赢得追随者，领导者是拥有追随者的人。信任领导者并不表示要喜欢领导者，也不表示要与领导者意见完全一致。信任指人们坚信领导者言出必行、以身作则，看一个领导者是否有领导力，不是看他有多聪明，而是看他是否始终如一、言行一致。㊀

最后一点，也是最重要的一点：领导力意味着正直的人品。以正直赢得信任是卓有成效的领导力的关键。众所周知，德鲁克把正直奉为管理者的首要品质。他在《管理：使命、责任、实践》第 36 章的最后一节中特别强调"正直是领导力的试金石"。

曾有一家大型银行的人力资源副总裁邀请德鲁克，说："我们希望你为我们做一场关于如何培养个人领导魅力的演讲。"德鲁克在电话中为对方讲述了什么是真正的领导力，大致意思是告诉对方：领导力不是个人魅力，而是正直诚信的品格。对方听了德鲁克的解释后，沉默良久，最后说道："你所说的这些，与我们多年来对于成为一个卓有成效的管理者所认定的条件，根本没有什么不同。"㊁

结语

德鲁克一直坚信，管理是一门关于人的学问，领导力的核心便是人，管理者的领导力体现在他所具有的宏大愿景、奉献精神和正直品德上。只有把组织、机构、企业管理好了，才配得上领导力；相反，如果管理不好、管理不当、误导误管、过度管理，甚至是管理失败，还哪来的领导力？如果管理没有成果、没有成效、没有绩效、没有生产力，不负责任，

㊀ 参见 2001 年出版的 *The Essential Drucker*（《德鲁克管理思想精要》）第 19 章。

㊁ 参见 1992 年出版的 *Managing for the Future：The 1990s and Beyond*（《管理未来》）第 15 章。

没有让人收获成就感和自豪感，甚至让企业丧失目标和意义，还哪有领导力可言？从内在说，领导力的危机是人性的危机；从外在说，领导力的危机是"盲人骑瞎马"的危机㊀。

虽然 leadership 是外来词，我们将之翻译成领导能力、领导层、领导精神，或最常见的"领导力"，但这与中国文化精神的内核并不相悖，有许多是相通的，尤其在人性方面。我们不应该拘泥于词源，关键是如何学习、消化和应用。

1998 年 8 月，德鲁克为英文版《现代管理宗师德鲁克文选》在北京出版所写的序言中有这样一段话，很值得我们品味，他说："管理不是哲学或理论，管理是行动……我亲爱的中国朋友们，你们要问自己：我如何能在中国的环境中、在我的组织中以及在我的工作中把它翻译出来，而且能付诸行动？"

诚哉斯言！

㊀ "盲人骑瞎马"的危机，胡适语。见于胡适. 人生有何意义 [M]. 北京：民主与建设出版社，2015. 文章题为《领袖人才的来源》，最早发表于 1932 年 8 月 7 日《独立评论》第 12 期。

总统的六条规则

美国是一个典型的现代国家。从现代管理学的角度来说，美国总统是政治家，也是世界上大型组织的管理者之一。1993年，德鲁克写过一篇题为《总统的六条规则》的短文。[一] 这篇文章很有意思：信手拈来、言简意赅，随心所欲、不拘一式，观点清晰、洒脱自如；既说总统又议政治，既讲述管理学又启蒙领导力。

实际上，以我的观察，德鲁克很擅长写这类短文，这不仅与他的记者生涯有关，而且与他曾经做过不同级别的议员、高级官员的顾问有关。至少他深谙政治家的日常生活和工作方式。文中所论及的总统，没有经过特意美化；所举的事件也没有具体阐释，收放自如、点到为止。因此，这篇文章的"醉翁之意"显然在于提醒大型组织的管理者们，如果想要成为一名卓有成效的管理者，即便是大国总统，也必须遵守必要的管理规则。只要遵守管理规则，即便是最弱小者，也会产生相当大的成效；相反，一旦违反必要的管理规则，即便是最强大者，也会失去成效。

第一条规则：总统必须问的首要问题是——什么是必须做的事？德鲁

[一] 收录于1995年出版的《巨变时代的管理》。

克认为，即便贵为总统，也不能固执己见、为所欲为。杜鲁门于 1945 年 4 月 12 日接替因病去世的罗斯福出任美国总统，时值二战尾声。除了复兴国内的民生之外，他要在国际事务中采取遏制苏联的全球战略。就当时的国际环境和美国的国家安全而言，"遏制斯大林的扩张主义"[一] 成了杜鲁门认为自己必须做的事。杜鲁门自己对总统权力有过精彩的描述："总统所拥有的最大权力就是说服人们去做他们本该做而无须别人说服的事。"[二] 总统需要做到定位清晰，知道自己应该做什么必须做什么，也就是知晓德鲁克常说的"事业理论"三问——我们的事业是什么？我们的事业应该是什么？我们的事业将来应该是什么样的？总统需要遵守必要规则，厘清关系边界、责任边界甚至是道德边界。

第二条规则：要专心致志，不要分散精力。虽说日理万机，但总统也必须集中精力做大事，要区分出优先事项。德鲁克举了两个例子。第一个例子的主角是罗斯福。在他的第一个总统任期中，尽管希特勒在欧洲如日中天，同时在亚洲日本入侵了中国，但他保持冷静，表面上并不关心世界的变化。直到 1938 年初（罗斯福的第二个总统任期内），美国还没有完全从大萧条的危机中恢复，整个国家弥漫着孤立主义的气氛。突然间，罗斯福把工作重点转向了国际事务，暂时放下了国内问题。历史证明，罗斯福的优先事项选择和集中精力做大事的做法是成功的。第二个例子正好相反，其主角是 20 世纪 60 年代的美国总统林登·约翰逊。他对外延续越南战争并扩大战争规模，对内向贫困宣战，同时进行的两场"战争"，都是消耗国力的大事，结果对内对外全盘皆输。因此德鲁克指出，总统的最优先事项是真正必需的、深思熟虑后非做不可的事，更为重要的是，不要分

[一] 德鲁克在这篇短文中并未解释杜鲁门主义，他只是就事论事，只为说明总统必须做什么。有兴趣的读者可以阅读约翰·刘易斯·加迪斯的《遏制战略：冷战时期美国国家安全政策评析》（商务印书馆 2019 年版）。

[二] 米诺格. 政治的历史与边界 [M]. 龚人, 译. 南京：译林出版社, 2013.

散精力同时做两件力所不能及的事情。这正好应验了古印度的谚语："再好的猎手也不能同时对付两路猛兽。"

第三条规则：永远不要把赌注压在自我感觉胜券在握的事情上，因为它经常会"掉链子"。罗斯福曾信心满满地认为，"最高法院填塞计划"㊀一定能够消除新政实施的最后障碍。但是，他没有想到，美国公众并不认为"最高法院填塞计划"是推动新政的合适方法；相反，他们认为这是在颠覆美国的立国之本，违背国父之初衷。克林顿总统也曾经信心十足地认为，取消军中的同性恋禁令肯定是件十拿九稳的事情；㊁但是，万万没想到，在许多人眼中，与军队战备状态的重要性相比，这项提议涉及的同性恋权利问题显得无足轻重。的确，许多失败的管理者都是在貌似胜券在握的事情上掉以轻心，在自以为是与洋洋得意中迷失了自己，从而"在小河沟里翻了船"，酿成"一失足成千古恨"的悲剧。

第四条规则：一位高效的总统不会凡事亲力亲为、事无巨细。美国总统必须亲自完成的任务已经远远超出任何组织得最好、精力最充沛之人的能力，因此除非做不可的事情外，总统都必须不做。总统不能把自己弄成"首席运营官"，否则就会自毁名声；约翰逊总统和卡特总统都证实了这一点。高效的总统必须确保所有的任务与行动得以妥善处理，因此，他需要一支由纪律严明且训练有素的人组成的团队，每个成员对于自己负责的领域都有明确的工作职责。罗斯福总统的内阁（九位成员加上国务卿）就是一个典型例子，罗斯福曾经说："我做决定，然后把工作交给内阁成员，让

㊀ 20世纪30年代末，罗斯福总统一直致力于美国司法程序改革，并向国会提交了一项司法改革法案，目的是改变最高法院对新政立法的不利裁决。这项改革法案就是"最高法院填塞计划"。罗斯福原想通过法案来限制最高法院大法官的年龄，但未能如愿以偿，最终他以传统的方式重塑了最高法院，让新政得到了支持。

㊁ 这是指1993年克林顿总统当政时期出台的一项政策，旨在解决军方对待军中同性恋者的问题。此项政策主张"不问不说"，即军中同性恋者只要不公开自己的性取向，便可留于军中。

他们自己去完成。"他的管理方法真是特例，后来虽有仿效者，但成功者寥寥无几。比如克林顿总统把政府变成了"一个旷日持久的群众大会"，因为他连续增设了数十位高级官员，冠之于头衔如：副国务卿、代国务卿、助理国务卿、特别助理，等等。德鲁克不无感慨地说，我们很难想象还有哪个团队的多样性可与美国总统比尔·克林顿任期内的官员相比。

第五条规则是林肯总统的一句座右铭：总统在政府中没有朋友。德鲁克强调，任何无视这条规则的总统都将后悔莫及。没有人会信任"总统的朋友"，在许多人眼中，总统的朋友十有八九是危险角色；事实上，总统也容易受制于所谓的朋友或代言人，如果总统身边的高级官员或亲人、朋友因经济腐败或道德问题引发公愤，势必危及总统的个人威望乃至国家声誉，总统将落个"用人失察"的罪名。作为政治家，总统的工作很单调，他必须忍受孤独寂寞。所谓的"高处不胜寒"甚至是"孤家寡人"，大概就是对着总统这种人说的吧！但是，我们必须意识到总统是人，作为个体的人，总统喜欢交际，渴望陪伴、友谊和同情，因此总统夫人常常扮演着重要的双重角色：既是总统的知己，又是总统的顾问。稳固的夫妇关系和家庭关系通常是总统美好声誉的重要基础。

第六条规则是杜鲁门总统写给约翰·肯尼迪的一句话："一旦当选，你就停止竞选活动。"这一条自然不必解释，如果你是总统或管理者，传给你的继任者即可。

德鲁克所说的这六条规则，深入浅出、举重若轻。总统是管理者，总统是人；是管理者就有管理的难处，是人就有人的有限性，所以总统的自我认知非常重要，也就是我们常常说的"我是谁"。总统管理国家，理应以社稷苍生为重，不能任凭自己的个人兴致与爱好，更不能顺从个人的私心与欲望而为所欲为。德鲁克为总统提出的六条规则，不禁让人联想起《道德经》第六十章中老子所说的"治大国若烹小鲜"的道理。其实，这不是老子藐视政治，更不是他狂妄自大，而是他强调治理大国应该顺应天道、无为而治。按照清代学者考据得出来的说法，《毛诗故训传》中的"烹鱼烦则碎，治民烦则散，知烹鱼则知治民"可作为老子"烹小鲜"的一个注释。"小鲜"经不起猛火爆炒，受不住铁铲乱翻，否则就糊成一锅了。老子"治大国若烹小鲜"的主张，强调的是治国应该安民、亲民、惠民、抚民、爱民、惜民；而不应该民事常变、翻云覆雨、胡乱折腾，更不能仗势欺压百姓、肆意扰民。古今中外，政治家的个人道德都是最重要的领导力，为政者为民，听忠言、广纳谏、勤政清廉等依然是管理者不可或缺的品质。德鲁克眼中的美国总统如此，其他政要势必大同小异；现代意义上的国家如此，现代意义上的组织和企业亦如此；领导者如此，管理者亦如此。此理天下通。

现代管理学语境中的商业伦理——个人道德与责任伦理

美善之事亦多争议,此言不假。

道德是人人向往的,但道德问题自古以来就充满争议,人们甚至有时觉得谈道德容易伤感情。本文尝试就涉及个人道德和公共伦理的话题做些分析研究,但不做哲学上的论断,也不做政治主义和道德主义的评判,而是以现代管理学为学科基础,主要以管理学大师彼得·德鲁克对个人道德与责任伦理的真知灼见为出发点展开分析。值得说明的是,"责任伦理"是德鲁克自己的用词,除了本文中引用的零散资料外,他还曾写过一篇专论文章,标题就是"The Ethics of Responsibility"(责任伦理)。[一]故本文延用德鲁克的这个说法。

一、道德原则作为管理之正当性的基础

对管理的权威(或管理者的权威)的争论古来有之,至今依然如此。令人困惑且极为棘手的问题是:管理之正当性的基础是什么?简单地说,管理与被管理都需要合理的解释和较为充足可信的理由。德鲁克给出的最

[一] 这篇文章收录于1977年出版的《人与绩效:德鲁克论管理精华》。

简单且最直接的回答是：管理之正当性的基础是道德原则和道德精神。

我和许多撰写德鲁克生平事迹的作者[一]一样认为，德鲁克是个很讲究个人道德和强调公共伦理的人，关于个人道德和社会伦理的阐述出现在他的许多著作中，有关道德伦理的真知灼见频繁出现在他所强调的企业家精神、诚信与创新，组织的愿景、价值观和责任等观点中。

德鲁克对管理者的个人道德与责任伦理的重视程度和影响力有目共睹。但是我个人不主张把德鲁克视为道德主义者或道德论者，因为这样做或许有悖德鲁克在道德问题上所持的严肃立场与宽容精神；相反，我更愿意欣赏并接受德鲁克所强调的两种道德观念：一是基于普遍伦理价值的人生意义，二是基于个人道德价值的社会责任伦理。

在《管理：使命、责任、实践》的结语部分，德鲁克独立一章专论"管理之正当性"，所讨论的话题是"道德原则或道德精神作为自治机构管理的正当性"，令人难以忘怀。德鲁克认为，企业要想发挥应有的职能，要想创造绩效，必须具备管理的正当性，即管理者的权威性必须使人信服、被社会接受。一方面，管理者被人接受为正当权威所需的依据是道德原则，管理者的权威性必须根植于道德精神，道德原则和道德精神足以体现该组织的目标与特性。另一方面，管理者还必须时时不忘自己是公众人物，这就意味着他必须承担组织的道德责任，并且足以在社会中彰显出组织的道德形象。

德鲁克对道德精神与责任伦理的推崇在企业管理学和经济伦理学领域的影响非常深远。我举一个不太常见的例子。托马斯·伯格和杰拉尔德·卡利什在《员工所有制公司中的信任与伦理》一文中提出了三种经济伦理行为模式。第一种是慈善事业模式，即企业用资金或慈善捐赠来回报社会，比如公司基金就是这种经济伦理行为模式的体现。第二种是个人的

[一] 比如约瑟夫·马恰列洛、彼得·斯塔巴克（Peter Starbuck）、里克·沃兹曼（Rick Wartzman）、布鲁斯·罗森斯坦（Bruce Rosenstein）以及德鲁克夫人和詹文明。

正直与诚信模式，体现了人的正直与诚信对企业的重要性，管理者不仅要通过知识、能力、技术来领导，而且要通过愿景、勇气、责任、正直、诚信来领导。第三种是管理者的公共责任模式，它看重的是商业企业的整体贡献，而不是经营管理者的个人贡献。有人认为企业不要刻意做公益，因为看不见的经济自利之手会创造公共福利；但德鲁克不这么认为，德鲁克强调的是管理具有公共责任，在一个好的、讲道德的、可持续发展的社会中，公益必须永远依赖私人美德，并且能够促使公共的善与企业的自身利益保持合理性与一致性。换言之，德鲁克所强调的企业经济伦理行为的标准是：企业的自利与公益相结合。㊀

伯格和卡利什强调说，在这三种经济伦理行为模式中，后两者是德鲁克管理学的贡献，其影响力可见一斑。伯格和卡利什的研究主要取材于德鲁克的《管理的实践》，虽然内容不够丰富，但足以说明问题了。

值得补充的是，伯格和卡利什提到的最后一种经济伦理行为模式，即管理者的公共责任模式，正是德鲁克所重视的管理要义之一。这一点在《管理：使命、责任、实践》的结语"管理之正当性"中表达得非常清楚。对于荷兰作家贝尔纳德·曼德维尔（Bernard Mandeville）在教诲诗《蜜蜂的寓言》中所提出的"私欲制造公益"的说法，即盲目而贪婪地追逐利益，可以借助"看不见的手"来推动公益事业，德鲁克指出：从绩效的逻辑来说，曼德维尔的观点是可以理解的；但从道德的角度来说，他的观点永远令人难以接受，因为在道德原则和道德精神方面，不是"私欲制造公益"，而是"个人专长造就社会福祉"。在 20 世纪，曼德维尔的观点已经不具有实际意义了，因为时过境迁、今非昔比。企业管理者们已经把公共需求转换成企业的商业机遇，他们的使命就是去探索、确认并最终满足个人需求、市场需求以及消费者与员工的需求。而且为了维持企业作为自治

㊀ 金黛如. 信任与生意：障碍与桥梁［M］. 陆晓禾，等译. 上海：上海社会科学院出版社，2003.

机构的自主权，企业的宗旨和特性必须以道德原则为基础，必须促使道德原则与组织行为相契合。企业管理者必须扬人之长、避人之短，使工作富有成效，发挥员工生产力，尊重员工的生活品质，提升员工的成就感。

二、商业伦理与人的道德

德鲁克不是概念论者，也不是定义主义者。在面对难以准确定义的概念，诸如道德、伦理、文化、人性、正直时，德鲁克会注重它们的可感知性，通俗地说，道德就是人皆心知肚明的事。他曾言："关于商业伦理与商人道德的训诫已经有很多，但大多数训诫与企业无关，甚至很少与道德伦理有关。"○ 人们无法准确定义某些概念，通常是因为人的语言有限。如下这段德鲁克对道德的解释具有代表性，符合他所强调的"管理是实践"的逻辑（即"实践是指'要做的事'，而不是指'要谈的事'"。同样道理，作为实践，道德是行出来的，而不是挂在嘴边的）。他说："道德并不意味着说教。无论人们如何理解道德的含义，道德都必须是行动的原则，道德不能停留于训诫或善意，道德必须付诸实践。"德鲁克的这种解释与 20 世纪 90 年代兴起的一种观点非常吻合："伦理不仅意味着'道德呼吁'，而且是'道德行动'"○，不过德鲁克的提法至少比他们早 20 年。

按照德鲁克自己的提法：商人道德是个错误的问题吗？○ 或者究竟是人的道德还是商业伦理？究竟有商业伦理这回事吗？或者说所谓的商业伦理存在吗？○

○ 德鲁克. 管理：使命、责任、实践：使命篇［M］. 陈驯，译. 北京：机械工业出版社，2019.

○ 孔汉思. 世界伦理手册：愿景与践履［M］. 邓建华，廖恒，译. 北京：生活·读书·新知三联书店，2012.

○ 这个问题是德鲁克自己提出的："The ethics of businessmen: The wrong question？"见于《管理：使命、责任、实践（使命篇）》第 28 章。

○ 这个问题也是德鲁克自己提出的，并且直接用作了文章标题："Can There Be 'Business Ethics'？"见于《生态愿景》第 14 章。同名文章首发于 1981 年的《公共利益》杂志。

德鲁克给出的回答不能说是完全否定商业伦理的存在，但至少不是非常突出或强调它，当然他也没有为商人的道德和商业经济伦理行为提供辩护。我认为他要强调一个重要的观点：商业伦理是表面，人性才是道德的本质。我们可以谈论几个例子。

在讨论商业道德时，德鲁克举过一个广为人知的例子：在做生意的过程中，许多商人会雇用应召女郎来招待顾客，此类事情时常发生，一些人认为这不是道德问题，而是美学问题。但德鲁克指出了一个真正的问题："当你对着镜子刮脸时，你希望看到自己是一个皮条客吗？"显然，在这个例子中，人只有勇敢真实地面对自己，才会清楚认识到自己的本性；商业只是为罪恶行径提供了场所，美学只是欲望的借口和遮羞布，人性的败坏才是实质。因此，德鲁克指出："这个世界唯一需要做的是：对那些禁不住诱惑而犯罪的人都要施以严厉的惩罚，无论是企业高管还是其他任何人。"⊖

我们常说诚实是人的美德，是指所有人都应该诚实，不论男女老幼，也不分贫富贵贱，而不是只要求某种人或从事某种职业的人（比如商人或政治家）诚实。但在现实中，出于对商业或经济行为的不信任，甚至对商业公信力的质疑，人们自然地会对商人提出不欺骗、不偷窃、不说谎、不行贿受贿等诸多要求。实际上，所有人都应该诚实，因为所有人都可能欺骗、偷窃、说谎和贿赂，人们也不会以日常的工作与职务为理由来免除个人行为的道德规范。无论如何，总有人会坑蒙拐骗、行贿受贿，这个问题涉及整个社会的道德价值观与道德教育。对此，德鲁克提出了自己的看法："商业伦理既不是一个孤立的道德意识，也不需要做刻意的区分。"⊜

更进一步说，按照哲学的说法，"人们都深陷于道德的泥潭"，即"道德困境"。商业人士与政治人士都是社会活动的积极参与者，人们自然会

⊖⊜ 德鲁克. 管理：使命、责任、实践：使命篇[M]. 陈驯, 译. 北京：机械工业出版社，2019.

更加敏感于他们的言行举止,也就是说他们的公众影响力更大,在这个意义上,对所有公众人物的道德品行有要求与期盼变得理所当然。但是非常遗憾,在对道德的期盼中,人们屡屡收获失望,正如德鲁克所指出的那样:"对自我有严格品行要求的领导者在领导团体中从未得到推广,无论是国王、伯爵、神父、将军,抑或是文艺复兴时期的画家与具有人文主义精神的'知识人',抑或是中国传统的'文人雅士',都无一幸免。"㊀道德的困境终究是人的困境,是人深陷在自己的困境之中,难以自拔。这就是人性的真相。

人们除了在情感上敏感于企业管理者的道德品行外,还似乎特别期待企业家在社会服务中承担更多的道德责任,比如政府要求企业家在社会和社区中扮演建设性的角色,积极主动参与社区活动,志愿服务社区事业等。一方面,德鲁克认为美国社会确实应该鼓励企业管理者积极参与社区事务,并承担相应的领导责任;另一方面,德鲁克并不赞同政府以道德责任之名把社区活动强加给企业家,更不应该将参与"志愿"活动作为企业管理者晋升的标准。因为在他看来,命令或强制企业管理者从事这类工作,是滥用组织权力,是不合法的行为。实际上,德鲁克说的情况是真实的,也容易理解,那就是人们常说的:抓住道德的把柄逼人乖乖就范。但在道德的市场上,没有胡萝卜是完美无缺的。

这里涉及一个小问题,即道德责任边界与非道德义务的关系。德鲁克的基本看法是:政府部门和社区机构对企业管理者参与社区活动充满期待,这是可以理解的,但这与企业的道德无关,与道德责任也没有太多关联。在组织型社会中,企业家或管理者是组织机构的成员,管理者个人与组织集体应该共同遵守必要的公共伦理要求,但管理者个人与组织集体在道德责任上应该有所区别。正常且合理的做法是:企业家和管理者个人以公民身份自觉地履行公民职责、体现公民精神,像处理邻居关系那样,力

㊀ 德鲁克. 管理:使命、责任、实践:使命篇 [M]. 陈驯, 译. 北京: 机械工业出版社, 2019.

所能及地为社区和社会做贡献。这样做既表现自然，也不会受到胁迫，更不容易产生腐败。

再举一个重要的例子。众所周知，在诸多的伦理案例中，举报与告密之事一直是人类道德的痛点，争论非常激烈，举报者与告密者通常在道德上承受着极大的精神压力。德鲁克认为，所谓举报，是指针对上司乃至组织的错误行为或违法行为，知情者有权利公之于众，以求减少损失，亡羊补牢。这种行为应以公共利益和正义福祉为重。一方面，知情不报等同于违法者的同谋，甚至需要承担法律责任，同时大多数人会因为目睹违法行为而承受良知的折磨和道德上的痛苦。另一方面，如果鼓励举报、告密，势必导致不良结果，比如破坏组织内部的信任关系，导致怨恨结仇，甚至弱者无力对抗强者的报复和压迫，等等。德鲁克还特别指出：最可怕的是专制暴政者通常因为政治原因而有意煽动民众举报、告密。○这种道德政治化的行径势必破坏伦理的真实意义，造成个人道德危机与人际关系紧张，甚至破坏社会的稳定团结。

现在我们要回到德鲁克提出的那个重要问题上来：所谓的商业伦理存在吗？这个问题出自德鲁克少有的论及商业伦理的重要文章之一。文中，德鲁克幽默地问自己：讨论商业伦理是在赶时髦还是在议论伦理问题？想必当时美国一定有很多人热衷于谈论商业伦理，因为如果这个话题不够时髦，美国人是不会讨论它的。德鲁克还调侃说：商业伦理如此快速地成为应景的话题，是因为"道德时髦"，而非伦理；是炒作，而非哲学或道德思潮。

在这篇不长但很重要的文章中，德鲁克阐明了他的观点，我觉得他已经给出了非常清晰、明确而尖锐的看法。以下几个要点值得品味。

按照西方的道德哲学和伦理传统，从公元前 8 世纪的先知到 17 世纪的斯宾诺莎、18 世纪的康德、19 世纪的克尔凯郭尔以及 20 世纪的伦理学

○ 参见 1993 年出版的 *The Ecological Vision: Reflections on the American Condition*（《生态愿景》）第 14 章。

大家，如英国的布拉德雷与美国的埃德蒙·卡恩（Edmond Cahn），所有道德权威都指向"个人性"，指向个人的道德规范，对于每个独立个体的道德准则应该一视同仁，不分贫富贵贱。从西方传统伦理观念来看，商业伦理根本算不上伦理准则，甚至无须成为独立的伦理学派别。比如，敲诈勒索是不道德的，但也无须把"不敲诈勒索"视为单独的商业道德。在西方的哲学家的通常语境中，商业伦理根本算不上伦理。

关于"决疑论"（casuistry）的批评。 德鲁克认为，从约翰·加尔文开始，决疑论者致力于把社会责任置于权力的道德体系中，而商业伦理就是其中论调之一。决疑论者把社会责任奉为绝对道德原则，这听起来是用伦理来制约权力者的行为，但结果通常比人们所预期的更糟糕。因为拥有权力者通常会优先考虑政治价值和政治目的，其结果是伦理屈从于政治需要，道德伦理被潜移默化地政治化了，而个人的道德要求和伦理价值通常湮没于冠以社会责任名义的大伦理之中，道德自然成了政治丑恶行径的遮羞布。德鲁克认为在这种情形下形成的伦理，实际上"是政治准则而非伦理准则"。换言之，政治化或具有政治倾向的伦理本质上算不上伦理，而决疑论正是其中的典型，这就是为何西方人为了反驳决疑论而重建所谓普适的道德价值和伦理体系，主张在道德价值和伦理体系面前人人平等。与此相关的是东方儒家道德哲学中的"相互依存的伦理"，儒家主张伦理道德规范普遍适用于所有个人，其中没有类似于西方的决疑论思想，而是更多强调维护人际关系的平衡、和谐，诸如牺牲个体以保证社会稳定等。但问题在于，现代商业伦理崇尚法制规则、契约精神和个人伦理的相对独立性，人们对这种相互依存的伦理能否超越个人伦理存有疑虑，也有待更多讨论。更多人倾向于认为只有法律才能处理好人与人之间以及群体与群体之间的公共权利平衡问题，而"道德终究是个人的事"。

审慎之德与自我发展。 审慎是美德，审慎的伦理要求对人的行为进行细致观察、分析后提出质疑，并进行自我反省。这样做的目的是，在对待一些不易明白的真相、难以解释的道理以及缺乏正当理由的行为时，人可以通过采取审慎的态度以避免在道德上犯错。正如前文举过的例子那样，一个人如果不想在镜子里看见自己是皮条客形象，最好的方式就是不要为了做成一笔生意而冒道德的风险去找应召女郎招待客户。

然而，就人性的软弱而言，审慎伦理有时会退化变质，因为有些人为了维护"审慎"而变得虚伪，结果事与愿违，这些人会丧失真实的自律与自尊。因此，德鲁克提出，审慎伦理的优点在于帮助人通过自我反省来促进自我完善和自我发展，成为优秀的人——不是成为一个机器上的零件或容易生锈且常被无情替换掉的齿轮，也不是权贵强人庇护下的寄生虫，而是一个人格完善、身体与心智完整、有自制能力的人。因此，在此意义上，德鲁克坚信"人们对商业伦理的讨论与审慎伦理没有关系"。

对那些研究商业伦理的学者、专家而言，德鲁克的观点可能太过笼统，或被视为总体主义的共性要求，因为谁都可以说，一切伦理都是个人的伦理，一切道德都指向个人的道德。时至今日，人们会很自然地倾向于对从事不同职业的人或群体提出必要的道德和伦理要求，这很合理，也很有意义。商业伦理就是其中之一，它应该特指商业领域和经济行为及其所涉及的相关道德问题和伦理原则，就像人们有必要专门讨论政治伦理和公务员道德一样。我个人不排斥这样的看法。但是，我更愿意商业伦理的研究者接受和容纳德鲁克的观点，毕竟在所有组织行为和社会关系形成的伦理秩序中，个人道德毫无疑问是最基础的，也是最重要的，离开基于人性认识的个人道德观，其他伦理就会丧失根基。

三、底线伦理：不要明知其害而为之

企业管理者堪称专业人士，德鲁克经常把他们与医生、律师、教师这些专业人士相提并论。因此，德鲁克对所有企业经营管理者提出的道德底线是严格执行"知其有害而不为"的原则，即此部分标题所写的"底线

伦理：不要明知其害而为之"。大家都熟悉，这是德鲁克引用希波克拉底誓言中的一句话："首要的是不可故意伤害（病）人"，用管理学的话就是"不要明知其害而为之"，这就是德鲁克在《管理：使命、责任、实践（使命篇）》第28章所强调的企业或组织的责任伦理。所谓道德底线或底线伦理，就是必须且应该履行的最低限度的道德实践，企业管理者应该像医生一样坚守这一基本的道德信条。

作为专业人士，企业管理者拥有一定的自主权，而且具备专业资质与能力，掌握相应的知识与判断力，他们的言行具有公共性，因而他们必须严肃考虑客户的利益和福祉。因此，"'不要明知其害而为之'不仅成为专业人士个人道德的基本准则，而且成为他们公共责任之伦理的基本准则"㊀。企业管理者必须遵守行业道德的要求，严以律己。他们必须学习查验各自的言谈举止、行为习惯，以便确定自己不会明知其害而为之。

企业管理者未能就企业对社会造成的负面影响作深刻反省，并且未能提出合适的解决方案，任凭邪恶之毒蔓延扩散，这是"明知其害而为之"的例证。愚不可及的言论和贪得无厌的行为，小则损害企业家的自我形象，大则伤害到自己的企业，甚至殃及整个行业。

德鲁克曾举例说明美国的企业管理者容易做出三种背离"不要明知其害而为之"原则的行为：一是高管薪资不平等，二是用福利规划给公司员工套上"金手铐"，三是疯狂鼓吹利润。㊁他认为在这三个方面，企业管理者的不当言行很容易掩盖真相、误导社会、制造弊病，造成极其严重的社会伤害。

㊀ 德鲁克. 管理：使命、责任、实践：使命篇[M]. 陈驯，译. 北京：机械工业出版社，2019.

㊁ 这三种背离"不要明知其害而为之"原则的行为，是德鲁克以美国的社会生活和经济活动为基础举的例子，可见于德鲁克. 管理：使命、责任、实践：使命篇[M]. 陈驯，译. 北京：机械工业出版社，2019.

比如高管薪资不平等势必破坏共同生存、一起合作共事的社会群体之间的相互信任；更严重的是会招来更多严苛的对应措施，从而严重伤害社会、经济以及企业管理者本身。在不信任的社会中，人们自然会产生疑虑，会想到一定有人偷走了本该属于我的利益，一定有人贪赃枉法损人利己，或者一定有人贪污行贿偷税漏税，如此等等。这些都是"明知其害而为之"的行为。

再如德鲁克指出的"金手铐"的危险，即额外津贴与福利逐渐被误用于铸造"金手铐"。养老福利、额外报酬、红利、股权等都是企业支付员工薪资的方式，虽然从企业角度和经济观点来看，这些都是劳动力成本；但在德鲁克看来，这种"金手铐"是"明知其害而为之"的行为，甚至是反社会的，因为"金手铐"会造成员工消极选择，对那些在岗却得过且过、毫无绩效又赖着不走、排斥工作又愤世嫉俗的员工来说，尤为如此。因此，德鲁克建议：即使员工自己对这些福利如饥似渴，企业管理者也不能以此作为诱饵来捆绑员工，所有员工应得的福利都应该根据公民个人的基本权利，毫无限制地分发给员工，而不应该用来制作"金手铐"。

至于德鲁克对利润问题的看法，我已经在《让德鲁克感到后悔的两件事》中详尽分析过了，在此恕不赘述。但结论依然需要提一下：德鲁克认为，企业管理者花言巧语地鼓吹利润最大化和利润万能，只会导致民众无法理解经济的真相，这种做法严重背离"不要明知其害而为之"的原则。

德鲁克认为这三种背离"不要明知其害而为之"的行为，放之四海而皆准，不仅适用于发达国家，也适用于发展中国家；不仅指向企业管理者，也指向组织型社会中所有组织的管理者。所有管理者都必须保持他们的私人身份与个人道德，同时他们也必须要持守公德之心与公民精神。

虽然说"不要明知其害而为之"是底线伦理，但它也不是一条容易遵行的准则，因为它所隐含的质朴与慎独向所有人的道德发起了挑战。

四、良知工作及其道德意义

良知是真实存在的，是一种直觉的知识和内省的意识，也是个人道德的必要基础。前面我引用过德鲁克对道德的解释："道德并不意味着说教。无论人们如何理解道德的含义，道德都必须是行动的原则，道德不能停留于训诫或善意，道德必须付诸实践。"同样道理，在这里没有必要花笔墨为心知肚明的良知下定义，而只需要体会和感受。

我先讲一个实例。

在企业中，解雇人的事常有，这是一种棘手的活，吃力不讨好，容易得罪人。更难处理的是：如何解决"安稳的平庸"问题？如何对待那些曾经为公司服务但现如今已经没有贡献能力的人？比如大权在握的财务总监和躺在功绩簿上的董事，因为企业内部的人事制度和职能要求进行了大的改革，他们不再能够贡献业绩，必须腾出位置给那些更加合适的人。这如何是好？

毫无疑问，这种事不但棘手，处理不当还容易搞得一地鸡毛。它的确挑战了组织的良知，容易令管理者深陷进退两难的道德困境：一方面，继续留任此人会影响整个企业的发展，违背整个企业的利益和所有员工的利益，伤害企业的正常运作和人才的新陈代谢；另一方面，解雇为企业忠心耿耿工作数十年的老员工令人于心不忍，而且容易落个背信弃义的骂名；往大点说，解雇公司老员工有时有损组织公平与正义的形象，甚至有时会动摇组织管理所坚持的诚信正直的信条。在美国企业的语境中，最好的结果是这人有自知之明，意识到自己不能居功自傲，该退就退，给台阶就下。但实际状况是，通常听到人们说："我们不能撤换他，他在这里的时间太长，解雇不了。"德鲁克认为这是糟糕的逻辑，是懦弱的托词，"这样的借口会对管理者的绩效、管理者的精神以及公司的声誉造成损害"。[一]

[一] 德鲁克. 管理：使命、责任、实践：实践篇［M］. 陈驯，译. 北京：机械工业出版社，2019.

因此，德鲁克的建议是：以公司整体利益为重，但人事决策必须经过细致考虑，尽可能保持客观，充分体现真正的同情，并承担应尽的义务。最典型的例子是1944年年轻的亨利·福特二世接替老福特。在第二次世界大战后的1946年，福特二世在高管层进行了"一场宫廷政变"，一改前朝独断专行的作风，罢黜老福特的亲信们，组建新的管理团队，力挽狂澜，终于让福特汽车公司起死回生。就当时的情况看，福特汽车公司在人事问题上确实陷入了僵局，因此，有效地促使公司的父辈元老们顺利退休必须在最大程度上体现良知原则。这里的良知原则不仅是企业管理者善待员工的良知，也是员工在理智与情感上的自知之明，归根到底是人的良知。在解决人事交接的问题上，福特二世坚持的原则是：公司不允许任何人在毫无绩效的情形下留任原职；同时，任何人都不应该因为以往组织的错误而受到惩罚。这样既维护了企业的原则，促进人事正常新陈代谢，又令人心服口服。福特汽车公司之所以能够快速复兴，很大程度上取决于对这条原则的严格遵守。

在长期担任各类组织的咨询顾问的过程中，德鲁克收集了许多案例，也积累了许多经验和教训。他发现在大多数组织中，管理者容易忽视组织内部的良知工作，绝大多数行政管理者总是习惯性地忙于应付各部门的日常运作，却很少关注良知工作。因此，他曾多次建议或提醒企业组织内部要有良知职能，精选合适的人担此重任，开展必要的良知活动。这种善意的建议和提醒有时会引起管理者的厌烦，甚至很多管理者认为，使用"良知"一词太过强烈，有点小题大做，但德鲁克坚持认为"'良知'是一个正确的术语"。[一]

我们来探讨如下几个问题。

第一，何为良知职能？良知职能所扮演的角色是什么？在《管理：使

[一] 德鲁克. 管理：使命、责任、实践：实践篇[M]. 陈驯，译. 北京：机械工业出版社，2019.

命、责任、实践（实践篇）》第42章"组织的构建单元"中，德鲁克对此有过较为详尽的描述：

> 良知职能旨在提供愿景、价值观、标准以及针对这些标准的审计绩效所做的规定，因此良知职能基本上属于高管层的职能；但良知职能必须与整个管理团队相互合作。每家企业，即便是小企业，也必须有良知职能。在小企业中，不必设置独立的良知职能部门，但必须把它列入高管层工作的一部分。而在中等以上规模的企业中，良知职能通常需要单独设置，并配备专人负责。

这里突出两件重要的事：一是良知职能的宗旨，二是企业应该有良知职能，高管层应该为企业的良知职能负责。在讨论企业高管层的任务时，德鲁克提出了高管层的六项任务，其中一项任务正与良知职能有关，即"有必要确定标准、设立榜样，以发挥企业的良知职能"。[⊖]

那么，组织内部良知职能的意义何在呢？允许我来举个例子。霍尔斯特·施泰因曼（Horst Steinmann）和阿尔伯特·勒尔（Albert Löhr）的研究表明，许多企业内部会专门设立伦理委员会以及伦理专员职位。典型的例子是雀巢公司为了解决婴儿奶制品危机而设立的马斯基伦理委员会。不要小看这个委员会，它扮演着四种不同角色：一是公众委托人，主要是督促企业管理层遵守道德标准；二是专家，主要应对复杂的专业问题争论；

⊖ 德鲁克. 管理：使命、责任、实践：责任篇 [M]. 陈驯，译. 北京：机械工业出版社，2019. 其他五项任务如下所述。第一项，深入思考企业的使命。第二项，组织的精神是由高管层创立的，因此高管层必须承担建立并维持"人的组织"的责任。高管们的行为准则、价值观以及信念为整个组织树立榜样，并决定整个组织的自尊。第三项，高管层负责建立和维持一些重要关系，比如与客户或主要供应商、银行家或金融界、政府或外部机构的重要关系等。这些关系对企业的绩效能力的影响至关重要。第四项，无数的"礼节式职能"，比如晚宴与社交活动等。第五项，高管层还需要有"备用机构"以应对重大危机，以便在事态极为恶劣时，有人能随时应急处理。因此，组织中必须有一些经验丰富、最有智慧、最卓越的人愿意承担法律责任和知识责任，为企业采取行动。

三是"准法官",全权定期检查和评价企业是否履行了自我义务;四是督促或要求企业做出伦理上的努力。

马斯基伦理委员会的成功实践必须具备如下五个条件:一是合理确定委员会成员的组成,强调非封闭性;二是委员会的独立性,不接受第三方的任何指令;三是企业为支持委员会工作而承担明确责任,不是为企业摆摆门面;四是委员会的积极主动性,成为一个有效的倡议中心;五是企业不能把委员会的建议视为"随便的协商结果",也不能置之不理,而是必须认真对待并正式推行。这些都是"将对话原则体制化的措施"。这些良知职能部门或伦理机构应该独立于权力等级,独立承担责任,也就是良知不能屈从于权力,应以建立"对话论坛"为己任,持守伦理中立,目的是推进冲突各方达成谅解。㊀

第二,具备什么资质的人方可胜任良知职务之重任?我们闭着眼都能想象得到,良知工作具有危险性,从事良知工作的人需要面对诸多挑战并承受巨大的压力。德鲁克对担当此重任的人提出了特别高的要求,他说:

担当良知职务重任的应该只是少数人,良知职务并非由一群人承担,而只能由单一的个人承担。良知职务应该由一位在绩效上已经赢得管理团队尊敬的人担任,而不是由"专家"来担任。担任此项要职的最好人选是管理团队中的资深成员,他们的绩效记录证明了他们在相关职务领域的关切、洞察力以及兴趣。㊁

除了要赢得管理团队成员的尊重和爱戴,即领导力中常说的公信力和威望之外,胜任此要职的人还要私德严谨、为人正直诚实,即在人格品

㊀ 参见施泰因曼,勒尔. 企业伦理学基础[M]. 李兆雄,译. 上海:上海社会科学院出版社,2001.

㊁ 德鲁克. 管理:使命、责任、实践:实践篇[M]. 陈驯,译. 北京:机械工业出版社,2019.

德上能服众，而且有改革的意志与能力，具备参与正确决策的能力，敢谏言、说真话。德鲁克认为"担任良知职务的管理者要有自律能力，组织则必须承认其能力与正直"，因为"无论担任良知职务的管理者多么受人尊重，曾经工作得多么成功，他的正直或受人欢迎的程度最终都会消失殆尽"。因此，为了良知工作的有效性，组织的高管层必须以同等的正直和诚信来捍卫良知职务及从事良知工作的人，理由很简单——他不是为他自己，而是"代表着整个企业的良知"。

同样道理，为了促进董事会的健康有效运作，德鲁克提出"董事会成员的首要资质是必须具备资深高管的能力并从事企业的良知工作"⊖，并且可以考虑在执行董事会中设立"良知董事"，一方面为高管层提供咨询服务与审核机制以便平衡权力，另一方面为高管层提供良知以辨明是非，扮演咨询顾问的角色。

最后是关于良知活动之必要性及其任务。德鲁克认为，无论是小型、中型还是大型企业，组织内部需要开展必要的良知活动，但活动规模宜小不宜大。企业越大，结构化与复杂度越甚，反应会越迟钝；因此，大型企业必须确认、明确界定、妥当安排高管层的活动，其中就包括关键的良知活动，它会增强高管团队的凝聚力，有助于协调工作，甚至有益于化解管辖权冲突以及消除彼此的误解。

至于良知活动的任务，德鲁克非常明确地指出：

良知活动的任务不是帮助组织把正在做的事情做得更好，而是要不断提醒组织应该做而未及时做的事。面对现实高举起理想的旗帜，维护那些不受欢迎的新事物，与权宜之计作斗争。⊖

⊖⊖ 德鲁克. 管理：使命、责任、实践：责任篇 [M]. 陈驯，译. 北京：机械工业出版社. 2019.

五、正直是人性的试金石

尽管我们都知道正直是人最高尚的品质之一，但真正要用语言去定义何为正直时，我们就会犯难，不仅因为我们的语言与思想不能达成完全一致，而且这个概念本身的外延与内涵也会因人、因事、因处境变化而导致理解上的差异。同时，正直与其同类词语在表达中也容易混淆不清、彼此渗浸、难以界定，表达起来细致微妙，因而需要极为审慎地加以甄别。通常大家心知肚明的事，说清楚并不容易，更不用说写下来了。因此，越是重要的概念，在定义上越要字斟句酌。在哲学上尤为如此。

我们就拿亚里士多德伦理学中关于正直的解释来做个范例。亚里士多德认为，正直一词与公正、善良和真诚这三个词关系紧密，甚至在外延和内涵上囊括它们，但又与它们不完全一样，也不能完全替代它们。[一] 比如，正直与公正的关系相近，但通常状况下，正直不是指法律意义上的公正，它比公正更接近人性的根源，而且更有力量感。正直不能替代善良，但正直比善良更纯粹，正直的人也是个善良的人，也可能一直坚守善良，但善良的人未必一直都能够保持正直的品格。一个为人热诚、说话诚实、做事认真、受人尊敬的人，通常状况下就是具有真诚品质的人，真诚的人也喜好公义，这与正直的品格一样，但正直的人所讲的话比真诚的人所讲的话更具有原则性，或更容易形成某种准则，因此更叫人心服口服，正直比真诚更具震撼力。

这也就是为什么德鲁克认为"正直难以定义"，但深刻理解感悟或心领神会比定义更重要。在《管理就是领导力》一文中，我曾提及德鲁克把正直奉为管理者的首要品质，在讲到领导力的三大境界时，德鲁克把"塑造一个人的品格超越其正常的局限性"放在最后位置，实际上就是鼓励人们在持守正直品质的基础上，不断努力地超越自己，达到超凡脱俗的地步。

[一] 参见亚里士多德. 亚里士多德选集：伦理学卷 [M]. 北京：中国人民大学出版社，1999.

定义先按下不表，让我们提出一个必要的问题：不正直会如何？或者说，不正直会造成破坏性的结局或消极的后果吗？这个问题的出发点不是为不正直本身喝彩，也不是为任何不正直的人或不正直的行为辩护，只是为了把正直的品质看得更加清楚一些。在我个人看来，不正直，后果很严重。

先从人开始。假如一个人不正直，或缺少正直的品质，他会如何？我们不能说"不正直的人没有朋友"或"不正直的人一事无成"之类的话，这样说也不符合事实。许多不正直或缺少正直品质的人，也一样生存生活、恋爱结婚、生儿养女、一样工作。问题的核心在于个人的价值观与信仰，以及他们对价值观与信仰的敏感认知程度。研究幸福话题的学者们给出的结论或许可供我们参考：一个人维持正直的品格，有益于他的内心宁静和良知安宁，那些非常热切地追求有价值的生命、有意义的生活，而且希望保持高品质幸福感的人，大多喜欢正直的品质，他们不仅坚持认真培育自己成为一个正直的人，而且会更加珍惜和敬重那些持守正直的人。[一]

因此，不正直就成了正直之人或追求正直品质之人所鄙夷的低劣人格特征，从人格健全和健康的角度来看，更加客观地说，我认为：不正直是一种不幸。关于个人的不正直，德鲁克有过这样的精彩评论：

如果一个人在工作上不正直，那可能说明他永远也不会正直。正直不是可以用来欺骗他人的。当人与人一起工作，特别是当一个人与他的下属一起工作时，在几周的时间里，你就可以知道他是否正直。人们或许能够谅解一个人的许多缺点，比如无能、无知、无安全感或缺乏礼貌等；但人们不会原谅一个人的不正直……[二]

[一] 海布伦. 幸福［M］. 肖舒，译. 南京：译林出版社，2020.
[二] 德鲁克. 管理：使命、责任、实践：实践篇［M］. 陈驯，译. 北京：机械工业出版社，2019.

假如一个企业的经营管理者不正直，那又会如何呢？无论如何，我们都不要去预测某种必然的恶果，因为这样做不符合人性向善的希望，而且一不小心还会伤害那些优秀的企业家对商业向善的理想追求。然而，我们必须知道：任何腐败行为都与人的内心道德败坏以及丧失正直品格有关。常见的现象是：如果公务员有正直的名声，老百姓就会更加信任和拥护政府；如果企业的创始人、经营管理者以及员工在品格上口碑好，消费者和客户就会更加信任该企业的品牌、产品和服务。无数企业破产或倒闭的教训表明，最后能够幸存下来的一定是那些正直的人，那些愿意持守洁矩之道，以保证自己的行为干净、作风清正的人。总体来说，正直的人更倾向于持守公平公正的原则，做出公平公正的行为；正直的人更愿意维护团结和公平的经济秩序；当然正直的人意味着言行诚实，说话行事依循事实。

在此意义上，我很认同德鲁克的观点："管理者的正直表现在他顺服共同使命的要求"[1]，因此"不正直的人不适合担任管理职位"[2]。不正直的人一旦担任重要的管理职位，就会盯人的弱点、抓人的把柄，无法在用人上扬长避短，只会做整人玩人弄人之事。不正直的人如果身居高位，就会害己害人，更容易危害组织精神。管理者如果不正直，将无法取信于人，很难与他人建立良好的互信关系，而且他所做的一切不仅容易破坏同事关系的正直性，而且容易祸及他自己所在的部门乃至整个单位。不正直的人即使当上主管，也只会是一个极其糟糕的管理者。

更进一步说，假如一个君王不正直，那又会如何？古罗马道德论者西塞罗在《论义务》中提出：优秀的人应该具备四种"根本"美德：智慧、公义、勇气和节制；而君主应该具备的核心美德是正直，即信守承诺并在

---

[1] 德鲁克. 管理：使命、责任、实践：使命篇 [M]. 陈驯，译. 北京：机械工业出版社，2019.

[2] 德鲁克. 管理：使命、责任、实践：实践篇 [M]. 陈驯，译. 北京：机械工业出版社，2019.

与所有人的交往中永远保持正大光明。16世纪的道德学家弗朗切斯科·帕特里齐（Francesco Patrizi）在他的《论王权与国王的教育》（*On Kingship and the Education of Kings*）中甚至罗列出了君主应当培养的40种美德，他经过比较分析、细致论证后得出的结论是：君主最重要且符合道德的理性行动是正直——"正直是最好的政策"，这样，正直诚信就成了君王的专属美德。[⊖] 对此观点，德鲁克很认同，他认为：在所有的政治理论中，层级制度组织与自由形态组织之间的论争由来已久，如今的专制与民主之争事实上依然是古老政治学中的人治与法治之争的延续。法学家坚持必须有良好且明确的法律，而政治哲学家和教育家则坚信：优秀的统治者必须且应该具备正直的品格，否则再好的法律也无济于事。

最后的假设更加刺痛人心：假如一家企业或一个组织不够正直诚信，那又会怎么样呢？这里讨论的不是个体或人性，而是一个不正直且毫无诚信的企业或组织。当然，结果可想而知，至少可以说"不好"。如果一家企业或一个组织不够正直诚信，我认为至少有三个危机可能发生。一，企业或组织内部会出现严重的人际关系紧张、各自为政、互不信任而且内耗加剧的问题；二，团队缺乏凝聚力和向心力，整体绩效提高不了；三，组织无精神，企业无文化，更无领导力可言。以上这三个危机，原则上都与企业或组织整体的正直诚信的道德气质败落有关，或者我们可以理解为，这是企业或组织丧失了可以相互制约、彼此监督的必要的道德框架所致。

对一般人而言，以上这些假设可以只是假设；但对那些有过类似经验和教训的企业家和经营管理者来说，这些假设也可以被视为现实，并且有益于探求实质问题的必要性与逻辑。无论是管理者、君王还是组织，以牺牲道德为代价去换取市场、利润、晋升和绩效，显然都不是个好主意，最终得不偿失。

⊖ 斯金纳. 马基雅维里［M］. 李永毅，译. 南京：译林出版社，2014.

接下来，我们要讨论德鲁克提出的一个非常严肃的观点：正直是经营管理者的绝对必要条件。德鲁克的管理学的核心是人，他撰写专文论及对管理者的人格要求，文中强调最多的就是"正直"。对于正直品格之重要性，德鲁克的阐述非常细致，可谓如利剑直刺人心。请允许我选些段落来分享：

管理者的宏大愿景、奉献精神以及正直品德决定了所经营的事业的是非成败。

组织工作是关乎人的工作，因而必须固守正义原则，持守正直之心。

培养人才要求管理者具备一个基本品格……这个品格就是管理者所需要的正直。

正直是管理者的绝对必要条件，是管理者的基本品行，不能期望一个人成为管理者后再养成它。管理层也必须展示出与组织本身相同的正直品格。㊀

在《管理：使命、责任、实践（实践篇）》第36章的最后一部分，德鲁克使用了小标题"正直：试金石"，这是为了强调企业高管层应该把正直奉为管理者个人道德和组织精神的检验标准，他严厉地指出：

最终能够证明高管层诚信与责任心的，是他们对于"正直"品格毫不妥协的要求。最重要的是，正直必须体现在管理层所做出的与人相关的决策中；因为领导力借由正直的品格来发挥；而树立榜样、被人效法的永远是这种正直。

德鲁克对企业高管层成员在正直品格方面要求严格，主要原因是他认为：

㊀ 德鲁克. 管理：使命、责任、实践：实践篇［M］. 陈驯，译. 北京：机械工业出版社，2019.

组织精神是由高管层创造的，一个组织的高管层的精神很伟大，组织的精神就很伟大。因此，除非高管层愿意以自身正直的品格作为其下属的榜样，否则没有人愿意被任命担当管理要职。

对待董事会成员的要求也是如此：董事必须是为人正直、经验丰富、品德优秀、绩效能力强而且热爱工作的人，他们为高管层提供咨询服务与建议，并且能够运用他们的知识参与决策，为企业化"危"为"机"。许多人把正直奉为管理者与领导者的首要品质，⊖因为他们认为正直是人最重要的价值观，因此正直应该成为组织雇用员工最优先考虑的人性条件。

此外，德鲁克还强调：正直的品格比爱的情感更重要。许多人认为管理者应该具备爱护他人、帮助他人、与人和睦相处的品质，这是对的，但德鲁克认为这些不是核心，而且具备这些还远远不够。因为爱的情感太过模糊，在家庭和家族中，爱的情感在维系家人团结上具有重要意义，但远不如正直令人肃然起敬。况且，即便是在充满爱的情感的氛围中，也并不是所有管理者都擅长关爱他人、帮助他人以及与人和睦相处；相反，有些优秀的管理者性格冷漠，做事原则性强，但在培养人才方面贡献卓越，赢得的尊重却更多。

德鲁克还强调：正直的品格比才华横溢更重要。他直言："管理者无需天才，但求人品。"这里所说的人品就是正直。他还认为正直比智力和知识更重要。比如，一个管理者可能掌握的知识有限，判断力与能力不足，但这些缺点不足以成为企业的致命伤害；而如果这位管理者为人不正直却知识渊博、才华横溢，就容易酿成大祸，危害他人，破坏企业的整体绩效，甚至会摧毁组织精神。

⊖ 比如美国第 34 任总统艾森豪威尔就曾说过："领导者最大的特质就是无可置疑的正直。领导者的首要气质就是正直和崇高的目的。"见于马恰列洛. 卓有成效的领导者：德鲁克 52 周教练指南［M］. 德鲁克研究室，译. 北京：机械工业出版社，2016.

正直如此重要，我们必须知其然，还知其所以然。请容许我先举两个例子来说明人类对正直的基本认知与辨析。

第一个例子是犹太人。犹太人相信人类有七种道德品质，正直就是其中之一，其他六种分别是虔诚、公平、善良、慈悲、真实、和睦。犹太人非常推崇人的正直品性。在希伯来文中，zedakah一词有正义和慈善事业的含义，也就是说，慈善与爱都是出于人的正直的心灵。

第二个例子是孔孟之道对正直品格的推崇。在我们的文化语境中，正直大意是指一个人所具有的公正坦率、襟怀坦白、刚直不阿的性格，比如富贵不能淫、威武不能屈、贫贱不能移。孔子说："人之生也直，罔之生也幸而免。"历代学者和哲学家们对孔子这句话的解释有仁智之见，解释的出发点也有所不同，或从人性，或从道德，或从刑律，或从趋利避害，或从政治社会，或从人生哲学，但主旨大同小异，都突出正直与忠诚的核心价值，也就是强调人活着要坚守正直、诚实和中正的品格。不正直的人（或弯弯曲曲地活着的人）只是存侥幸之心免于祸害，或存侥幸心理苟且偷生罢了。

有弟子曾经问孟子具有哪种人格特质，孟子回答说："我善养吾浩然之气。"弟子不解，又问他何为浩然之气，孟子回答："难言也"；但他也做了解释："其为气也，至大至刚，以直养而无害，则塞于天地之间。其为气也，配义与道。"这里的浩然之气讲的是"大士气"，有如勇士之气，描述可见的人际关系的道德价值；而"至大至刚、配义与道"则说明浩然之气还描述人与宇宙之间的关系，甚至指向某种不可见的"超道德价值"。按照孟子的解释，"知道"和"集义"是养浩然之气的方法，前者指提升人的精神境界，后者指人在天地之间做应该做的事。无论如何解释，在我看来，正直的品质至少应该属于浩然之气的一部分。诚然，在我们的文化精神与道德传统中，正直作为人的道德品性的确非常重要。

通过以上这两个例子，加上前文提到的亚里士多德对正直的解释，我们可以明确知道：无论是古希腊哲学家，还是犹太先知，抑或是中国圣贤，他们都坚信正直的品格具有崇高的道德地位，其重要性不容置疑。不过，犹太先知的解释偏向于宗教信仰，古希腊哲学家的解释偏向于对概念的理智分析与认真笃行，而中国圣贤的解释则走向诗性与美学。但总体而言，三者都基于两个基本认识：人性的真实性和生存生活的现实性。一方面，正直作为人的品德要求与道德规范是不可或缺的，不正直，无以立人、无以做事、无以安身。这是对正直的基本共识。另一方面，我们必须承认，正直也是一种人性困境，也许正直比其他美德更难持守，强调一个人的正直比注重一个人的谦卑似乎艰难得多。内心正直的人会知错就改，但正直的人容易得理不饶人，只有谦卑且内心强大的人才会宽恕。比如，老师教导学生以及家长教导子女做人要谦卑，无论从情感还是理性上讲，都比教导他们要为人正直更频繁、更普遍一些，有可能是因为谦卑比正直更容易被人接受，或更容易做到，也有可能是因为正直的美德本身存在某种理想化的缺陷，就像我们普遍认可的道理那样——即便是再好的美德，其本身也是不完全、不完美的。否则，人类就不会因为道德而纠结、痛苦了。这种感觉也只能意会，难以言传。

六、道德心、公民权与领导力

在最后部分，我愿意举一些实例来说明个人以及企业在个人道德、公民精神和组织领导力上的观念与实践。

德鲁克讲过许多故事，其中一个是有关种族关系的案例。我把它简单地转述一下。20 世纪 40 年代末，一家重要的美国钢铁公司为坐落于南部"白人至上主义"地区的南区分公司委派一位新的总经理，这位新任命的总经理具有两个显著特点：北方人、人权组织的积极分子。

他新官上任遇到的最大问题是：在南区分公司工作的黑人员工从未得到过平等的就业机会，即便是那些技能娴熟、业务能力强的黑人员工，也最多只获得助手级别的待遇。因此，他首先要解决的棘手问题就是按照美国法律赋予的权利和工会的契约要求，承诺为黑人拥有平等的就业权利而努力，捍卫黑人员工的公民权利。

上任一年后，他终于摸清了当地社区的情况，广受同事的爱戴，并和工会领袖建立了良好关系。当公司拓展新的业务部门，需要招聘技术人员和装配工人时，他严格执行工会契约的招聘规定，聘用了一些工作技能高超且公认较为资深的黑人工作者，对其委以要职，同时公开发布了白人员工与黑人员工的资历与职位的配置表。但万万没有想到的是，此举招来了麻烦，在新的人员配置公布的那天早上，他收到了当地工会领袖代表团的"罢工通知书"：他们要求他收回刚公布的员工配置表，并重新拟定人员名单，否则罢工将从即日起持续进行下去。

他不知所措，四处求助无门。他突然想起一位德高望重的贤人——一个为种族关系尤其是为黑人平等就业机会奔走呼吁的人。但这位"贤人"并没有同情他的境遇，反而对他说：

我完全同意你的观点，反对黑人拥有平等就业机会是种族歧视，是非法的、不道德的、有罪的。但你所做的虽是合法的，却不算是道德的，因为你利用大型公司的经济力量，把你的风俗习惯与价值观强加给了你所运营的社区。即便你认为你自己的风俗习惯与价值观都是正确的，我依然要指出，你正在使用企业的经济权力、雇主的权力以及你的职权威望来支配这个社区。这就是所谓的"经济帝国主义"，无论立意多么美善，这种行为都是不可宽恕的。⊖

最终的结果是：这位总经理只好辞职回到北方另谋他就，南区分公司静静地撤下那份员工配置表。在接下来的几年中，公司屡次遭受严酷的抨

⊖ 德鲁克. 管理：使命、责任、实践：使命篇［M］. 陈驯，译. 北京：机械工业出版社，2019.

击，抨击者认为该公司以及工会总顾问未能在种族问题上承担责任，并批评该公司作为社区中最大的雇主，未能承担社会责任，反倒纵容不合法、不道德的就业种族歧视行为。我们需要注意的是：许多在权力范围和经济功能上许可的事情，在道德上可能造成伤害。

在后来的文章中，德鲁克还特别评论过这个案例，他认为贤人对那位新任总经理的责备是合宜的。他解释说：

> 因为那位总经理使用大型公司的经济权力去消除种族歧视，他又想把自己的种族正义思想强加给当时的南方城市。他的目的肯定是对的，但道德不能容许不恰当的手段，即他行使了企业不应该行使的权力。这就好比最激烈的种族平等主义者所谴责的帝国主义行为那样。那家钢铁公司多年来在它所声称信奉的种族正义事业上乏善可陈，我认为，这是该受责备的。它也没能寻求到可能的方法来实践种族正义，这也是可以受责备的。⊖

这是一个典型的美国案例，德鲁克对此案例的看法是：企业的社会责任是不可逃避的。不仅是民众要求企业担负社会责任，也不仅是社会要求企业负有社会责任，像美国这样的现代的多元化的组织型社会，企业管理者本身应该为公共利益承担社会责任，因为美国政府已经不再有能力扮演"公共利益的守护者"的角色，不再有能力做"最高统治者"了。美国企业是独立自主并享有很高自治权的组织，处于"政企分离原则"实现得比较良好的社会。美国人对政府解决重大社会问题的能力不信任，"对政府不再抱有幻想"；因此，企业自愿地、主动地承担社会责任，不仅能体现优秀的企业家精神，也能彰显出一个企业整体的道德责任和组织精神。

20世纪下半叶，美国社会内部的种族关系紧张，黑人民权运动兴起。许多人认为德鲁克并不积极表态和参与；但如果从德鲁克自己对政治一贯

⊖ 德鲁克. 管理：使命、责任、实践：使命篇［M］. 陈驯，译. 北京：机械工业出版社，2019.

保持"理智冷静的旁观者"的心态来看，似乎不难理解他的心思。但是，在《旁观者》中，他也讨论过一位黑人社会学家所描写的激进的黑人和傲慢的白人之间的水火不容。

他也痛斥过美国奴隶制，批评美国奴隶制"不是错误，也不能说是违法，根本是一桩罪恶"。在他的心中，罗斯福新政为黑人解放运动打下了基础，而汽车工业的迅猛发展也增强了黑人在精神和思想上的自信。德鲁克的内心是很善良的，他更多从社会生态学的角度去理解美国的种族冲突问题，在《旁观者》中，他指出："美国黑人的问题需要的是心态的转变，而不只是政策的改变，甚至农村社会学都无法处理这个心态的问题"；"黑人问题的症结在于白人的良心，而不只是黑人的权益"。

最后，我们花点篇幅来谈谈组织的"道德领导力"话题。德鲁克曾言："管理聚焦于社会、经济和道德关怀。"在社会方面，管理强调企业的责任担当；在美国，企业心甘情愿为政府或准政府机构承担职责，企业管理者在社区文化建设方面，对博物馆、歌剧院、交响乐团等提供支持；企业管理者还愿意担任教育机构的董事会受托人，从事慈善事业和志愿者服务等。在经济方面，管理自然强调企业的绩效；企业拥有权力与财富，因此企业必须对员工承担经济责任，即为人的就业以及生活生存之必需负责，经济责任亦属于社会责任范畴。而在道德关怀方面，企业或组织应该注重培育企业家的个人道德，传承整个组织的道德精神。德鲁克相信："最成功和最持久的机构通常能够促使成员在智识培养和道德成长上超越原有能力。"这就是我们所讨论的企业的组织精神，换言之就是组织的道德领导力。

教育事业和教育机构也应该以德为重。大学在道德精神的培育上显然不是为了改造人或摧毁人的个性，这样做是不道德的、反人性的。大学的管理者和教师应该是有个性的人，"传道、授业、解惑"终究是为培养健康和完整的人格。大学的管理者和教师不能滥用权力非法入侵个人隐私，威逼他人表达对自己的忠诚态度，更不能对受教育者进行心理操纵和家长式管控；教育不能以企图改造人的个性为目标，而应促使受教者释放自己的个性与才能，并由此收获智识的成就、技能的娴熟以及德行的成长。以哈佛大学为例。哈佛大学曾致力于恢复波士顿和新英格兰地区的辉煌，重塑道德精英的主导地位，正如美国建国初期的联邦主义者那样；哈佛大学的校长查尔斯·威廉·艾略特推崇大学的"道德领导力"理念：教育应该为人的道德成长和社会的健康发展负有责任。㊀

结语

正如本文开头所说的那样，德鲁克不是道德主义者或道德论者，但他的许多观点和阐述的深度不亚于任何伦理学论坛的理论深度，而且他的表达和论述更加直接和实在，他是在为管理者提供某种道德实践，他的看法更具有实践意义，因此无需绝对正确，也不是要与道德诡辩者争个高低。本文所分析的六部分内容都聚焦于现代管理学与伦理学的基本对话框架，也大都源自德鲁克对人性的深刻洞见和对社会责任的理解。他个人的道德倾向、伦理立场以及他所提出的独特见解都跃然纸上，很值得我们品味和反思。他对管理者的个人生活、生命成长和人生意义的思考，对企业组织的道德期待和对公共伦理秩序建构的期盼，无不体现了其高尚的精神修养。但我必须强调一点，道德是一个敏感的话题，有人不愿意讨论它，是因为它让人认识到自己的尴尬；有人害怕谈论它，是因为担心个人深陷虚伪；而我们谈论它，是因为认识到并勇于面对自己的不完美，是因为希望我们自己能变得更美更好一些。谈论道德的意义不是为了批评他人或发泄私愤，而是为了成就更好的自己。

㊀ 参见德鲁克. 管理：使命、责任、实践：使命篇 [M]. 陈驯，译. 北京：机械工业出版社．2019.

第五章 思考与评议

非叙事的历史印象

如果不算德鲁克先生的博士论文，那么《经济人的末日》就是德鲁克的处女作，也是他的成名作，该书当时被视为惊世骇俗的异端之作。《经济人的末日》写于1933年初，希特勒执政前数个星期。1935年和1936年，《经济人的末日》书稿中的一些节选内容曾被奥地利天主教徒和反纳粹出版商印成小册子，主要讨论反犹主义"纳粹恶魔学"所扮演的角色。1937年春天，德鲁克从英国移居美国，1937年底，《经济人的末日》的原稿全部完成。因书中提到的许多观点被当时的政界认为太过极端，导致出版商不敢问津。

1938年9月，慕尼黑会议之后，约翰·戴（John Day）出版公司创始人，也是当时的《亚洲》杂志编辑理查德·沃尔什同意出版书稿。6个月后，即1939年春天，《经济人的末日》终见天日，此时，德鲁克本人正在大学校园中教授美国历史和美国经济学，并开始对亚洲的日本和印度产生兴趣；后来德鲁克声称当《经济人的末日》出版时，自己仍然是个无名小卒。德鲁克自己认为《经济人的末日》是一本非叙述性的历史著作，主要从社会和政治角度来分析西方世界万象，历史时段基本定位在19世纪30年代到20世纪30年代的百余年里，在这个时段中，欧洲的确堪称世界中心，现实主义政治浪潮流行一时。

在《经济人的末日》中，德鲁克对19世纪末到20世纪前30年的欧洲时局变化了然于心，并对欧陆政治的走向做出了很正确的判断，他对极权主义和物质主义的深刻剖析尤其令人钦佩、发人深省。他认为极权主义必定导致大规模战争，而物质主义必定导致人文精神的破产。在《经济人的末日》之后的许多作品中，反极权主义和非物质主义成为德鲁克管理思想的核心价值。但是，坦诚地说，《经济人的末日》体现了年轻德鲁克的意气风发，书中用词果断、笔调刚烈、直言不讳、一针见血。而他晚年的作品《旁观者》，寓意充溢、柔性十足，充满暗示与启发，简直是判若两人。

《经济人的末日》出版后的第二年，即1940年，丘吉尔成为英国首相，他坚决反对与希特勒和谈，主张全力抵抗，增强了英国及盟国的斗争决心。该书出版后，德鲁克在美国的影响不尽人意，但丘吉尔慧眼识英雄，为《经济人的末日》写了一篇热情洋溢的书评，使得该书在英国取得很大成功，并被列入当时英国预备军官学校的应届毕业生课外读物书单中，与刘易斯·卡罗尔的《爱丽丝梦游仙境》并列在一起。德鲁克在2005年1月所写的《经济人的末日》中文版序中重提了丘吉尔对他作品的认可："英国前首相丘吉尔曾经于1939年春天评价《经济人的末日》为'唯一一本了解并解释两次世界大战间世界情势的书，让世人得以理解19世纪欧洲瓦解与极权主义崛起的过程'。"

第二次世界大战后，特别是在20世纪六七十年代，《经济人的末日》一度被学术界冷落，主要的理由是该书缺乏政治正确性，而且不适合二战后的世界政治学术氛围。当时学术界盛行对意识形态差异的警惕，强调"主义"斗争，大多数人漠视德鲁克提出的把主要社会现象视为"一个社会现象"的社会生态学整体观。德鲁克认为"凳子需要第三条腿"，社会现象需要整体社会分析，包括分析社会的张力、压力、趋势、转移和动荡等。德鲁克相信社会学要走社会分析的道路，正如马克斯·韦伯、维尔弗雷多·帕累托和约瑟夫·熊彼特等社会学先辈们的所作所为。德鲁克在《经济人的末日》中把社会定义为"非常独特的生物：人类的生存环境"，"主义"是哲学体系，可以被称为"氛围"；但社会应该是"生态学"。这个观点可以帮助我们理解德鲁克为何常称他自己为"一个社会生态学家"。

在《经济人的末日》1939年1月的首版前言中，德鲁克讲了很重要的话，涉及该书的基本定位，我觉得很值得品味。他明确说："这是一本政治的书"，目的在于使人们保持自由的意志。德鲁克意识到，在欧洲传统的基本原则与极权主义的基本原则之间，不可能存在可妥协性，而且法西斯主义与纳粹主义已经威胁到欧洲传统的基本原则，因此他无论如何也不能接受极权主义有其正当性和合理性的解释。在该书中，德鲁克只尝试从政治和经济的角度去解释和分析法西斯主义和纳粹主义。德鲁克既不相信历史唯物主义，也不信任在政治和社会生活中会出现所谓的意外和奇迹。他把物质理解为人赖以生存的必需品之一，但他反对把物质高举为人类社会正常运作的奠基石，更反对把物质主义凌驾在人的精神意识之上。

《经济人的末日》出版30年后的元旦日，德鲁克以回忆的方式写了1969年版的序言。这个序言很重要，因为它补充了自《经济人的末日》出版以来存于德鲁克心中的、他反复细嚼慢咽后想要说的话。当许多与他同时代的人都在为德国甚至是欧陆的所谓民族性歌功颂德时，德鲁克指出，民族性只能回答人们如何做事，不足以回答为什么非要如此做，以及所做之事的意义。他认为纳粹主义和法西斯主义是欧洲政治的顽疾。

在1969年的序言中，德鲁克再一次明确《经济人的末日》是一本"社会的、政治的书"，旨在讨论欧洲民众与社会政治信念之间的疏远，从社会和政治的角度去剖析欧洲的社会和政治的危机。但《经济人的末日》不是一本历史研究的书，它强调的是理解历史中所发生事件的重要性及其给予不同年代读者的意义。这一点与2005年德鲁克为《经济人的末日》作中文版序时所说的话相似：这是一本非叙述"历史"，而是从社会和政治层面来分析20世纪前25年的欧洲和欧洲社会的著作。

德鲁克运用克尔凯郭尔的存在主义来解读20世纪前30年欧陆政治和思想变迁的现实批判基础。但德鲁克宣称《经济人的末日》并不是一本"哲学的、神学的书",他只是把各种学理、哲学甚至神学和政治信条当成资料加以分析;少谈人性、宗教、道德、价值、信仰和人文精神的痛苦,多论社会、政治和经济的诡变。毕竟德鲁克研究的核心是强权政治势力的崛起,而不是人文精神和传统信仰的复兴。这个核心直指一个现实:欧洲社会和政治结构土崩瓦解,社会变得非理性、险恶而且不可理解甚至无法防御,这才导致纳粹主义的兴起;欧洲的悲剧即是政治信仰缺失的结果,也是欧洲民众疏离政治的结果。毋庸置疑,德鲁克的《经济人的末日》的确把极权主义理解为欧洲的政治和社会现象,这是他的认识论和解释学的判断基础;换言之,极权主义在德鲁克的眼中就是历史进程里无数社会现象中的"一个社会事件"。

在1969年的序言中,德鲁克还明言《经济人的末日》既无意分析当今的问题,只讨论过去的事件和历史的问题;也无意为20世纪二三十年代的政治和社会辩护,也不想为当时社会出现的问题和祸害开脱责任。追昔抚今,德鲁克要让读者明白的道理是:深刻理解极权主义形成的动力,可以帮助当代人了解自己的政治和社会处境,以求避免重蹈覆辙。特别是年轻人,在寻求理想主义、渴望未来的美好以及面对世界的真实性和苦难时,要做出建设性的理性主义行为,千万不要仿效20世纪30年代的欧洲,走极权主义路线,陷入"热热闹闹,却毫无意义"的虚无主义。德鲁克甚至坚信:《经济人的末日》是他的所有作品中与当今年青一代最贴近的一本书。他坚信《经济人的末日》对亚洲的未来具有重要性,人们可以参考该书中分析的社会、政治和经济现象,以备未来的发展。

天下事,似曾相识。世界依旧年轻,只是人老了,一代接着一代。

《工业人的未来》几个关键点思考

一、历史点

在《工业人的未来》中，德鲁克经常提到两个重要的历史年份，即1776年和1787年。这两个年份是美国乃至西方世界在政治、经济和科学技术，特别是工业社会发展历史中引以为荣的历史点。

首先说说1776年。1776年是革新之年，出现了如下标志性的事件。

1776年3月9日，苏格兰经济学家亚当·斯密出版《国富论》，这标志着旨在富国裕民的古典经济学理论体系成立。在该书中，他仅有一次提到市场是"看不见的手"（《国富论》第四篇第二章），有学者指出：这个典故被后人无限夸大，成为"最有名的标识"，后人对"看不见的手"夸张的描述把它不恰当地人格化了。[一]实际上，在斯密看来，"看不见的手"指的是经济交换的结果，并不是推动这些交换的动力。因此，"看不见的手"究竟如何监管经济，在很大程度上有赖于市场活动据以开展的框架及其交换类型。

[一] 沃哈恩. 亚当·斯密及其留给现代资本主义的遗产[M]. 夏镇平，译. 上海：上海译文出版社，2006.

1776年7月4日，美国十三州议会一致通过《独立宣言》，宣告正式建国。《独立宣言》申明："我们相信如下真理：人生而平等，上帝赋予人一些不可妥协的权利，其中包括生存权、自由权和追求幸福的权利。"

1776年詹姆斯·瓦特在英国改良了蒸汽机，1785年后蒸汽机由企业家马修·博尔顿运用到工业中。以蒸汽机的改良和应用为契机，英国爆发了第一次工业革命，在此期间，英国成为欧洲经济增长最快的国家。而1776年的中国，处于乾隆四十一年，大清帝国人口不足3亿，GDP占全球总量的28%，当时居世界第一。

再说说1787年。是年5月，美国十三州代表在费城召开制宪会议，同年9月15日制宪会议通过《美利坚合众国宪法》，通称美国联邦宪法；这是美国政治制度的根本大法，也是世界上第一部成文宪法。1789年3月4日，该宪法正式生效，后又附加了27条宪法修正案。主要内容涉及七项基本原则：人民主权、共和制、联邦制、三权分立、制约与均衡、有限政府、个人权利。

二、创作点

《工业人的未来》的构思时间与《经济人的末日》差不多在同一时期，按德鲁克晚年回忆时的话说："事实上，多年来我一直在构思一本书，从希特勒1933年在德国掌权时起，我就开始思索，想写一本探讨未来而非过去的书，讨论以后政治与社会整合的问题，并假定希特勒终将被击溃。"[⊖]德鲁克1940年开始动笔写作该书，也正是从1940年开始，他为《哈泼斯》杂志以及其他一些刊物写稿，成为名副其实的自由作家，坚持了长达25年。

《工业人的未来》中大部分内容写于第二次世界大战期间。德鲁克申

⊖ 德鲁克. 旁观者：管理大师德鲁克回忆录[M]. 廖月娟，译. 北京：机械工业出版社，2019.

明该书不是一本乐观主义的书,因为书中的多数关键章节写于 1940 年夏天,那时收音机中播放着纳粹胜利、法国失败、英国敦刻尔克大撤退的消息。当时德鲁克与许多人一样经历战时的艰难,担心战争如何继续,以及如何不被黑暗势力击败,他在写作过程中有时甚至彻夜难眠。德鲁克经常自问:我们期望战后出现一个什么样的世界?他不是一个乐观主义者,但他努力保持乐观的心态去考虑战后的工业社会格局重建。

德鲁克声称他自己不是尝试为某个具体处境提供具体的解决办法,因为战事依然持续,没人预测战后的世界到底如何。德鲁克能够确认的唯一事情就是战后问题一定与战时问题紧密关联。因此,《工业人的未来》的创作初衷,就是以战争状态下遭遇的现实问题为基础,为战后发展做些思路与方法上的预备。因此,德鲁克自信《工业人的未来》将会是"一本重新确认价值、希望和承诺的书"。

《工业人的未来》的终稿定于 1942 年夏天,随即成功出版,时年德鲁克选择到本宁顿学院担任教授,讲授政治理论、美国历史、经济史、哲学等。次年,即 1943 年,因为这本书的出版,通用汽车请德鲁克分析他们的高层组织架构和公司政策,自此德鲁克选择进入通用汽车公司做顾问。

三、思想点

德鲁克指出,1940 年的欧洲世界正处于从"经济人"转向"工业人"的过程中。他认为无论社会如何不安宁,人们都没有任何理由把人的社会生活贬低为经济活动,正如 19 世纪的重商主义那样,认为经济进步高于其他一切社会考虑。1940 年前的欧洲民众已经放弃了固有的观念,认为经济进步总是人必要和最高的奋斗目标;当人们放弃把经济成就视为最高价值时,人们便自然不再将经济行动视为社会生活的基础。

西方社会已经放弃了人作为"经济人"的信仰——指人生活的基本动机是经济动机,人的成就基于经济的成功和经济报酬,甚至人的道德观念以及对人性的理解都是按照商业主义的模式加以建构的。西方人已经意识到自由、正义和平等不能通过经济领域建立起来，一个运作正常的社会不再通过市场建立起来，经济人因物质成功而造就了自己的奢侈，也收获了政治层面、社会层面以及形而上层面的败落。当经济人的概念不再被奉为人的本质概念和人的满足时，经济目的就不会成为社会的决定性目的，也就不再是社会伦理目的，因此工业社会应运而生。

希特勒和纳粹主义的人性概念基础是"经济人"加上"英雄人"；因此，纳粹社会无法成功发展为一个正常运作的社会，更不用说成为一个自由社会了。战胜纳粹主义是西方人民的任务，但这不可能以恢复19世纪重商主义社会的方法来实现。人们不希望继续把经济人看成人的本质和社会基础，那么，人们需要在对人性概念有新理解的基础上发展和建设一个自由而正常运作的工业社会。

20世纪40年代的欧洲缺少一个正常运作的工业社会，无论从政治还是从社会上看，欧洲社会不仅缺少工业化文明和工业化的社区生活，而且缺少工业化的组织和秩序。德鲁克在《工业人的未来》中所言的"工业社会"必须具备的基本机构有两个：一个是能够提供地位的"共同体"，另一个是能够正常运作的"社团"。但德鲁克又敏感地发现了当时欧洲的时代危机——虽然西方人表面上已经成为工业人，但整个西方社会依然沉浸在前工业时代的社会信仰、价值观、社会结构以及经济工具之中。

那么，如何建立一个自由而正常运作的工业社会呢？人们特别是经济学家在理解"组织"的时候，常常把目光投射于政府和企业，而没有注意其他组织诸如大学、医院、工会、教会。《工业人的未来》中所理解的工业社会在结构上有别于19世纪和20世纪初的社会，20世纪40年代的欧洲工业社会已经有了不同的挑战、价值和机会。19世纪的欧洲社会是一个深度的重商主义社会，属于前工业社会。在19世纪末到20世纪40年代的西方社会和所谓的工业化国家中，个人正在丧失正常的社会地位，而且社会逐渐蜕变成为一个无政府主义的民众群体。但是，要想建立一个自由而正常运作的社会，必须克服社会中的极权趋势，恢复重商主义并不能有效解决工业社会中的问题和矛盾。

因此，德鲁克指出，一个自由而正常运作的工业社会可以通过一个自由、非革命、非极权的方法建立和发展起来；这样的工业社会必须具备如下条件。第一，提供与工业社会体制中的个人成员相匹配的地位与职能。工业社会之所以能够运作，是因为每个社会成员都有自己的地位与职能。工业社会有能力整合个人目标和社会目标，赋予个人的目的、理想、愿望、行动以社会意义，同时赋予集体的组织、机构和目标以个人意义。第二，工业社会中的权力必须具有合法统治权，即权力的正当性；权力的权威性在于，公众可以接受作为道德原则的社会政治权力。权力必须建立在更高的认同性、问责制、责任、共同愿景的基础之上。第三，一个自由社会要求"政治自由"：有一个可控制、受限制、负责任的政府，同时，公民被允许实实在在地、负责任地参与政府决策。第四，在一个自由社会中，政治组织和社会法则必须分离，彼此独立、相互制约、相互平衡、相互约束，但政治组织和社会法则必须服务于同一个社会和社稷苍生。

根据以上分析，德鲁克认为在20世纪40年代的世界中，只有美国能找到一条非极权、非革命的道路去建立一个自由而正常运作的工业社会，同时能够战胜极权主义。美国是世界超级大国，它不仅要建成一个自由而正常运作的工业社会，而且要创建一个自由而正常运作的社会所必备的原则和制度。但是，如果"美国世纪"仅仅意味着物质上的优势，那么"美国世纪"就是"一个浪费的世纪"。

德鲁克认定第二次世界大战后的西方社会必定是一个"新的社会"。这个新社会必须是工业社会，工业生活将作为社会元素被有效组织起来。他认为在战时考虑战后重建问题一定是重要的，但这不是要恢复19世纪的"放任主义",而是要去建立在"本地的去中心化的自治"基础上的工业组织。

所以,德鲁克建议回归 1776 年和 1787 年的保守主义原则和哲学,以此重新融合社会整体,激活工业社会。所谓的保守主义的方法就是:用一个非革命的方法,去实现从一个商业主义社会到一个自由而正常运作的工业化社会的转型。德鲁克说:"我们能做的事就是让每一个建议经受新社会制度的严格检验,看看是否能够符合一个自由而正常运作的社会的正式最低要求。"

四、定位点

在我看来,对于《工业人的未来》的定位,可以总结出如下三点。

第一点,许多人把《工业人的未来》看作德鲁克写得最好的书,德鲁克似乎很满意于这种评价。他自己也觉得这本书的确是自己"最有野心的"、也是"仅有的一本阐述基本的社会理论的书"。在书中,他尝试讨论两个社会理论:一个是普通社会理论,其主旨是探讨社会的正常运作和权力的合法性;另一个是工业社会的特别理论,特别是指第二次世界大战后工业化社会的状况。《工业人的未来》要阐明的核心内容是:以社会迈向组织型社会(后工业社会)为讨论的焦点,以及相关的社会组织状况、正常运作、公民的权利与义务以及组织管理的问题,这些正是第二次世界大战后的世界课题。

第二点,《工业人的未来》还讨论了工业社会的政治和社会结构,并对工业秩序进行了解剖,包括大型企业在社会中的地位、角色以及工业秩序原则等。德鲁克相信企业实体或任何组织都是社会组织,"一个集体"指的就是"一个社会";企业终将成为工业社会的主体,作为一个小型的组织社会,企业不仅要实现管理原则,还要兼顾个人的地位和职能。他甚至坚信这本书奠定了他对机构管理和管理问题的兴趣。他的第一本管理学专著

《公司的概念》也因此而诞生。《公司的概念》成书约在第二次世界大战后的几个月，1946年才出版。从那以后，德鲁克的写作方向大抵以社会学、政治学和管理学为主。

第三点涉及一个关于德鲁克思想立场的基本认识问题：这本书是否体现了德鲁克新保守主义的立场？

首先必须承认，无论在《经济人的末日》还是《工业人的未来》中，德鲁克思想中的一些关键概念都参考了保守主义思潮，诸如爱尔兰保守主义政治理论家埃德蒙·伯克和持保守主义立场的第四任美国总统詹姆斯·麦迪逊的观念。《工业人的未来》中对权力的合法性的关键概念的解释也是倾向于保守主义立场，比如参考了美国宪法起草人之一——当时的美国财政部长亚历山大·汉密尔顿，以及英国前首相、保守主义政治家本杰明·迪斯雷利的思想。

然而，德鲁克本人并不认同《工业人的未来》是一部新保守主义著作，因为在1995年的新版序言中，他明确指出：本书不是新保守主义，1942年《工业人的未来》首次出版时，还没有"新保守主义"这个词汇，他自己也无意成为一个新保守主义者。其主要原因是新保守主义否认工业社会和后工业社会的现实性，他在书中宣称如今的所谓"新保守主义"概念就是重商主义，而他所要做的是对此的反思与批判。他还指出：如今我们已经从工业时代走出来，甚至已经不在"后工业社会"中了，我们现在生活的社会可以称为"后资本主义社会"，并逐步进入"知识社会"。但是，无论时代如何变迁，我们理解和解释一个自由而正常运作的社会的原则是相同的。

到底如何？留给后世评价去吧！世间多少事，任凭风来说……

"经济人"何以终结

经济人是从社会经济学的角度来理解人及人的本性、行为和活动。德鲁克认为经济人的概念出自18世纪苏格兰哲学家和经济学家亚当·斯密及其学派。㊀经济人的概念基于人作为经济动物的观念，强调人工作所必需的经济核心价值观，比如经济立场、经济权利、经济特权和经济满足度。

德鲁克认为，经济人概念的社会学基础是把经济学理解为一门科学，只有经济人概念被接受为人的真实本性，经济学的发展才具有可能性，而且才会显示其必要性和决定性。经济学作为社会学和道德理论，致力于处理人的社会习惯和活动时，经济人的意义就会显示出美善来。经济学对经济人概念的依赖来自于人对经济的理解，人是本源和动力，经济学是工具；经济学所教导的内容常常与社会的现实和真实不相一致。

㊀ 亚当·斯密的《国富论》是第一本试图阐述欧洲产业和商业发展历史的著作，后由此发展出了现代的经济学学科，它提供了现代自由贸易、资本主义和自由意志主义的理论基础。《国富论》中有句话说："我们所期待的晚餐不是来自屠夫、阴谋家或银行家的良善恩慈，而是来自他们对自己利益的考虑。"大卫·李嘉图继承和发展了亚当·斯密的经济理论，推动了古典政治经济学的发展。他以功利主义为出发点，建立了以劳动价值论为基础、以分配论为中心的经济理论体系。其代表作为《政治经济学及赋税原理》。

德鲁克在《经济人的末日》中指出经济人终将结束，这是为何？

首先，经济学上对经济人概念的解释并不意味着经济学的认知标准已经变质，而是人们对经济领域的自治性、对经济愿景以及对经济主权必要性的认同正在消失；民众已经意识到自由经济活动的实践不足以建立一个自由平等的社会，因而人们拒绝承认经济习惯是典型的和令人满意的社会习惯，人们拒绝接受那些只服务于经济目的的法规和只为满足经济需要而设计的体制。因而，经济人不再是人生现实和最高理想。

其次，任何"主义"只要被证实不能建立一个自由和平等的社会，经济人社会的崩溃就是不可避免的。德鲁克认为，自由和平等可以在如下领域中被人深刻认知。一是人可以在精神领域拥有自由和平等。二是人可以在知识领域，特别是在"知识人"的意义中理解自由和平等。三是人可以在社会领域成为"政治人"和"经济人"，自由和平等可以成为社会和经济层面的自由和平等。在社会经济领域中，人的本质成为人所处的社会和经济秩序中的一个功能。

在这三个领域中，自由和平等最基本的体现在于人的精神和意识形态层面；然后自由和平等体现在人对自由平等的认识和敏感度上；最表面的自由平等才体现在社会政治的功能主义层面上。德鲁克认为经济人的概念是最不合理的，因为只凭经济利益不足以建立一个自由和平等的社会。在经济人的世界中，人既不能理性地解释自己与世界的关联性，也不能协调社会现实和人自身存在的关系。个人在社会功能中已经成为非理性、毫无意义的存在。在一个庞大的机器中，人是孤立的零件，人的生存经历与人生存的目标和意义脱离。社会已经不再是个人通过共同目的而形成的共同体；相反，社会成为一个混乱嘈杂、毫无目的、相互隔绝的单细胞。世界需要一个理性的秩序，而经济人概念是让人远离理性秩序的"最好朋友"。

最后，德鲁克从历史的发展中证实了"经济人社会"的危机和民众的绝望。他举例说，在第一次世界大战和经济大萧条后，资本主义信仰的崩溃导致社会价值危机转化为深刻的个人经验。20世纪前30年的欧洲，华美的社会不断显现出社会价值的真空。欧洲民众第一次意识到，他们生存的社会不是为理性和明智的力量所支配的，而是为盲目、非理性和邪恶的力量所支配的。在许多欧洲人心中，在一个引以为豪的社会中，人是平等而自由的成员，人按照自己的美德和努力互相依靠；但如今这个社会的概念已经成为幻影，取而代之的是非理性、无助、孤立和分裂。世界大战与经济大萧条暴露出人在社会中已经成为"一个毫无意义的钝齿轮"，人民已经不愿意为一个不具正当性的民主骗局而奋斗，不再愿意为经济进步而付出代价或献身，经济成就不再是民众追求的最高目的；自由的概念本身已经贬值，经济自由已经丧失了它赖以生存的社会价值，因而经济自由不能带来平等。民众已经不再认为经济行为有益于社会本身的建立，因为经济行为不能推动自由和平等。

德鲁克还指出，纳粹主义和法西斯主义都是经济人的理想世界的基础信念，为维护自身统治，法西斯政权推广"新型人"的概念——"英雄人"。人被高举为英雄，把自己献祭，强调自律、自我牺牲以及内在平等。只有在以建立一个经济人社会为目的的信仰中，"经济人"才与"英雄人"合而为一。经济的不平等是革命的动力，建立以新的经济为核心和基础的社会是经济人的理想，但拥有非经济的价值秩序的社会很难成为经济人追求的信念。希特勒和墨索里尼的整个社会和政治大厦都把"英雄人"理解为人的真正本质，其内涵是"个人牺牲的自我正当性"。法西斯主义的"英雄人"概念与古老的宗教礼仪中人的献祭概念无异。

尽管经济人概念和经济人社会都会出现危机以及新的危险，但是人类仍然在继续生存的希望中不断创新，寻求有积极意念的人、非经济的人、自由而平等的人。

不一样的政治哲学

德鲁克对政治思想和社会主张的认识正确与否，我们不必论断，但他对政治思潮与社会变革的高度敏感和尖锐洞见有口皆碑；他的确是一位熟悉西方政治规则、政治史以及西方官僚制度的人。政治哲学贵在提出问题，而不是认同某种政治理论，德鲁克对20世纪上半叶的政治思想进行了深度思考，不管是马克思主义还是资本主义；不管是何种宗教思潮、信仰流派、道德理念；不管是个人主义还是集体主义；不管是墨索里尼、希特勒还是罗斯福、丘吉尔；不管是学术界学者、商业巨头、财经大亨，还是媒体人物……但是，有一点是清楚的：德鲁克是一位旁观者，他总是站在官场以外讨论政治，从社会的各个角落细心观察一切变化；他既有"世事浮云何足问"的洒脱，又有"世事洞明皆在理"的意味。

本文简单谈点德鲁克的政治思想和社会理念，主要是基于他的《旁观者》中提及的20世纪早期的欧洲和美国政治格局。

一、去中心化与多元化

去中心化不仅是德鲁克企业管理学的核心价值观，也是他的政治观点。对德鲁克来说，企业从来不是一个独立的商业机构和赚钱机器，企业是社会的一部分。去中心化意味着企业的组织模式从"中央控制"转向"实践性的分权"和"实验性的自治"。这个说法在理论上并无挑战集权主义的意思,因为大多数人都清楚一个基本规则——去中心化有利于企业解放生产力;但这在实践上可能会挑战某些权力集团的利益。去中心化还有另外一层意思,与德鲁克在《旁观者》自序中提出的"第三部门"的说法有关。所谓的第三部门,类似于非营利机构、非政府组织和公益事业机构。德鲁克觉得当政府和企业成为与整个社会抗衡的机构时,第三部门孕育着独立和多元化的特质,在一定程度上可以保护人类社会的价值,又能适时培养社群领导力和公民精神。

德鲁克细心观察了20世纪三四十年代的西方万象,他发现西方政治思想和社会结构正在经历快速的去中心化的过程。在《经济人的末日》和《工业人的未来》中,德鲁克大胆预测了时局的变化,其中就有对希特勒政权的批判性见解,可谓一针见血。1946年出版的《公司的概念》一书,曾被誉为引发全世界大型企业去中心化管理热潮的著作。当然,书中核心内容讲的是企业结构的重组和企业内部的权力分配,但如果以社会学的角度看企业的本质,就可意识到"以小喻大"的内涵。德鲁克一生笔耕不辍,见过也诉说过太多的集权主义、权力中心化、霸权主义的弊端;因此,他更加深刻地意识到了去中心化的可能前途。

1943年1月,德鲁克进入斯隆的"通用"天下。我们可以通过通用汽车公司的例子来理解德鲁克的去中心化管理模式。德鲁克为通用汽车公司提出了两点建议。一是在维系个人自由和劳工成本的弹性的前提下,为员工研究出一套保障薪资的办法。二是发展出"工厂社区自治",即把管理的责任交给员工、团队小组,以及一些由员工组合成的群体,让他们来确定个别工作的成员结构、主要工作的安排和社区的管理事宜,诸如休假、加班、职场安全以及员工福利等。这听起来像是职工的福利改革方案,但仔细品味后会发现它其实就是企业管理模式。企业就是社会,而企业的核心是人，管理以人为本，人就是企业生存、发展、具备市场竞争力的根源和资本。如果我们理解了德鲁克关于企业的社会本质和"企业的核心是人"的思想，就不会讶异于他的"去中心化"说法了。

除了"去中心化"以外，德鲁克还使用了一个与其在理念上相近的概念：多元化。德鲁克写的大多数作品，无论触及政治、哲学还是历史，不管关系到社会秩序、社会组织，还是管理、科技和经济，都以多元化、多样化为主导思想。在1954年出版的《管理的实践》一书中，他就一直倡导一个理念："未来是'有机体'的时代，由使命、目的、战略、社会和外在的环境所主导"。他在五十多年的写作生涯中一直强调有机体、去中心化和多元化等理念。从哲学的角度理解，德鲁克走的是解构主义和现代性的路线。

二、所有社会都是不完美的

德鲁克的社会学理论建立在政治批判现实主义和人性论相结合的基础上。他有一个基本的观点：人是不完美的，社会也是不完美的。尽管德鲁克对政治的嗅觉很敏感，而且分析判断时局的能力很强，但我看不出他对政治的热心和崇拜，他有点与中国古代的文人士大夫相似的清高性情。有时，德鲁克也表现出对政治黑暗的鄙视和嘲笑，比如，他表露过对20世纪二三十年代奥地利官场的冷酷无情和派系斗争中的嫉妒分裂的厌恶；对希特勒政权的厌恶、痛恨和无奈；他甚至总结道："在《凡尔赛和约》和第二次世界大战间的二十年，欧洲政治就是一场可笑的闹剧。"

这些说法并不稀奇，它们反映出了世界政治的普遍现象，只是德鲁克的特色在于他使用了特别的小说语言或"他者的戏谑"来表达自己的想法。政治的现实性通常都是人文精神困惑的根源，但人类即便没有政治，也一定会深陷于其他困惑。德鲁克对政治和社会的看法在本质上是非实践性的，但他对政治信条主义也没有任何好感。德鲁克甚至向往"过着高度文明而简朴的生活的农民共同社区"的社会模式，同时也不需要为这种社会做出资本主义或社会主义的定论。德鲁克在《旁观者》中举出弗里茨·克雷默所追求的理想的德国人的形象，想表达的不是政治理想，而是对人性批判式的反思。克雷默认为"丑陋的德国人"是指那些高傲、自大和贪婪之辈；而"善良的德国人"主张自由主义，充满感伤且过于和善，因而他们既缺乏抵挡恶势力的政治力量，又不善于挟势弄权；因此克雷默提出"第三种德国人"的概念，用以形容那些自制并能够获得政治主控权的德国人（比如古普鲁士人），他们贫穷但是知足，有自豪感且虔诚，严肃地服从正统、合法的权威，有自制能力。但是，德鲁克非常清楚，他所向往的社会模式就是中国的世外桃源，可望而不可即，可求而不可得；而克雷默的"第三种德国人"更是吊诡之谈，因为完美的社会或人类乌托邦就是虚无的海市蜃楼。

德鲁克还指出，西方人长期以来尝试通过追寻一种完美的公民宗教的方式来建立一个十全十美的社会，但终不得其果。按照卢梭的《社会契约论》，公民宗教的可能性建立在社会契约的合法结构上，是对壁垒森严的封建等级的批判性渴求。德鲁克认为当代人不再信任人间社会任何可见的组织，那么完美的社会便无从谈起。人如果非得追寻"完美的社会"，那么可能会陷入无法容忍丧失自由的境地中，以及自我毁灭的危机中。德鲁克举了一个例子来说明这个问题，即卡尔·波兰尼理想中的超越资本主义和共产主义的"农民共同社区"以失败告终，而这预示着"完美的社会时代"（the age of infallible society）的告终。因此，德鲁克指出，一个可能而且现实的社会是以人为中心的、可容小恶而无期大善的尚可忍受的社会。

三、简单而诚实的外交

德鲁克对外交政策的理解很独特，他主张一种简单而诚实的外交理念。这听起来的确有种浪漫主义与道德哲学相结合的政治可能性的意味。

简单而诚实的外交理念有以下几点含义。

首先，德鲁克对克雷默提出的"外交政策关系到一国之存亡，因而外交重于内政，外交必须优先"的观点提出了异议。德鲁克认同国家生存重于一切的观点，但他指出，国家灭亡的原因不只有外敌入侵，还有内部的腐败。独尊外交而不关注内政，国家也会遭遇危险甚至衰败，17世纪法国的黎塞留、19世纪奥地利的梅特涅以及德国的俾斯麦都可以为证。因此，德鲁克指出一个国家要想生存于险恶的环境，必定要寻求内政外交并重。

其次，德鲁克认为在国际外交关系中，国家以自己的政治实力（权力），特别是以军事力量为重的想法只是部分正确。他相信国际外交关系需要的是综合实力的外交。比如，丘吉尔和戴高乐就从未放弃宗教的力量对治国安邦的作用。德鲁克不同意克雷默的观点——经济因素在外交中是次要的。相反，德鲁克认为除了权力和意识形态外，经济也可以在权力平衡方面起作用。在国际外交中，权力平衡不只是指强权国家间的平衡，而且指强权国家和中等实力（经济和军事方面）的国家之间的平衡。此外，德鲁克坚持认为在国际外交中争夺世界霸权终究会危害自己，追逐霸权是愚不可及的。比如，古希腊历史学家修昔底德所写雅典灭亡的历史就是很好的警告。同时，强权国家企图拉拢弱小国家以加强自己的力量也是徒劳无功的，德鲁克觉得这种利诱加威吓的联合常导致外交关系上的被动。比如，20世纪30年代德国和奥地利的联合，不但无法增加德国的力量，反倒使其失去了行动的自由。

最后，德鲁克反对"非天才不足以担外交大任"的说法，主张外交大臣不必由伟人来担任。在德鲁克眼中，克雷默和基辛格就是这个外交观点的实践者。德鲁克通过对历史事件的研究发现：天才型的外交大臣对国家来说是场灾难。他提出了如下三个理由。第一，从历史角度来观察，德鲁克认为天才型的外交大臣的后继者多为庸碌之辈和奴颜婢膝者。伟人过后总是留下外交真空。德鲁克觉得，一个本身有能力又能提携后进的领导者，才是真正的伟人。第二，天才外交家在灿烂辉煌之后，通常留下的是外交世界长久的疑虑。德鲁克不欣赏外交伟人身上所谓的"领导魅力"，他觉得领导魅力是虚伪的，也是媒体伪造出来的。基于以上二者，德鲁克得出第三个观点，也是他崇尚的但不被政客所喜好的那句古老的惊世之语："外交不可狡黠，要简单而诚实。"对他来说，简单而诚实的外交意味着治理事务要以正直为本，切莫玩弄人于股掌之间。他指责梅特涅和俾斯麦都是诡诈不实的狡黠之人，因此不会治国安邦、管理百姓；他建议美国的外交人员不要崇尚狡黠和精湛的技巧，而应崇尚简单和诚实。

四、良知与权力难相为谋

政治是讲权力斗争的，这是人们通常理解的政治实践。可是，政治可否讲究良知与道德呢？或者说存在有道德的政治和有良知的权力吗？政治学理论一定是高深莫测的。良知似乎是人性与道德范畴的内容，而权力是政治与谋略范畴的内容。德鲁克举例：斯蒂芬·布莱克普尔是狄更斯最有力而深沉的小说《艰难时世》中的主角和异议分子。德鲁克觉得布莱克普尔最后落得身败名裂，原因在于他的良知不允许他与权力结合。而德鲁克笔下的与现实"相对抗的异议分子"诺埃尔·布雷斯福德试图结合他的良知与权力以发挥影响力，最后却为世人所忘记，不再重要了；德鲁克称布雷斯福德就是"良知"。

然而，我的问题是：德鲁克何意？既然布雷斯福德"不再重要"，"已经被忘记"，为何还要写他？说明德鲁克还是在心里纪念这位"想把良知与权力结合起来的人"。写他，是否不全是为了纪念，也是为了表达德鲁克自己的浪漫主义政治理想？我们不得而知。

表面上，"良知"讲的是人性问题，而"权力"似乎是政治问题。但德鲁克的理念是，良知与权力是人的整体意识，即内在的人和外在的社会是一个整体，尽管如今整个社会的认知走向是——"符号取代实质而导致实物沦为影子"。[一]（这是德鲁克使用的中古世纪逻辑学家的一句名言，指的是唯名论与唯实论之争中出现的"超唯名论意识"。）在这个意义上，德鲁克认为良知是人的内在真实，是自由解放的；而权力是捆绑和束缚，人追求权力便会渴望操控别人，充满占有欲。权力成了人外在的符号，人的真实就成了影子。当一个人纠结于良知还是权力的时候，人性会经受最大的挣扎和苦痛；因此良知与权力便不相为谋了。

[一] 此句话也可参考如下翻译："符号取代了实质，而所代表的物体却成了影子。"见于德鲁克. 旁观者：管理大师德鲁克回忆录［M］. 廖月娟，译. 北京：机械工业出版社，2019.

理解"旁观者"

对于德鲁克的《旁观者》，我们不能只是"读"，重要的是"品"，至少要具备认真学习的心境。

一、对旁观者这个词的理解

给"旁观者"下一个准确的定义有点困难，这是一个只可意会难以言传的词。德鲁克所言的旁观者不是无知的门外汉，不是闲人看客，不是无聊好事爱凑热闹的人；相反，我认为德鲁克所言的旁观者专于事、善于思而敏于行。旁观者必须是思想者。

《易传》中有"六爻发挥，旁通情也"的说法，可以理解为一个人见识得多，便可以"少怪"，达到触类旁通的境界。"观"古时通"贯"，意为"多"；善为观者必能融会贯通。如果从中国文化的角度来解释，德鲁克所言的旁观者也具有触类旁通或融会贯通的含义。

中西方文化对旁观者的理解并无本质上的区别，只是西方文化表达得更直接，而中国文化表达得比较委婉而已。旁观者的基本特质在中西方文化中是相同的，包括天赋异禀、学识广博、分析敏锐、善思力践，有高处不胜寒的清醒且有巨大影响力等。

二、《旁观者》意味着什么

《旁观者》到底是一本什么样的书？直观来看，《旁观者》就是德鲁克的回忆录，首次出版于 1979 年。这本回忆录中的时间线是德鲁克自己的，记录下来的故事却是他人的。十五个故事都与德鲁克有密切关系，涉及的人和事皆有意义。但是，德鲁克的《旁观者》读起来不像小说、不像传记，论述多于描写，没有铺垫，缺少跌宕起伏的情节，理性多于浪漫，像一份理性的事件和人物分析报告，其中涉及对西方社会变迁的历史分析、人文精神和意识形态的博弈以及价值观间的相互碰撞与妥协。甚至德鲁克自己都坦言：《旁观者》极具主观色彩。

德鲁克自己描述，《旁观者》的写作意图是刻画记忆中特别的人及其独特的个性和事件。每个故事都不长，但皆可独立成篇。德鲁克想为读者呈现一个特殊时代的万千景象，借以传达那个时代西方的人生哲学、思想、生活韵味以及世界观和价值体系。这些故事的时代背景和发生地主要集中在两次世界大战间的欧洲、罗斯福新政时期和二战后的美国。这的确是西方历史上的"阵痛期"。

有许多学者[一]都精到地评价过德鲁克的《旁观者》。这里不妨选以示之，我也会做些必要评论。

几乎所有的评价者都认定《旁观者》的核心是"人"，甚至德鲁克自己都表明这是一本有关"人"的书。司徒达贤总结《旁观者》有三个特质：一是德鲁克对人的观察精微细致；二是德鲁克的记忆力超群；三是德鲁克有在大时代中形成的"宏观思想架构"。施振荣从管理学的角度称德鲁克为"企业界的老友"；认为德鲁克是"从文明进化和社会制度的角度来思考企

[一] 如司徒达贤、施振荣、许士军、杨硕英等人，都为 1996 年台版《旁观者》写过推荐序，不吝赞赏之词。笔者非常欣赏和感谢。拙作中所引用的他们的话，读者如果有兴趣可以自行查考，恕我不在这里一一标注出处。

业经营的课题"；德鲁克的管理学的"对象是人"，对人性有贴切的了解，因其主张"人才是企业的凭借"、提倡"人性化的管理"等。但是，施振荣的评价似乎远离了《旁观者》的主题，更像是对作为管理学大师的德鲁克的评价。只是读者不得不承认一个事实:《旁观者》中涉及管理学的内容只是少数，而大多数内容涉及政治、社会、教育、经济甚至是文化领域。

杨硕英对《旁观者》的评价看起来更加有意思。他认为德鲁克是位"杰出的系统思考者"，有超常的洞察力，能"洞察社会、历史底层结构运作的法则"；虽然德鲁克是当代经营管理思想体系的奠基者，但是，德鲁克应属于社会制度与组织机构的"研究者和创新者"。我个人觉得杨硕英的判断是对的，德鲁克对企业和经济的重视程度的确远不如他对社会、人的价值观取向和信念以及社会使命的重视程度。如果要以人的全面发展为目标，就应当认真构思人的自由与责任的结合，如此而为，组织和企业有效的经营管理才可能实现。杨硕英视德鲁克为一位"篮球教练"，总是"冷静地站在场外"，"全心投入地观察他所倡导的思想如何在企业中起作用、被实践"。的确，企业就是社会组织结构的一部分，就像教育部门、民间社团、政党机构一样，是始于"人"并为"人"服务的。

三、生而知之，还是学而知之

司徒达贤问："德鲁克是生而知之，还是学而知之？"这个问题很具有代表性，因为他问到了德鲁克的思想核心。这个问题最好的答案就是德鲁克自己。

作为旁观者的德鲁克是一个有丰富经历和故事的人。他的确是"生而知之"的，然而，作为管理学大师的德鲁克也许可以被看成"学而知之"。按照古圣贤的话："或生而知之，或学而知之，或困而知之，及其知之，一也。"德鲁克身上的确有"生而知之""学而知之"的特质。故此，我们可以说：德鲁克既是生而知之者，也是学而知之者；二者兼有，岂不更妙哉！

二战结束后不久，德鲁克完成了他的第一本管理学专著《公司的概念》。该书一出版就成为畅销书，有人质疑观点，有人觉得难以理解，之后多次再版，至今依然有人购买、阅读并使用书中的观点。该书开启了近半个世纪的管理热潮，更为重要的是，它被誉为掀起全世界企业组织机构"分权化"热潮的著作。德鲁克早期作品讨论的方向大多是以社会、政治和管理为主。作为旁观者的德鲁克实际上是一个很熟悉西方政治规则、政治史以及西方官僚制度的人。

1942年，他选择到本宁顿学院任教授职位，讲授的内容也很庞杂，诸如政治理论、美国政府、美国历史、经济史、哲学等。1943年，德鲁克进入通用汽车公司服务。他还曾经服务于美国国防部的顾问委员会。德鲁克有能力从事许多跨学科的研究和思考，具有跳跃式思维；又能从特定而具体的事物发展变化中找到准则。这些都是旁观者的特质。

在《基辛格的再造恩人》（收录于《旁观者》）一文中，德鲁克笔下的克雷默（基辛格博士的友人、恩师、精神导师和顾问）不就是一个旁观者吗？克雷默自己说："我是个思想家，而非行动者。我不属于聚光灯下；此外，我这个人不做公众演说。"德鲁克说："这就是典型的克雷默。"这段对话表面上讲的是克雷默，弦外之音却是德鲁克自己认同的旁观者的形象——资深的政策分析员、顾问、策略制定者，而非行动者。德鲁克自己在《旁观者》里《英国最后一个异议分子》一文中也如此坦言："就性情而言，我是个旁观者，他（布雷斯福德）则是个行动家。"

德鲁克是个旁观者，就像他自己的定位一样，他分析政治、谙熟政治，却未成政治家；深谙经济学却未成企业家；懂教育，却未成教育家；深爱艺术却不被艺术所困；了解宗教特别是基督教，但对宗教保持距离……不过，最贴切的说法是：德鲁克作为一个旁观者，从未远离人类的舞台，也从未离开人生的精彩。德鲁克是个博学的杂家，他借助《旁观者》，给了自己一个历史的、存在的定位。

第六章 全球化及其未来

关于全球化的四句话

德鲁克是个智者，有关全球化的话题，他有过许多的评论、建议和研究，散见于他的一些演讲和访谈中，内容十分丰富。本文选择他的四句精彩名言，以飨读者。㊀

第一句是"金钱无国界"（money knows no fatherland）。按照常理，控制金钱流通是大多数国家的做法。但是，从20世纪90年代至今，随着经济全球化逐步深入，以及区域经济一体化的发展，货币数字化以及货币流通的便利程度都充分说明货币跨越国界已成为不争的事实。如果全球化被迫中止，货币全球流通就会暂时停止；但在全球化背景下，"金钱无国界"是合理的，也是可以理解的。

第二句是"信息无国界"（information knows no boundaries）。如今信息和金钱一样，完全跨越了国界，但是，信息与知识有可能被人扭曲、误解。信息和知识的共享以及诚实沟通成了国与国之间的大事。始于20世纪五六十年代由信息技术引发的数字化进程，打破了各种阻碍信息与知识流动的壁垒，引发了信息和知识前所未有的"大爆炸"。互联网、移动互

㊀ 前三句话的具体内容，读者可以参见《知识社会》。

联、大数据、云计算、人工智能、区块链、边缘计算、5G……如今人们耳熟能详的这些"新名词"仅仅是上述进程中的一些里程碑。2020 年的研究表明，人类在过去 15 年获得的知识比人类历史上其他阶段所获得的知识总和还要多。[○]

2001 年，德鲁克在克莱蒙特研究生大学发表的题为《论全球化》的演讲中指出：全球化不仅是一个经济事件，还是一种心理现象，比如人们不再把汽车视为奢侈品，而将其视为生活必需品；全球化并不意味着商品或服务的"全世界贸易"，而是意味着"全世界信息"，信息才是全球化的决定性因素。[○]

第三句是"污染无国界"（pollution knows no borders）。如今的世界，全人类共同居住在污染日益严重的地球，无一人、无一国、无一族群能够独善其身。我们生活在同一个地球村、同一片天空下。如今人类面临的最大威胁在于人类活动对土壤、大气层、热带雨林、海洋、河流、空气等的破坏，这些正是全人类共同赖以生存的环境。在全球化时代，比"防止核武器扩散"更加要紧的是保护人类的生存环境。为防止毁灭性的污染，人类必须即时即地共同采取有效行动。

第四句是"现代战争中，没有平民"（in modern war, there are no civilians）。这句话是 1997 年德鲁克论及"全球经济与民族国家"时说的，录于 2002 年出版的《下一个社会的管理》第 12 章，这一节的小标题为"经济全球化之后的战争"。德鲁克认为从工业革命初期起，人们一直相信"经济上相互依赖的力量会比民族主义的激情更强大"；但事实是："过去 200 年来，每当政治激情和民族国家政治与经济理性发生冲突

○ 瓦格纳, 布利格斯. 次终极追问：科学与宗教的纠葛［M］. 杨春景, 译. 上海：格致出版社, 上海人民出版社, 2020.

○ 参见 2010 年出版的 *The Drucker Lectures: Essential Lessons on Management, Society, and Economy*（《德鲁克讲实录》）。

时,政治激情和民族国家都是获胜的一方"。这是事实,却极其令人困惑甚至沮丧。

20世纪之前,敌对双方在战争中还是讲究规则的。比如德鲁克引用克劳塞维茨的名言说:传统战争的战略目标是"摧毁敌方的作战力量";也就是说,战争是针对敌方士兵发动的,不应该针对敌方的平民及其财物。敌对双方还要遵守的一条规则是:住在自己国家的敌方平民,只要不参与政治活动,就不会有麻烦;也就是说,不参与政治活动的外国国民拥有的企业和私人财产不会被侵占。在19世纪,人们还认为军方的首要任务是努力避免战火殃及平民。

但是,这样的战争理念在20世纪彻底结束了。在20世纪的第一场战争——布尔战争中,规则改变了。德鲁克把布尔战争视为"现代西方历史上第一次针对敌方平民进行的系统的战争",战争目标被重新定义为"摧毁敌方的作战潜力"。这里所谓的作战潜力就是指敌方的经济。在接下来的两次世界大战中,经济成了战争争夺的主要资源,也是战争最主要的力量和推手,因此经济必然成为战争最直接的攻击对象。

在《技术与管理》第5章中,德鲁克在论及"技术改变战争"时说:"1945年投在广岛的第一颗原子弹,改变了这一切。从此以后,人们愈来愈清晰地认识到,大规模战争不再被视为正常的,更别说是理性的了。全面战争不再是人类社会中一种有用的制度,因为以现代技术发动全面战争,不会有战败者,也不会有胜利者;没有中立者,也没有非战斗人员,只会完全毁灭。"

到了20世纪后半叶,特别是1962年古巴导弹危机之后,全世界都明白,人类已经不能重拾19世纪的信念了。尽管如此,大家也都明白,和平依然是人类生存的最大愿望,摧毁敌方经济可能有助于赢得一场战争,但未必能够赢得最终的和平。

差不多600年前,鼠疫威胁欧洲,造成了包括政治与战争在内的重重危机。1536 年 9 月 20 日，马丁·路德说出了那句名言："整个世界充斥着罪恶的行径。"德鲁克的分析是为了告诫那些丧失理智而走向战争的疯子：在现代战争中，百姓无法幸免；全球经济要发展，全世界百姓还要继续生活下去；千万不要因为瘟疫、经贸纠纷和政治冲突而发动战争，和平应该成为人类的首要目标。

这四句话，对全世界而言，恰逢其时，可谓字字珠玑。

经济之困：全球化还能继续吗

全球化被定义为一个社会进程，这个进程具体来说就是人类在其生存空间中社会关系发生了变更，所有跨地区的互动关系以及区域间合作的社会事务的广度、深度、强度、速度都有了进一步的发展。全球化有时也被人们定义为全球亲近性和全球相互关联性。也有人直接定义全球化为一个整体的世界、一个地球村或一个去边界化的世界。还有一种在联合国常用的带有文学性的描述——我们的全球邻舍，意指全世界的人保持一种亲密的邻舍关系。

全球化意味着多极化，因为它涵盖了文化、经济、政治等领域的发展进程。全球化以不同形式出现在不同的历史阶段，在各个阶段都有其独特的历史背景。全球化最原始的动力应该来自15世纪到17世纪的地理大发现，新航路的开辟不仅使欧洲告别了中世纪，而且改变了欧洲乃至世界历史的进程。

大多数人相信，现代意义上的全球化开始于19世纪末，而20世纪下半叶是全球化最具影响力的时期。第二次世界大战后的世界格局重组是全球化的里程碑。更加具体地说，全球化首次在英文中出现是1959年，全球化的概念在20世纪60年代才开始流行，而到了20世纪80年代，全球化才成为一个学术研究课题，被不同行业的人们广泛关注。如此算来，我们现在所看到的全球化现象以及与我们密切相关的故事，只能从20世纪80年代算起了，至今不过约40年。最近几年，我们称之为"人类命运共同体"。

全球化理论的乐观主义者认为全球化本身就是一个老的新现象，不必大惊小怪，全球化可能继续发生下去。全球化理论的悲观主义者则认为全球化到头了，世界面临新的变化和格局重组。无论乐观还是悲观，我们都不得不承认一个基本的现实：全球化进程充满可变性和不确定性。通常情况下，我们把全球化比喻成一把双刃剑，这是可以理解的。它可以成为一个强有力的新理念、价值、标记，甚至可以付诸实践和推广应用；同时它可能成为一个强有力的破坏者，"水能载舟亦能覆舟"可以作为当前人们对全球化何去何从的迷思的最好诠释。

从经济的角度来看，全球化被广泛描述成一个全球经济发展的进程。在这个进程中，全球经济形成整体，而且互相依赖；简言之，经济全球化就是全球市场一体化的进程。伴随这个一体化进程的是，从20世纪90年代至今，人们从未停止争论一个非常有争议的问题：经济全球化是否真有它所谓的"不可避免性"和"不可逆转性"。回答这个问题极其艰难，但这个问题几乎左右着许多国家和地区经济发展的策略和政策。就最近两年国际局势的发展情况来看，经济全球化的路越来越窄了。

从文化的角度来看，全球化暗示着全球文化的发展趋势，或者说体现了文化的现代性和文化实践价值在当代世界的发展趋势。因此，全球化在文化方面可以被理解为复杂的世界文化在当代经济全球化过程中的互相关联、互相依赖，甚至是多元融合与杂交；但也不排除文化同质化或文化异质化等极端现象的发生。文化是人类社会的精神财富，它显然比任何经济模式和生意都要复杂得多。用一个绝对的、单一的文化标准去衡量全球80亿人的生活习惯和风情习俗显然是不可能的。

与经济全球化和文化全球化的概念相比，政治的全球化毫无疑问更加富有争议性。全球化作为一个政治进程，仅仅表现为一个渐进发展变化中的政治意识形态在局部地区的共同点。民主、自由、人权、平等这些政治理想几乎出现在所有国家的宪法和法律中，但是，实际状况比书面内容要残酷无情得多，把生存的美好希望寄托于可能发生的政治全球化，这几乎是虚无缥缈的，人们对政治理想主义的理解和生存现实主义的批判存在天壤之别。也有人把政治的全球化寄托于全球经济一体化和世界文化可能的大同性，这听起来激动人心，但是仔细一想便觉得问题重重。最核心的问题是，谁会真的相信全球自由贸易市场能够实现人类共同的政治理想。而什么是人类社会共同的政治理想呢？什么又是当今全球 80 亿人政治理想的判断价值呢？

此外，全球化说明了国际商业贸易的相互依赖性和多元文化交流的重要性。由于国际社会日益频繁的商贸往来，全球化有时被认为是世界经贸自由化的代名词，意味着一个开放的、跨国界的世界经济体。第二次世界大战后，伴随着美国经济崛起，以及美国成为超级大国，西方人很引以为荣地视全球化为西方化、现代化，甚至直指美国化。如果人们说在 17～19 世纪，欧洲是整个西方的代表，那么可以毫无夸张地说，在 20 世纪，美国是整个西方的代表。在 20 世纪 70 年代，美国人自豪地标榜美国已经取代欧洲大陆，成为西方文明的代表。全球化在历史上被理解成一种全球经济、政治、文化的动力，它代表了西方的现代性、社会结构和人文价值在全球的兴起和扩张。在这个过程中，世界其他地区的文化和社会结构发生了变化甚至被重组。

21 世纪四分之一的时间已经过去了，区域经济快速发展，政治格局风云万变，没有人能完美地预测全球化的未来。把全球化定义在任何单一超级大国的框架内都是不合适的。

把全球化等同于市场化也不太合适。用市场化来定义全球化，意味着世界将走向更加残酷的物质主义竞争。所有与人相关的东西都可能为金钱所奴役，导致全球以金钱为标准来衡量一切价值。我担心的是，一旦市场化思路取代了一切，市场就会玩弄人的命运。残酷且非良性的功利主义价值规律至少对人的整体发展没有好处。从人性论的角度来看，赤裸裸的功利思想很难造就好的人格和道德品质。全球化是广泛而有深度的关于人类社会发展的课题，它不应该受限于市场化的狭隘概念。因此，全球化不可能只考虑暂时的表面的经济发展现象，它的价值应该还可以指向其他非经济的定位。尽管经济全球化依然在全球各个区域扮演一个主要而且是决定性的角色，但如果它要取得很好的发展而且造益于人，非经济层面的考虑需要引起人们的更多关注。在经济全球化的进程中，社会变革和全球格局的变化也正在发生。在我看来，全球化不仅是物质现象，而且是道德和精神现象。

全球化的本质就是现代性。从历史进程的角度来讲，现代性可以分为两个阶段，19世纪的工业化被视为现代性发展的第一阶段；而20世纪大体上可以被理解为第二阶段。现代性传达的是变化中的社会本质、社会发展状态、社会生活及社会发展变革具有的特色。现代性传达的是人类社会的精神性、价值观、历史文化上的认识论的特点，以及哲学思潮和人文面貌。现代性是一个富有吸引力的词，它不是一个固定死板的概念，而是活泼且充满生机和可变性的现象。这就是为什么我认为全球化作为一个当代的概念，它在历史进程中的积极意义不仅是文化社会学领域的，也是哲学范畴的——全球化与人类的生存状态和思维模式有关。全球化是一个沟通与交流概念上的哲学议题，而现代性可以解读和反思全球化的实质。

现代性和后现代性已经成为社会科学中的重要概念。一方面，人们用它们去解释当代巨变中的经济、社会、文化现象；另一方面，它的存在有利于人们表达工业时代和后工业时代的特征。我们对待现代性的基本态度就是对全球化的基本态度，我们对现代性的认知程度就是我们对全球化的认知程度。

　　作为世界发展进程，全球化继续，大家都有机会。既然全球化有其进程，那么走走停停也是正常的事情。好比一个人去旅行，心态要好，要把红灯和爆胎视为旅行的一部分。我们积极融入世界，符合我们的文化精神和大格局心态。实际上，我们没有理由也没有能力摒弃现代性，我们无法回到过去。世界对我们的认识评断和认同程度取决于我们对世界的真实认识、实际贡献和自身的公信力。

文化之惑:"全球本地化"可能吗

　　经济全球化需要相对和平的国际环境,如果世界一直动乱不安,经济全球化势必举步维艰。经济全球化需要世界各国就相关法律、经济规则达成一致意见,制定并遵守有效的国际法规。当前,全球化进程与复杂的国际关系交织,在取得诸多成就的同时也引发了许多问题和冲突。大部分冲突看似是贸易问题,实则是政治问题,甚至是更深层次的文化问题。

　　这里谈谈"文化之惑",也就是文化全球化中的冲突问题。就文化层面而言,无论在理论上还是在实践上,当前全球复杂性可以归结为全球化与去全球化的冲突,最为明显的一些矛盾现象通常发生在全球化与本地化之间。

　　大家都知道,全球化从来不是单一或者单向的进程,而是交叉的、复合的进程。全球化有时能在本地化中被意识到,同时本地化存在于全球化的进程中。伴随着经济全球化的深入,全球文化的普遍性与相似性逐渐被人认识。比如电影、电视剧、饮食、娱乐以及风俗习惯,通过相互推介与彼此交流而被广泛认知。当可口可乐遍及世界时,可口可乐文化也随之流行,成为一种全球化的象征。虽然有些美国人坚持认为可口可乐文化是"美国的",但世界各国居民都会觉得它是"本地的"。这种现象好比中餐馆遍布世界,中国的餐饮文化作为一种象征被全球接受,它是"中国的",

也是"世界的"。可口可乐和中餐馆不仅是全球化在本地化中的显现，也是本地化呈现在全球化中的结果。可口可乐和中餐馆并不一定导致文化霸权，但是它们一定会引发更加复杂的全球化与本地化的多元互动。人们希望这种必要的互动能够形成良性循环。

罗兰·罗伯逊是英国阿伯丁大学社会学和全球社会专业的荣誉退休教授，他研究的是世界不同地区的文化和历史。早在20世纪90年代，他就提出世界已经进入一个充满全球不确定性的阶段。他把日本经济领域的概念引入西方社会科学领域，并成为第一个定义"全球本地化"（glocalization）的社会学家。在《全球化：社会理论和全球文化》（Globalization: Social Theory and Global Culture）一书中，他借用日语中的组合词"土着化"（dochakuka）——本意为"本地化"——来表达作为一个适应本地处境的全球发展进程的全球化，以直接描述全球化与本地化相遇时的互动与变化。在这个名词中，全球化不仅仅是经济方面的，而且是文化的、社会的，甚至是哲学的。因此，"全球本地化"主张全球化与本地化不是互相对立对抗的，而要将本地化看作全球化的一种现象，互动互为是这个概念传递的核心信息。

在全球文化变迁的过程中，文化同质化和文化异质化有时会同时发生。对许多主张文化全球化的人来说，文化同质化是一些强势文化扩张的必然结果。从表面上看，互联网的快速普及、5G时代的到来以及其他众多科技创新成果的出现意味着全球文化的发展会更加紧密、更加相似甚至趋同；换句话说，就是世界文化的"去差异化"会越来越明显，大家彼此的交流与分享会更加方便。一个文化同质化的世界已经逐渐呈现在国际社会的面前。

然而，对那些强烈主张保持文化独特性的人来说，文化全球化现象被视为文化扩张、文化霸权。世界上有许多对抗全球化潮流的个人和群体，以及数以千计的反全球化组织，其形成的原因错综复杂，涉及政治因素、历史冲突，以及文化优越感。

基于丰厚的文化传统积累和沉淀，中国拥有最具包容性的文化模式，大多数人认同"求同存异""和谐共处""和而不同"等理念。因此，当代中国似乎更容易在全球化与本地化之间找到平衡，快速融入世界，同时努力保持自己的特色。

那些坚持认为文化同质化不可能发生的人，不仅强烈质疑文化同质化在概念上和文化实践上的可能性，而且相信并宣扬文化异质化的合理性。萨缪尔·亨廷顿提出全球化进程必然导致世界主要文明实体间的严重冲突，此观点在20世纪90年代曾引起学界广泛的讨论。如今，30余年过去了，还有许多人时不时会提起这一观点。从世界的整体性以及世界文明的类型来看，它的确存在异议，但放在特定的时代背景中，亨廷顿的观点并不是完全没有道理。

一些对全球化保持中立立场、持温和态度的人认为：受经济全球化进程的影响，一些事情也许会越来越相似，但这并不意味着必然会导致一个同质化的世界。本地化恰恰能够证明全球化不同的发展轨迹，全球化不是"单向街"。以中国为例，全球化已经深刻地影响了中国的经济、政治和文化；中国的变化与世界格局和全球的变化息息相关。

文化同质化和文化异质化的争论通常被视为关于文化全球化的讨论的核心内容。文化全球化是世界文化整体性认知的延伸，是当代人现实生活中不可回避的问题；而本地文化是全球结构的具象，为了促使本地更具生存活力，人们必须保持思维与行动相一致，必须将全球与本地结合起来思考问题并采取行动。显然，全球化进程不是一个单一存在和特异独行的进程，而是一个互动交错混杂的进程。在这种对全球化进程的解释中，文化同质化与文化异质化是同时互动发生的。所以，当文化的异质性更多地被强调时，文化冲突和文化交融的张力就会突出表现出来，成为全球化不可避免的特征，并且可能会愈演愈烈。而当文化的同质性更多地被强调时，人们就会更多地意识到所有人都生存在一个被严重压缩的世界中，异质性存在于同质性之中。无论如何，个人价值、文化价值、精神价值以及社会价值才是真正重要、美好的现实。

在全球文化共存、分享与交流的过程中，要避免极端的文化相对主义倾向，换言之，就是要尽力避免不同的文化走向相互敌对、彼此敌视的状态。因而，各种文化的特殊性都需要被纳入全球文化的大同性，以缓解极端的文化相对主义可能导致的争端和冲突。在全球化进程中，人们会自然地被卷入不同文化和生活方式比较与互动的旋涡中。当不同文化在全球化的进程中逐渐产生关联性时，人们可能会觉得"自己的文化"正在遭遇外来文化的威胁。因此，为了避免可能发生"文化战争"的危险，在全球化进程中，国际社会不能恶意引导和推动过激的文化对抗行为。

同时，从理论上来讲，全球化应该成为服务全世界共同发展的文明动力，它不仅体现为经济上全球市场的一体化和互相依赖，而且体现为文化上日益紧密的互相关联性和互相依存性。处理好全球化与本地化的关系并不是一件容易的事情，在历史进程中，全球化与本地化的关系一直是争论的焦点，但是文化的特殊性大体上尚未离开全球文化的大同性。全球性不是哪一个文化实体所特有的，而是指在作为一个整体的全球文化中，所有本地文化都可以活泼起来。

在这个意义上，所有的文化实践都既是全球的又是本地的。在所有文化的实践中，不存在真正意义上的"世界主义者"，因为全球性和本地性在本质上是相同的，而且是具有普遍性的。文化表达在本地化中是基于其所属文化的本性和形式，而文化表达在全球化中则是寻求所有文化间合作的可能，以实现人类共同发展的目的。文化不应被现代资本利用以建立政治和经济的秩序；相反，文化应该保持它自己的个性和本质；同时，我们也不能站在西方文化中心主义的立场上居高临下地俯视世界各地不同的文化现象。

中国本身就有丰富、多元且具有包容性的文化体系，而且文化是可分享的、活泼的，因此中国的文化同质化现象显得较为温和，文化异质化现象也显得不激进。或许有理由相信，外来的强势文化可能会影响本地的弱势文化，但没有理由相信，外来文化势力会完全动摇本地文化之根本或取代本地文化。

有些人会觉得，意识形态上的强势和对商业系统的攻略，可能就是文化帝国主义的表现形式。当西方出现一些强势行为，威胁到一些人的心理安全时，"西方阴谋论"常常会应运而生。一些西方人也有相似的敏感心理，例如当日本的经济在20世纪50～70年代一度辉煌时，西方也有人鼓吹"日本第一"和"日本威胁论"。而当中国经济持续增长时，"中国第一"和"中国威胁论"也是满天飞。中国任何大的外交、政治、军事和科技举动都有可能被西方国家炒作成"中国威胁论"的可见证据。

全球化进程中文化方面的发展变化可以被审慎地对待，但也许不必过分审慎。文化同质性和文化异质性是交错共存的，文化的全球化和本地化会自然地在互动过程中发生变化。"全球本地化"的概念也许有利于我们寻求全球化与本地化之间可能获得的平衡关系，特别是在文化交流领域。当我们强调全球化在文化范围内的影响力时，尊重文化的本地性和处境是至关重要的。

如果把"全球本地化"作为一个相对温和的概念加以推介，或许能够减少甚至避免文化霸权主义和极端的文化相对主义思想可能导致的文化冲突。我们需要活泼且有吸引力的理论，至少要在理论上尝试保持全球性和本地性、全球化与本地化之间的互动平衡关系。

在"全球本地化"的实践方面，日本和斯堪的纳维亚国家做得比较成功。它们成功地发展为世界经济强国，同时既没有丧失自己的文化精神，又成功地保存了自己的文化特色，获得了世界的尊重。优秀的民族不会也不可能因为经济发展而丧失自己的文化及其独特性。只要自己不糟蹋自己的文化，任何外力都很难让一种文化屈服。

相知与共鸣：德鲁克与当代中国创业家

德鲁克先生在 1994 年曾称自己是中国 20 年的老朋友。[一] 在当代中国，德鲁克有许多"粉丝"，其中大多数是企业家，也有大学管理学院和商学院的教授、管理学者，还有他的朋友和学生。许多人热衷于学习这位现代管理学大师的思想。如果德鲁克知道在中国有这么多人喜欢他，应该非常欣慰。

我个人认为，德鲁克与中国企业家之间的关系可以称为"知与被知"。"知"讲的是德鲁克对中国的整体认识，"被知"则是指中国企业家对他的认识。

一方面，虽然德鲁克的管理学著作不是专门为中国人写的，但他的许多观点容易引发中国人的共鸣。德鲁克自己访问过中国，时间最长的一次是 20 世纪 80 年代后期，他曾用三个星期的时间实地考察中国的企业发展状况、就业情形以及社会与教育。他对中国的整体认识水平不亚于他同时代的美国精英或其他管理学家。他了解中国的传统文化（尤其是儒家文化），了解当代中国的政治体制、社会状况、经济模式，以及改革开放后

[一] 参见 1997 年出版的 *Drucker on Asia: A Dialogue between Peter Drucker and Isao Nakauchi*（《德鲁克看中国与日本：德鲁克对话"日本商业圣手"中内功》）。

的发展变化；更重要的是，他了解中国企业面临的实际困难以及中国企业家面临的问题。

另一方面，在经济全球化深入发展的时期，企业家们已经深刻地意识到企业管理的必要性和重要性，他们希望现代管理学之父彼得·德鲁克能为他们指点迷津。时至今日，我相信大中型企业的经营管理者中很少有人未曾听闻过德鲁克的名字，有许多大中型企业的 CEO 甚至都拜会过德鲁克，当面求教，甚至很多人自称是德鲁克的学生和追随者。

德鲁克是不是"中国通"，我不能确定，但我认为，德鲁克是懂中国的。我在这里举些例子。

德鲁克对中国古典哲学、治国安邦的政治理念和军事思想是有认识的，他也了解中国古代对优秀人才的渴求以及文官选拔制度。德鲁克知道，中国古代官员在结束官宦生涯之后，通常不会自此闲度晚年，而是立志从事其他更具有生产力的工作，比如书法、绘画、音乐和写作。德鲁克认为，他们从事这些活动，最重要的意义在于发挥余热，为维护社会的稳定与和谐做贡献，此举的思想源头是儒家的社会伦理观念。

德鲁克欣赏儒家道德哲学中关于伦理道德规范普遍适用于所有人的主张，但他并不认同儒家强调的维护相互依赖的平衡关系（即"相互依赖的伦理"）主要原因在于，他认为在现代经济行为中，商业伦理整体上排斥伦理的相互依赖性。在现实的商业社会中，人们对相互依赖的伦理能否超越个人的伦理提出质疑，企业家们更倾向于认为伦理终究是个人的事，认为只有依靠法律才能处理好公共利益和个人利益的平衡问题。

德鲁克欣赏中国人勤奋好学的品格。尽管在学习的方法上中西有别，但好学精进的态度中西没有太大差别，大家都想通过学习让自己成长并具备足够的资质去胜任新的、不同的、更重要的工作。西方人学习孔孟之道和孙子兵法，中国人学习苏格拉底、柏拉图的思想。

对于 20 世纪 70 年代之后中国的发展，他在《管理：使命、责任、实践（使命篇）》中的"管理热潮及其教训"一章指出，70年代后，摆在中国面前的巨大问题将会是管理者及其管理的问题。这与当时拉美地区流行的"发展中国家不是不发展，而是没有管理"的论调基本吻合。80年代德鲁克来访中国时，感受到了新变化、新气象和新希望，但他也清晰地意识到中国面临的经济效益与就业压力的平衡、通货膨胀等多种考验。在参访了中国边远省份的棉花种植区后，德鲁克深切地感受到了中国企业家对外界的信息、知识和变化的渴望。

20世纪90年代，德鲁克对中国的快速发展和变化惊叹不已，他相信中国的巨大市场具有相当关键的战略重要性，认为中国将会在多中心化的世界扮演重要角色。1994年，德鲁克预测说："差不多在未来十年内，我们就会在欧美看到'中式管理秘籍'，就像过去十年我们已经看见'日式管理秘籍'一样……我经常说，日式管理在于日本具备从现代企业中组建家族的能力，而中式管理具备将家族转变为现代企业的能力。"我想这个预测已经成为现实。

在瞬息万变的世界经济发展过程中，德鲁克关注到了中国彼时面临的问题，同时也看到从天津到广东的沿海地区以城市化为主体的经济正在蓬勃发展。他相信中国沿海地区经济的崛起正在"改变世界经济的性质"，但也知道沿海地区与内陆地区之间存在差距。他深深知道，当时中国非常需要受过高等教育的人才。他相信中国不久以后会成为新兴经济体中的超级巨星。他甚至乐观地估计，如果一切发展顺利，2010年中国有可能成为一个既传统又非常现代的国家。[一]我们现在回头看，就会发现德鲁克的乐观不是没有道理。

从20世纪80年代开始，德鲁克的著作就被不断地引进到中国，为中国学者、企业家所认识。他的管理思想如今已经成为许多创业者和企业家

[一] 参见1997年出版的 *Drucker on Asia*：*A Dialogue between Peter Drucker and Isao Nakauchi*（《德鲁克看中国与日本：德鲁克对话"日本商业圣手"中内功》）第1章。

的必修课。他的著作带来了思想和实践，其中许多观点非常新颖，而且确实能够帮助到企业家。我谈几点自己的观察。

相较于企业的利润、绩效和文化等因素，作为现代管理学大师，德鲁克更注重人。对人和人性的关注，为他赢得了众多中国企业家的尊重和爱戴。他讲过一些脍炙人口、深入人心的话，比如："管理是关乎人的"；"他们不是员工，他们是人"；"我更加感兴趣的是人而不是如何做生意"；"人是我们最大的机会"；㊀以及"人（而非金钱）是发展经济的关键"，㊁如此等等。他强调企业家要有正直的品格，要重视自我管理，要持守审慎之德，要有真实的自律与自尊。审慎之德会帮助人自我反省，改掉个人工作生活中的不良习气，促进自我完善和自我发展，成为优秀的人，成为人格完整、心智健全、有自制能力的人。

管理不会也不可能改变本地文化，因为"文化异常地持久"。㊂同样重要的是，德鲁克强调管理是社会的器官，管理存在于社会、对社会负责、为社会服务，因此企业家应该勇于承担社会责任——从经济绩效到社会贡献和慈善公益——即他所强调的"责任之伦理"。

德鲁克强调，管理学不是哲学或书斋学术，而是要关注它的有用性和可实践性，这为中国企业家提供了创业指导与创新启迪。中国人讲究"行"，"行"就是探索与践行，这意味着我们很注重实践、经验和行动。中国企业家大多是优秀的实干家，这与德鲁克的"管理是实践"的观点一致——管理不仅重要，而且可实践、可以学会。

1998年8月，英文版《现代管理宗师德鲁克文选》将在中国出版，德鲁克特为此书作序。在序言中，德鲁克把书中收录的管理学论文视为"思

㊀ 引自 2002 年出版的 *Managing in the Next Society*（《下一个社会的管理》）。

㊁ 引自 1997 年出版的 *Drucker on Asia：A Dialogue between Peter Drucker and Isao Nakauchi*（《德鲁克看中国与日本：德鲁克对话"日本商业圣手"中内功》）第 1 章。

㊂ 参见 1992 年出版的 *Managing for the Future：The 1990s and Beyond*（《管理未来》）第 25 章。

想的开胃菜"，但他更希望这些论文成为中国读者和企业家"行动的发令声"，因为他特别强调：管理不是哲学或理论，管理是实践和行动。

同时，我们必须理解现代管理学对中国企业发展的适切性，中国作为发展中国家所经历的，很多发达国家也曾经历过，两者在企业经营管理上遇到的问题也很类似。在 1998 年发表的一篇论及"亚洲的危机"的文章[一]中，德鲁克分析了中日韩各自的发展变化，其中他回答了两个非常关键的问题。一，有人问："亚洲的危机会是什么样的危机？"德鲁克答："亚洲的危机不是经济危机，而是社会危机。"二，有人问："21 世纪世界的挑战将会是什么？"德鲁克答："会是人口结构方面的挑战……不是每个人都在谈的人口老龄化问题，而是年轻人口萎缩的问题。"

最后一点，我想补充的是，从方法论上讲，德鲁克的管理学不难理解，他的洞见和思想很深刻，具有启发性，但不是深奥的学术理论，而是很接地气，深入浅出。比如大家熟悉他讲的时间管理、绩效管理、通过目标和自我控制进行管理、自我管理、如何创业创新、联邦分权制、业务团队、战略规划，等等。他还提倡建立"一个具有创业精神的社会"和"一个自由且运作正常的工业社会"，指出创业精神不仅仅是企业家个人的优秀品质，而应该是整个社会的精神。这个观念非常能够激发企业家的拼搏精神和创业者的进取之心。

总体而言，德鲁克对中国的整体认识比较客观、理智、温和；他对中国企业和企业家的态度倾向于积极、理解和鼓励；他对中国文化的认识也很深刻，鼓励企业家热爱自己的文化。因此，他的管理思想和洞见更容易引起中国企业家的共鸣。许多企业家甚至告诉我，他们在阅读德鲁克的作品时，会激动地说："就应该是这样的！""这就是我想要的！""德鲁克验证了我的做法！"，如此等等。对中国企业家来说，没有比如下这句经常被印在德鲁克著作封面上的话更鼓舞人心的了："只有中国人才能发展中国。"

[一] 参见 2002 年出版的 *Managing in the Next Society*（《下一个社会的管理》）。

参考文献

◆ 中文书目

[1] 班福德. 德鲁克和我[M]. 王洋, 译. 北京: 机械工业出版社, 2018.

[2] 德鲁克. 现代管理宗师德鲁克文选: 英文版[M]. 北京: 机械工业出版社, 1999.

[3] 杜拉克. 彼得·杜拉克的管理圣经[M]. 齐若兰, 译. 台北: 远流出版事业股份有限公司, 2004.

[4] 杜拉克, 马齐里洛. 杜拉克给经理人的行动笔记[M]. 齐若兰, 译. 台北: 远流出版事业股份有限公司, 2008.

[5] 杜拉克. 杜拉克谈高效能的5个习惯[M]. 齐若兰, 译. 台北: 远流出版事业股份有限公司, 2009.

[6] 杜拉克. 经济人的末日[M]. 洪世民, 赵志恒, 译. 台北: 宝鼎出版社有限公司, 2005.

[7] 杜拉克. 运作健全的社会[M]. 许晋福, 等译. 台北: 宝鼎出版社有限公司, 2005.

[8] 加迪纳. 克尔凯郭尔[M]. 刘玉红, 译. 南京: 译林出版社, 2013.

[9] 加尔布雷思. 新工业国[M]. 杨玉蕙, 译. 北京: 中信出版集团, 2023.

[10] 克尔凯郭尔. 恐惧与颤栗[M]. 刘继, 译. 贵阳: 贵州人民出版社, 2018.

[11] 斯通普夫, 菲泽. 西方哲学史[M]. 邓晓芒, 匡宏, 等译. 北京: 北京联合出版公司, 2019.

[12] 塔奇曼. 骄傲之塔: 战前世界的肖像 1890-1914[M]. 陈丹丹, 译. 北京: 中信出版集团, 2016.

［13］熊彼特. 资本主义、社会主义与民主［M］. 吴良健, 译. 北京：商务印书馆, 2009.

［14］伊德善. 杜拉克的最后一堂课：现代管理学之父给全球经理人的箴言［M］. 胡伟珊, 洪慧芳, 译. 台北：美商麦格罗·希尔国际股份有限公司台湾分公司, 2007.

［15］詹文明. 德鲁克教你当领导［M］. 北京：经济日报出版社, 2008.

◆ 英文书目

［1］BUFORD B. Drucker & me: what a Texas entrepenuer learned from the father of modern management［M］. Brentwood: Worthy Publishing, 2014.

［2］DEAN J. Managerial economics［M］. New York: Prentice-Hall, 1951.

［3］MACIARIELLO J A, LINKLETTER K. Drucker's lost art of management: Peter Drucker's timeless vision for building effective organizations［M］. New York: McGraw Hill, 2011.

［4］POLLARD C W. The soul of the firm［M］. Wheaton: Delta One Leadership Institute, 2010.

［5］SCHUMPETER J A. Capitalism, socialism, and democracy［M］. London: George. Allen & Unwin Ltd, 1943.

［6］SCHUMPETER J A. The theory of economic development［M］. New Brunswick: Transaction Publishers, 1983.

［7］STARBUCK P. Peter F. Drucker: the landmarks of his ideas［M］. Oxford: Oxford University Press, 2012.

［8］WARTZMAN R, FISHBEIN A, LAWLOR B. Drucker: a life in pictures［M］. New York: McGraw Hill, 2009.